망설임의 윤리학

성, 전쟁, 이야기에 관하여

우치다 타츠루 ｜ 박동섭 옮김

서커스

Tamerai no rinrigaku senso, sei, monogatari

© Tatsuru UCHIDA 2001, 2003

First published in Japan in 2003

by KADOKAWA CORPORATION, Tokyo through Danny Hong Agency.

목차

망설임의 윤리학

한국어판 출간에 부쳐

유유자적한 것의 효용에 관하여

여러분, 안녕하세요. 우치다 타츠루입니다.

『망설임의 윤리학』한국어판이 나오게 되었습니다. 번역의 노고를 맡아주신 박동섭 선생님에게 감사의 말씀 드립니다. 박 선생님은 지금까지 저의 저작을 몇 권 번역해주셨는데 이 책의 번역에 관해서는 특히 깊은 감사의 마음을 갖고 있습니다. 그것은 이 책이 저의 '작가'로서의 데뷔작이기 때문입니다.

이 책은 2001년 3월 교토에 있는 동궁사冬弓舍라는 어느 작은 (우라우치 토오루라는 분이 혼자서 경영하고 있는) 출판사로부터 간행되었습니다. 그 경위에 관해서는 본문에서 상세하게 써놓은 대로입니다. 우라우치 씨가 인터넷상에 여기저기 써놓은 저의 잡문을 읽고 "이것을 정리해서 책으로 만들어야겠다"고 생각하지 않았다면 이 책은 존재할 수가 없었습니다. 이 책이 존재하지 않았다면 그 후의 저의 '작가'로서의 이력은 꽤 달라졌을 것임에 틀림없습니다. 경우에 따라서는 에마뉘엘 레비나스에 관한 연구서와 번역 이외에는 간행물을 남기지 않고 일부 전문가들에게 이름이 알려진 것만으로 인생을 마쳤을지도 모르겠습니다. 그것을 생각하면 우라우치 씨와의 만남과 이 책의 존재에 의해서 저의 인생이 크게 바뀌었다는 것을 알 수 있습니다. 우라우치 씨는 저에게 있어서 잊을 수 없는 은인입니다.

2001년에 간행된 선집이다 보니까 이 책에 수록된 텍스트는 모두 20세기의 마지막, 1990년대 후반에 쓰인 것들입니다. 20년 이상 지난 후 새삼 다시 읽어보니까 "젊구나, 활기가 넘쳤구나" 하는 느낌을 받습니다. 이 책에서 저는 '늙은 너구리'라든지 '초로의 남자'라고 자칭하면서 노인 행세를 하고 있습니다만 실은 당시 피부가 매끈매끈한 40대였습니다. 저 자신이 젊었을 뿐만 아니라 일본 사회도 거품경제 붕괴로 위세는 일시적으로 떨어졌다고는 하지만 그럼에도 세계 제2위의 GDP 대국이고 아직 '돈이 잘 돌아가는' 시대였습니다. 그 시대의 '여유' 같은 것이 글의 행간으로부터 배어 나오고 있습니다.

그 후 일본은 GDP에서 중국으로부터, 시가총액에서 홍콩의 주식시장으로부터 추월을 당하고 제조 분야와 학술적 발신력 측면에서도 아시아 여러 나라들보다 뒤처지게 되었으며, 언론의 자유도나 여성의 사회 진출 측면에서도 '선진국 최하위'가 정위치처럼 되고 말았습니다. 여기까지 떨어지고 나서 돌아보니 90년대처럼 '돈이 잘 돌아가다' 보면 사람은 너그러워진다는 것을 알 수 있습니다.

자신의 돈벌이에 바쁘다 보니까 다른 사람 일에 대해서 까다롭게 입을 열지 않게 되는 것입니다. 타인의 성공을 질투하거나 타인의 노력에 찬물을 끼얹는 일을 별로 하지 않게 되는 거지요(물론 정도의 차이는 있습니다만).

(당시에는) 사사건건 평가를 하고 등급을 매기거나 '실적물을 내라' 혹은 '증거를 대라'든지 '목표 수치를 달성하지 못하면 페널티를 부과한다'든지 '생산성을 올려라'라고 일일이 이러쿵저러쿵 말하지 않았습니다.

돈벌이에 바쁜 사람은 꽤 바빴던 것 같은데 저는 돈벌이에는 전혀 흥미가 없었기 때문에 (남들로부터) 방치된 삶을 영위할 수 있었습니다. 오지랖이 넓은 친구가 다가와서 "왜 돈벌이를 하지 않는 거야? 너무 쉬운 일인데. 길거리에 떨어져 있는 지폐 다발을 그냥 줍는 거나 마찬가지인데!"라고 우정 어린 설득을 해주었습니다만 저는 친구의 말을 그냥 웃어 넘기고 말았습니다. 그 친구도 바빴기 때문에 "바보 아니야? 너 마음대로 해라"는 말을 내뱉고 떠나가버렸습니다.

저의 전공은 프랑스 철학과 사상사입니다. 20세기 일본에서도 그 어떤 실리성도 유용성도 없는 학문 분야입니다. "그런 연구를 해서 무슨 도움이 되는 거죠?"라는 질문을 받아도 저도 대답할 수가 없습니다. 그런데 '모두가 돈벌이에 바빠서 다른 사람 일 같은 것 신경 쓸 여력이 없는 시대'였고 나라에도 자치체에도 돈이 남아돌았기 때문에 저와 같은 사람에게도 장학금과 급료와 연구비가 충분히 돌아왔습니다. 그래서 걱정 없이 '어떤 도움도 되지 않는 연구'에 열중할 수 있었습니다. 그러므로 이 책은 '과거 일본이 윤택하고 어떤 것에도 도움이 되지 않는 연구가 허용된 시절에 인문학자의 유유자적한 책'의 하나의 전형으로서 그리고 일종의 '역사적 자료'로서 가치가 있지 않을까 생각합니다.

작금의 40대 문과 연구자에게 이 책을 읽게 하면 아마도 80퍼센트 정도의 사람은 한쪽 볼을 찡그리고 '풋' 하고 코웃음을 치지 않을까요? "우치다 씨 세대는 좋겠다. 어릴 때는 화려한 전후민주주의로 호기로운 권한 이양의 혜택을 입고, 고도성장기에 점점 위세 등등해져서는 대학생 때는 학원분쟁으로 부수고 싶은 것을 마음껏 부수며 돌아다니고, 그 후 거품경제가 찾아와 '혁명이 어쩌고저쩌고' 말하던 그 입으로 '와인이 어쩌고저쩌고' 장황하게 늘어놓더니만 고희가 가까워진 지금은

'이제 곧 죽으니까 내가 하고 싶은 대로 그냥 놔둬'이니까요. 정말로 마음 편해서 부러워요."

이야, 정말로 그렇습니다. 그런 말을 들어도 한마디도 할 말이 없습니다.

저 자신도 그렇게 생각하니까요.

어떤 시대에 태어나 자라는가, 하는 것은 스스로 선택할 수가 없습니다. 1950년에 태어난 것은 완전히 우연입니다만 제가 지금까지 하고 싶은 일을 하면서 그럼에도 불구하고 유쾌하게 살아올 수 있었던 것은 틀림없이 시대의 운 덕분입니다. 혹여 제가 20년 늦게 태어났다고 하면 대학교수는 되지 못했겠지요. 물론 레비나스를 번역할 기회도 주어지지 않았을 테고 설령 다른 일을 하는 틈틈이 책을 쓰게 되었다고 해도 출간 수는 지금의 10분의 1 정도였겠지요(물론『망설임의 윤리학』과 같은 책을 출판해줄 기특한 편집자도 없었겠지요).

이 책은 제가 1950년생인 덕분에 존재하게 된 책입니다. 그렇게 말해도 좋다고 생각합니다. 그러한 역사적 조건이 아니라면 좀처럼 쓸 수 없는 것이 쓰여 있습니다. 텍스트 밑에 흐르고 있는 것은 '유유자적'입니다.

평가의 눈길에 떨지 않고 글을 썼다는 것입니다.

이 책에 수록되어 있는 텍스트를 쓰고 있던 시기, 저의 '글'에 관해서 까다롭게 사정査定을 한다든가 점수를 매긴다든가 찬합의 구석을 이쑤시개로 후비는 것처럼 남의 말꼬리나 작은 실수를 잡고 늘어지거나 저주의 말을 SNS에 내뱉는 사람은 없었습니다. 그런 것을 전혀 신경 쓰지 않고 쓸 수 있었습니다.

물론 "이것을 읽으면 화를 내는 사람이 있을지도 모르겠다"고 생각은 하고 있었습니다만 실제로 그런 리스크는 거의 없었습니다. 여하튼 무명의 대학교수이니까요 (제가 비판의 대상으로 삼았던) 상대방은 (정치가이든 학자이든) 제가 쓴 글을 읽을 의무 같은 것도 없고 기회도 없지요. 설령 우연히 읽었다고 해도 애써 그것을 갖고 나와서 저를 논파해봐도 어떤 실적도 되지 않습니다. "이런 자를 상대해본들 시간 낭비다" 정도로 끝날 일이지요. 그래서 아주 맘 편하게 있을 수 있었습니다.

그런데 지금은 그럴 수가 없습니다. 어떤 사람이 어떤 주제에 관해서 써도 그것을 비판적, 평가적 눈길로 읽는 사람 수가 차원이 다르게 늘었으니까요. 그래서 어디에 무엇을 쓰더라도 심술궂은 평가적 눈길을 늘 상정해서 그것에 대해 제대로 수비를 강화하고 나서야 비로소 쓸 수 있습니다. 그런데 그렇게 되어버리면 좀 아깝다는 느낌이 듭니다. 심술궂은 사람으로부터 자질구레하게 이런저런 이야기를 듣는 것 따위 아무렴 어때, 하면서 그런 말에 일일이 대응해 제대로 반론을 했다고 해도 그것을 통해 쓰는 것의 '질주감'이 늘어나는 일은 절대로 없습니다, 절대로.

'수비를 계속 강화화면서 질주감을 낸다'든지 '증거를 다 갖춘 상태에서 목숨을 건 도약을 이루어내는' 일은 불가능합니다. 그런데 젊은 사람의 지적인 혁신/창의성은 '질주'이고 '도약'입니다.

지금의 일본 언론을 둘러싼 환경은 젊은 사람들에게 질주도 도약도 시키지 않는 것입니다. 안된 일이지요. 혁신/창의성은 평가적인 눈길과는 궁합이 나쁩니다. '이러쿵저러쿵 시끄럽게 말하는 패거리들의 눈에 띄지 않게 해서 그냥 방치해두는 것'이 필요합니다. 이렇게 말하는 사람이 그다지 없습니다만 그렇습니다.

그래서 저의 눈에는 지금 정말로 창의적인 젊은이들은 '이러쿵저러쿵 시끄럽게 말하는 패거리' 눈에 띄지 않는 곳에서 그들의 '사각死角'에서 그들의 기성의 '잣대'로 그 가치를 잴 수 없는 것을 만들어내려고 하는 모습이 보입니다.

창조와 상관하는 것은 돈이 있고 없음도 아니고 지명도의 있고 없음도 아닙니다. '평가적인 눈길에 닿지 않는, 등급 매기기를 당하지 않는' 조건만이 젊은이들의 창의성을 촉발하는 데는 충분합니다. 저는 그렇게 생각합니다. 그런 사람들은 과거의 저와 똑같이 유유자적합니다.

이 책이 다룬 토픽은 20년 전의 것입니다만 그럼에도 그다지 '시대에 뒤처진' 인상은 받지 않을 거라고 생각합니다. 그것은 이 책이 당시 '유행하는 것'에 등을 돌린, 꽤 반시대적인 책이기 때문입니다.

'유행하지 않는 것은 스러지지 않는다'는 금언이 있는데 꽤 확실한 명언이라고 생각합니다. '시대의 총아'라는 건 시대가 바뀌면 (그 작품의 질과 관계없이) 자동적으로 '역사의 쓰레기통'에 던져지고 맙니다. 정말로 아까운 일이라고 생각합니다만 그것이 '유행한 것'의 숙명입니다. 다행히 저는 어릴 때부터 쭉 '메인스트림으로부터 벗어난 지류支流'가 정위치라서 "주위로부터 방치해 두는 혜택(?)"을 입는 것을 무엇보다 좋아한 터라 유행에 편승한 적이 없습니다. 그래서 저의 전 인생에 걸쳐서 "모두와는 다른 것을 말하는 이상한 녀석"이라는 포지션은 바뀌지 않았습니다. 덕분에 제가 쓴 글들은 '이미 낡았다'는 종류의 평언을 듣는 일이 없습니다(물론 그렇다고 해서 '새로운' 것 또한 아닙니다. 단지 '이상한' 것뿐입니다). 어느 시대든 그런 '이상한 사람 꼬리표가 붙어 있는 군群'에 속한 작가가 조금 정도는 허용되어도 좋지 않은가, 하고 저는 생각합니다.

한국의 젊은이들이 이 책을 읽고 '유유자적하게 사는' 법을 습득하는 것이 저의 자그마한 바람입니다.

2019년 4월 15일
우치다 타츠루

서문

　『망설임의 윤리학』은 나의 첫 단독 저서이자 이른바 '데뷔작'이다. 지금까지 공저를 세 권, 역서도 몇 권 출간했지만 일부 업계 관계자 이외에 나의 이름을 아는 사람은 없었다. 이 책에 수록된 에세이 장르에 속하는 이야기도 원래는 인터넷 홈페이지에 겨우 백 명 정도의 '지인'을 독자로 상정해서 쓴 것이다. 그것이 어떤 우연에 힘입어 어느 젊은 편집자의 눈에 띄어서 그가 힘써준 덕분에 단행본으로서 세상에 빛을 보게 되었다. 그 경위는 「후기」에 썼다.

　책 자체는 그다지 팔리지 않았지만 '이런 글을 쓰는 사람'이 담론 시장에는 희귀종이었던 같아서 책을 낸 후 갑작스럽게 '평론가'로서 이런저런 일의 의뢰를 받게 되었다.

나는 그다지 사회정세에 정통하지도 않고 확고한 사회이론도 물론 갖고 있지 않다. 나는 밖에도 잘 나가지 않을뿐더러 지식인 제씨와 교류가 있는 것도 아니다. 집과 학교 그리고 도장 세 군데만을 왔다 갔다 하는 것뿐이라서 세상이 어떻게 돌아가는가는 내가 논문을 지도하는 학생들로부터 들어서 아는 것뿐인 이른바 '반은둔인'이다. 그러한 이것도 저것도 아닌 사람의 생각에 수요가 있다는 것은 아마도 그 무렵 일부 언론에 '전문가'도 아니고 '비전문가'도 아닌 그 중간 정도의 화법으로 평론에 속하는 장르의 문장을 생산하는 사람에 대한 수요가 존재했기 때문일 것이다. '전문가와 비전문가의 중간' 화법에 대해서 언론 측에서 얼마 안 되는 수요가 발생한 이유를 나는 다음과 같이 이해하고 있다.

"전쟁은 싫다"는 것은 생활자로서의 리얼한 실감이다. 그러나 "무력행사는 국제분쟁 해결을 위한 합리적 수단이다"라는 발상은 국제정치의 전문가에게는 '상식'이다. 만약 양자가 대결을 해도 양측의 주장은 평행선을 달릴 뿐이고 어떤 접점도 찾을 수 없다. 이 '실감'과 명분' 사이의 '어긋남'을 일본의 언론은 그동안 방치해왔다.

아니 방치해왔다기보다도 오히려 유효하게 이용해왔다고 말하는 편이 더 정확할 것이다. 예를 들면 텔레비전 화면은 럼스펠트 미국 국방장관의 '전쟁 승리' 백악관 담화를 소개하는 한편 가두 인터뷰를 통해 만난, 거리를 걷고 있던 아주머니가 "전쟁은 싫다"라는 말을 하는 것을 비춘다. 혹은 조지 부시의 만족스러운 미소와 중동의 길거리에서 폭탄을 맞아 시체가 되어 누워 있는 사망자를 교대로 비춰주는 방식으로 말이다.

아마도 언론 관계자들은 자신들의 보도 방식이 어느 정도의 비평성을 담고 있다고 생각할 것이다. 그런데 그런 몽타주 기법에 우리는 이미 질려 있는 상태다. 거기에는 '생활자의 실감'과 '전문가의 논리' 사이의 어긋남이 도표 혹은 그림으로 나열되어 있을 뿐, 그 어긋남을 연결하고자 하는 지향이 구조적으로 결여되어 있기 때문이다.

애당초 텔레비전이 전하는 '거리의 생생한 목소리'와 신문 투고란을 채우는 투서, 와이드쇼의 '아주머니 아저씨' 평론가들의 소란스러운 독설은 과연 '생활자의 실감'을 그대로 전하고 있는 육성일까? 나는 조금 회의적이다. 그것은 오히려 '거리의 목소리'와 '시정 사람들의 목소리'는 이러한 것일 터이다, 라고 하는 언론의 기대에 부응하는 '만들어진 목소리'가 아닐까?

텔레비전의 마이크를 들이대었을 때 '오사카의 아주머니들'은 반드시 인터뷰하는 사람의 어깨를 치며 '아하하' 웃으면서 응대한다. 그 '오사카 아주머니의 정형적 리액션'은 '일반 시민들의 리얼한 반응'인가? '언론의 기대에 부응하는 연기'인가? 혹은 다양한 현실 중에서 언론이 선택해서 작위적으로 편집하고 있는 것인가? 나는 판단할 수가 없다.

어느 쪽이든 '생활자의 리얼한 실감'이라고 하는 것을 미디어의 '정형화된 틀에 가둠'으로써 그 실감이라는 것이 한없이 여위어가고 있다는 느낌을 지울 수가 없다. 그럼에도 불구하고 우리는 그러한 정형화된 '생활자의 목소리'로 '세계의 현실'을 대치하는 것에 어느 정도의 비평성이 있다는 착각 속에 지금도 안주하고 있다.

그런데 그런 태도는 좀 문제가 있는 것이 아닐까?

내가 『망설임의 윤리학』이라는 책을 통해 시도했던 것은 아마도 그러한 '비평성의 경직' 상황으로부터 어떻게든 빠져나가려 한 것이었다고 생각한다(나중에 깨달은 일이지만). '생활자의 실감'의 정형성에도, '전문가의 의견'의 정형성에도 회수되지 않는 '장삼이사의 보통의 생활 실감'에 기반을 둔 알기 쉽고 분명한 비평의 어법을 나는 찾고 싶었던 것이다(아마도).

나는 전쟁을 싫어하고 전쟁이 무섭다. 그러나 그렇다고 해서 단지 "전쟁은 싫습니다"라고 말하며 전쟁이 일어나지 않도록 기도를 올리는 것만으로는 전쟁추진파 논객의 발걸음을 멈춰 세울 수 없다. 나는 내셔널리즘과 마르크스주의를 선호하지 않는다. 그러나 그렇다고 해서 '내셔널리즘은 싫다' 라든지 '마르크스주의는 이제 그만두지 않겠습니까?'라고 말해봐도 아무도 상대해주지 않는다. 어딘가에서 '이쪽이 말하고 싶은 것'과

'저쪽이 말하고 싶은 것'이 만나는 국면을 설정하지 않으면 이야기는 시작되지 않는다.

대체로 이 책에서 시도한 것은 "그쪽은 그쪽이 말하고 싶은 것이 있고, 이쪽은 이쪽의 의견이 있다. 자, 어떻습니까? 이쯤에서 조정을 하는 것은……"과 같은 보통 조직 내 사람들이 늘 하고 있는 '조정술'과 비슷한 것이다. 그러한 타협술에 어떠한 비평성이 있는가, 라는 질문을 받으면 나는 제대로 대답할 수 없다(별로 없을 것 같은 느낌도 든다). 그러나 '그 상황을 잘 넘기는 방편'이라고는 하지만 거기에 '대립하고 평행선을 달리는 수준' 사이에 가교를 놓으려고 하는 지향이 적지만 있다고 한다면 전부 버릴 것은 아니라고 나는 생각하고 있다. 게다가 그 것을 버린다고 하면 나에게는 더 이상 자신의 생각을 피력할 말이 없어지고 만다.

내가 잠자코 있어도 아무도 곤란하지 않지만 나는 곤란하다. 그래서 "우치다는 잠자코 있어"라는 말을 들으면 "물론 그 말씀 지당하십니다만 그래서는 저의 입장이라는 것이 없습니다. 어떻습니까, 이쯤에서 적당히 조정하는 것은" 하고 타협을 하게 된다. '아킬레스와 거북'은 아니지만 무한으로 '이쯤에서 조정을 취하는……' 한 나는 말이 궁해지는 일이 없을 테고, 말을 계속 이어갈 수 있는 한 어딘가에 돌파의 기회는 있다고 믿고 있다.

이 책을 문고판으로 다시 냄으로써 새롭게 4편의 텍스트를 추가했는데 단행본 때의 텍스트는 인용 페이지의 정정 등 최소한의 교정만 보았다. 오리지널 텍스트는 홈페이지의 일기글로서 "비평을 받는 당사자는 읽을 리가 없다"는 것을 전제로 쓴 것이기 때문에 읽으면 본인이 격노할 것 같은 이야기들이 이래저래 나온다(실제로 여기서 언급된 많은 분들이 격노하셔서 나는 그 후 인간관계가 꽤 좁아졌다). 지금 같으면 좀 절제된 글쓰기를 했을 터인데 당시에는 그런 지혜가 없었다.

그런데 일단 써버린 것은 이제 와서 취소할 수가 없다. 포기하고 그대로 여기에 담기로 했다. 문고판이 나온 덕분에 점점 만나는 사람이 적어질 테지만 이것도 자신의 부덕의 소치이기 때문에 어쩔 수가 없다. 게다가 어차피 '반은둔인'이기 때문에 만나는 사람이 적어져도 실질적인 피해는 없다(태도 참 불량하네).

문고판을 내면서 가도카와출판사의 야마모타 코키 씨에게 꽤 신세를 졌다. 다카하시 겐이치로 씨가 「해설」을 써준 뜻밖의 선물은 야마모토 씨가 동분서주한 덕분이다.

마지막으로 문고화를 흔쾌히 허락해주신 우라우치 토오루 씨를 비롯해서 『망설임의 윤리학』에 따뜻한 평가를 보내주신 모든 분들에게 이 자리를 빌려서 감사의 말을 전하고 싶다.

여러분 감사합니다. 덕분에 문고판이 나왔습니다.

제 1 장

왜 나는
성에 관해서
말하지 않는가

안티페미니즘 선언

　나는 '정의의 사람'을 싫어한다. 정의의 사람은 곧바로 화를 낸다. '정의의 사람'의 화는 사적인 분노가 아니라 공적인 분노이기 때문에 제동이 걸리지 않은 채로 '정의의 사람'은 화를 낸다.

　'정의의 사람'은 타인의 비판을 받아들이지 않는다. '정의의 사람'을 비판하는 것은 곧바로 '비판자'가 무지하고 경우에 따라서는 사악하다는 것의 증거이다. '정의인'은 또한 '이 세상의 계략을 모두 알고 있는 사람'이기도 하다. '정의인'이 이해 못하는 것은 없다. 돌이켜보면 나의 지금까지의 인생은 이런 '정의인'과의 싸움의 역사였다.

　처음으로 내가 만난 '정의인'은 마르크스주의자들이었다.

1970년 당시 세상에는 부정이 만연하고 있는 것 같아서 많은 젊은이들은 매우 분노하고 있었다. 그 무렵 나는 꾸밈없고 경쾌한 대학생이었기 때문에 공부 같은 것 전혀 하지 않고 아르바이트로 돈을 벌고 여자친구를 지원하는(지금의 나로서는 도무지 믿을 수 없는) 퇴폐적 생활을 하고 있었다. 그러자 마르크스주의자가 다가와서 실로 단호히 나를 '프티부르향락주의자'라고 분류하면서 내가 얼마나 무지하고 얼마나 덕성이 결여되어 있고 얼마나 체제에 봉사하고 있는가를 이로정연하게 가르쳐주었다. 나는 자신이 칠칠치 못한 녀석이라는 말을 듣는 것에 대해서 굳이 그런 말을 듣지 않아도 알고 있었기 때문에 그 비판에 전혀 반론할 수가 없었다. 덧붙여 말하자면(지금으로는 상상할 수 없는 일이겠지만) 순진한 면도 있었기 때문에 그 비판을 받아들여서 스스로를 '프롤레타리아적'으로 재구축하기 위해서 곧바로 마르크스 등을 읽기 시작했다.

『독일 이데올로기』라는 책을 읽어보니 마르크스는 이렇게 썼다. 모든 독일 철학자는 독일어로 생각을 하고 독일풍의 음식을 먹고 독일풍의 옷을 입고 생활하고 있기 때문에 '독일식 사고방식'에 완전히 젖어 있다는 것이다. "와, 굉장히 과격한 주장이 아닌가" 하고 나는 감격하고 급기야 왜 마르크스는 독일어로 생각하고 독일식의 삶을 살고 있는데도 '독일식 사고방식'에 젖어들지 않았을까, 라는 당연한 의문을 갖게 되었다.

왜 청년 칼 마르크스 한 사람만은 독일의 경제적 하부구조에 의해서도 그 의식을 규정받지 않고 늘 상공을 비행하는 듯 부감적인 관점을 견지할 수 있었을까? 대답을 찾아봤지만 어디에도 그런 대답을 써놓지 않았다.

그러다가 엥겔스가 『자본론』 서문에 "마르크스가 그가 살았던 시대의 이데올로기로부터 자유로웠던 것은 그가 천재였기 때문이다"고 써놓은 것을 찾았다. 이것은 악마 같은 지략이다. "마르크스가 천재이고 다른 녀석들은 바보다"라는 것을 먼저 전제로 해두면 다른 사람들이 틀린 것은 '논증'할 필요도 없이 자명하다. 그러나 이것을 '논증'이라고 해도 좋을까?

내가 그렇게 말하고 마르크스주의자들에게 주뼛주뼛 반론을 시도하니까 "마르크스를 의심하고 달려드는 것이 무엇보다도 네가 '프티부르주아'라는 움직일 수 없는 증거이다"라고 야단맞고 말았다. "너는 프티부르주아이기 때문에 그런 식으로밖에 마르크스를 읽을 수가 없다." 그런 말을 듣고 나도 어찌할 수 없어서 마르크스주의자들에게 이별을 고했다.

이것이 내가 '정의인'과 만난 최초의 경험이다.

그다음에 내가 만난 '정의인'은 페미니스트들이다.

당시 나는 여성들과 친하게 지내는 것을 아주 좋아했다. 나는 여성들에게 밥을 사주고 선물을 주고 무거운 물건을 들어주고 자리를 양보하고 문이 있으면 열어주었다. 그러자 페미니스트가 다가와서 나를 '남권男權주의자'로 분류했다. 여성을 비호의 대상으로 생각하는 것 자체가 여성 멸시의 움직일 수 없는 증거라고 말하는 것이다. "당신은 '남자'라는 것의 권력성에 무자각한 거야."

나는(그 무렵에는 아직 순진한 마음이 남아 있었기 때문에) 곧바로 우에노 치즈코와 쥘리아 크리스테바, 루스 이리가라이의 책을 읽었다. 그러자 거기에는 "남성은 '남권주의 이데올로기'에 완전히 젖어 있지만 여성은 억압되는 측이기 때문에 여성은 이데올로기로부터 자유롭고 따라서 남성보다도 세상의 구조와 일을 잘 안다"는 어딘가에서 읽은 적이 있는 논리가 쓰여 있었다.

똑같은 궤변에 두 번 당할 정도로 나는 어리석지 않다.

페미니스트들은 '현대사회에서 남성은 권력을 독점하고 여성은 그 압제하에서 신음하고 있다'고 주장하고 있다. 가사노동에는 임금도 지불되지 않고 주부들의 사회의 정치적, 경제적인 흐름과 직접적인 연결점을 가질 기회도 적다. 막상 취업을 하려고 해도 여성의 고용조건은 남성에 비해서 열악하고 좀처럼 출세도 못한다. 그것은 사실이다. 남성 못지않게 열심히 일해도 닿을 수가 없다는 현실을 접하다 보면 여성이 꽤 화를 낼만도 하다. 성차에 의한 사회적 불평등이 있다는 사실을 나는 물론 인정한다. 그리고 여성이라는 이유만으로 사회적 이익분배에서 불리한 입장에 처한다는 것은 결코 있어서는 안 되는 일이라고 생각한다.

그러나 사회적 불평등이 있다는 것과 '피억압적인 여성에게는 이 틀린 세상의 구조가 잘 보이고 특권 향유자인 남성은 세상의 구조를 모르는 것이 당연하다'는 것은 논리적으로는 연결되지 않는다. 나의 어렴풋한 기억에 의하면 이 논법의 원형은 루카치의 고전적 명저 『역사와 계급의식』으로 거슬러 올라간다. 루카치는 '프롤레타리아의 눈에 세계는 계급적으로 보이고 부르주아의 눈에는 세계는 비계급적으로 보인다'고 썼다. 물론 '프롤레타리아'의 눈에 보이는 세계가 진짜 모습이다. 이것과 페미니스트의 논리는 아주 비슷하다. 페미니스트의 눈에는 사회가 '남권주의적'으로 보이고 내 눈에는 사회는 그렇게 보이지 않는다. 그리고 사회의 실상을 올바르게 간파하고 있는 것은 페미니스트이다.

어떤 규칙으로 게임을 할 때 누군가는 지기만 하고 누군가는 계속 이기기만 할 경우 규칙이 불공평하다고 추론하는 것은 옳다. 그러나 거기서부터 '계속 지기만 하는 자는 규칙을 잘 이해하고 있지만 계속 이기는 자는 규칙을 전혀 이해할 수 없다'고 추론하는 것은 옳지 않다.

반복해서 말하지만 지금 세상에는 다양한 사회적 불평등과 불합리가 있다는 것, 성에 의한 차별이 산처럼 많이 있다는 것을 나는 인정한다. 하지만 그렇다고 해서 모든 사회 모순이 오로지 성차에 기초해서 구조화되어 있다고는 나는 생각하지 않는다. 조금 다른 요인도 있는 것이 아닌가?

다양한 사회적 조건이 나의 시야를 한정시키고 있다는 것, 그것은 확실하다. '남자라는 것'도 그중 하나이고 '일본인이라는 것'도 그 하나일 것이고, '프티부르주아'라는 것도 그중 하나일 것이다. 그러한 다수 요인의 복합적 효과로서 나의 '몽매'는 형성되어 있다고 생각한다.

그러나 페미니스트는 '남자라는 것'이 나를 어리석게 만드는 주요한 요소이고 따라서 그것 이외의 요인이 어떻게 개선되더라도 내가 남자인 한 나는 치명적 방식으로 사회의 실상을 계속 잘못 보게 될 것이라고 주장한다. 백보 양보해서 나는 이 주장을 인정해도 좋다. 그러나 이 명제를 역전해서 얻어진 '여자'인 한 페미니스트는 사회의 실상에 대해서 계속 제대로 된 통찰을 한다는 명제는 받아들일 수가 없다.

어떤 조건이 채워지면 자동적으로 빠지게 될 '몽매'라는 것이 있다는 것을 나는 믿는다('산소 결핍'의 경우와 '만취'해 있는 경우 우리의 사고력은 제대로 작동하지 않는다). 그런데 그 반대로 어떠한 것이든 어떤 조건이 채워지게 되면 자동적으로 획득되는 '명징한 통찰' 같은 것을 나는 믿지 않는다.

나는 지성이라는 것을 '자신이 틀릴 수 있는 것'(그 범위와 리스크)에 관한 평가 능력에 기초해서 판단하고 있다. 쉽게 말하자면 '자신의 바보스러움의 정도'에 관해서 얼마만큼 리얼하고 쿨한 자기평가를 할 수 있는지를 기준으로 해서 나는 인간의 지성을 판정한다. 내가 아는 한 '자신이 틀렸을 가능성을 음미하는' 능력을 우선적으로 개발하려고 하는 페미니스트는 거의 없다(그녀들이 최우선으로 하는 것은 '자신의 옳음을 주장하는' 능력의 개발이다). 그것은 아마도 '여자이기 때문에 일종의 명징한 통찰력을 부여받고 있다'는 믿음이 페미니즘에게는 절대로 양보할 수 없는 사상적 방위선이기 때문일 것이다. 그러나 전술적으로는 종종 극적인 효과를 가지는 이 믿음이 결국에는 학지學知로서의 페미니즘에는 치명적인 약점이 되고 있다고 나는 생각한다.

　앞으로는 남녀차별의 철폐를 위해서 다양한 사회적 노력이 이루어질 것이라고 생각한다(미약하지만 나도 돕고 싶다). 하지만 그 성과는 그녀들이 남자들을 고발하고 공갈하고 개전 시키는 것을 통해서 획득했다고 생각해서는 안 된다.

　다양한 사회적 불합리(성차별도 그중 하나다)를 고치고 세상을 조금이라도 살기 편한 곳으로 만드는 것은 '자신은 틀렸을지도 모르겠다'고 생각할 수 있는 지성이지 '나는 옳다'는 것을 논증할 수 있는 지성이 아니다.

'남자다움'의 부적

우에노 치즈코가 엮은 『남성학』을 읽다

1

학생들을 태우고 세미나 합숙에 가는 도중 카스테레오에서 모리 신이치森進—의 〈겨울의 피한지〉가 들려왔다. 그 노래 가사 중에 "겨울의 피한지, 남자 사람은 항구를 나가는 배와 같아"라는 가사를 듣고 동승의 여대생 네 명이 입을 크게 벌리고 웃었다.

'남자라는 것은'이라든지 '인생이란 것은'과 같은 본론에 들어가기 전에 나오는 말을 그녀들은 농담으로서밖에 생각하지 않는다. 이것은 어떤 의미에서 건전한 반응이다.

그런데 언니들! 잠깐만 기다려줄래.

많은 남자들에게도 '남자'가 문화적 허구라는 것은 주지의 사실이다. 그러나 문제는 남자들이 이 허구를 조크로서가 아니라 일종의 관례로서 진지하게 받아들인다는 '사실'이다.

오다지마 다카시에 의하면 돈을 빌릴 때는 "너 남자잖아, 아무 말 말고 돈 정도는 빌려줘"라고 압력을 가하고 돈을 갚으라고 하면 "너 남자잖아, 얼마 안 되는 돈으로 쩨쩨하게 말이야"라고 되밀쳐버리는 것이 빚을 지는 정법이라고 한다. 남자들은 "남자잖아"라는 일갈에 약하다. "남자잖아"라는 한마디로 협상의 과반은 달성할 수 있다.

레비스트로스에 의하면 야쿠트족 사람들은 치통이 있을 때 딱따구리의 부리에 닿으면 치통이 없어진다고 믿고 있다. 이처럼 약리학적인 근거가 없는 치료법도 그 치료법에 대한 집합적인 동의가 있는 곳에서는 효과적인 치유 효과를 갖는다.

"남자잖아"라는 한마디로 자신의 지갑 속과 상대방의 주장의 불합리성에 관한 판단이 정지되고 마는 것은 "남자잖아"의 사고가 본질적으로 레비스트로스가 말하는 '야생의 사고'에 속하는 것을 잘 보여주고 있다.

'야생의 사고'가 각각의 '성스러운 것'을 갖고 있는 것처럼 '남자의 사고'도 고유한 '성스러운 것'을 갖고 있다. '야생의 사고'가 외적으로는 무용하다고 생각되는 번잡한 의례를 필수불가결한 것으로 하고 있듯이 '남자들'도 의미 불명의 이런저런 의례에 의해서 매일의 생활을 형태 짓고 있다. '남자들'에게 '남자라는 것'은 일종의 성무聖務 일과이다.

법률, 화폐, 언어 등과 같은 공동환상에 현실감을 느끼고 마는 것, 메커니즘에 정서적으로 관계를 맺는 것, 하드하면서 젠틀하다는 것, 저녁 5시 무렵에 고급스러워 보이는 바에서 김렛을 마시는 것, 문득 먼 곳을 응시해서 바다로 지는 석양을 보는 것…… 이와 같은 번잡한 행위의 집적이 '남자들'의 의례를 구성하고 있다.

곧 이해할 수 있는 것처럼 이 흥미 깊은 생물은 명백히 일종의 주술적 사고에 기초해서 살고 있다. 다시 레비스트로스에 의하면 과학적 사고가 '먼저 이런저런 레벨을 구별한 상태에서 그중 일부에 관해서만 일종의 인과성의 형식이 성립하는 것'을 인정하는 것에 비해서 '주술적' 사고는 '포괄적이면서 전면적인 인과성을 공준公準으로 하는' 사고를 의미한다.

알기 쉽게 말을 바꾸어보자. "남자잖아"라는 말을 듣고 친구에게 지갑에 얼마 남아 있지 않은 돈을 빌려주고 만 남자는 그의 아내가 보면 그냥 '바보'이다. 그러나 단기적인 경제적 불이익의 대가로서 그가 '남자들' 사이에서 높은 평가를 획득하고 결과적으로는 이문이 있는 정치적 사회적 지위를 얻었다고 하면 그는 단기적 불이익이 장기적인 이익으로 연결된다는 것을 직관적으로 감지하고 있다는 것이다.

일견 심리적 기준에만 기초한 비공리적 행위가 실은 포괄적이고 게다가 정밀한 분류적 사고의 소산이라는 것이 사후적으로 판명된다는 것을 레비스트로스는 '야생의 사고의 선구적 과학성'이라고 칭양했다.

똑같은 말을 '남자들'의 사고에 관해서도 할 수 있지 않을까 하고 나는 늘 생각하고 있다. 따라서 '남자들'의 사고를 '야생의 사고'로서 인정해주기를 나는 요구하고 싶다. 그들의 주술적 사고를 비과학적, 비합리적인 것이라고 일소에 부치는 것이 아니라 그것을 당당한 세계인식의 하나의 형식으로서 일종의 '지적 조작'으로서 인정해주기를 바란다.

만약 '남자들'에게 고유한 사고와 행동양식을 학적으로 기술분석하는 것을 '남성학'이라고 호칭한다고 하면 '남성학'자는 문화인류학자가 '미개 사회'를 접했을 때와 같이 '남자들'을 선입관 없이 자그마한 경의와 넘쳐나는 호기심을 갖고 관찰할 것이다.

나는 '남성학'이라는 것을 그러한 것을 탐구하는 학문이라고 생각하고 있었다. 그렇다고 한다면 나도 미력하지만 정보제공자로서 도움이 되고 싶다. 그러나 '일본의 페미니즘 시리즈' 별책으로서 간행된 『남성학』(1995)에서 우에노 치즈코가 구상하는 '남성학'은 그러한 것과는 달랐다. 그녀의 『남성학』은 관찰과 기술이 아니라 교화와 순치를 위한 언설이었다. 나는 어느 정도의 실망을 담아서 이 책을 소개하고자 한다.

2

우에노는 권두논문의 「"아저씨"가 되고 싶지 않은 너를 위한 남성해방운동의 추천」에서 '남성학'이라는 것을 다음과 같이 정의했다.

> 지금까지의 대부분의 사회과학은 '인간학'의 이름으로 남성을 보편적인 '인간'으로 참칭해왔다. 그 관점에서는 여성은 '특수한' 잔여로밖에 보지 않는다. '여성학' 이전의 '여성론'은 자신을 주체로서 의심하지 않는 남성의 손에 의해서 '타자'로서 쓰인 객체로서의 여성론이었다. 그런데 '여성학'은 그 남성 중심적인 관점으로부터 여성을 주체로서 탈환하는 시도였다. 남성학은 그 여성학의 시점을 통과한 후에 여성의 눈에 비치는 남성의 자화상을 통한 남성 자신의 자기성찰의 기록이다. (우에노 치즈코, p. 2)

여성학이 여성 중심적 시점에서 역사와 세계를 고쳐 읽는 시도였다는 것에 이견은 없다. 내가 문제로 삼고 싶은 것은 그 다음의 '남성학'에 대한 정의. 여성학의 정의를 그대로 채용하면 '남성학'은 '남성 중심 시점'으로부터 '남성으로서의 주체성을 탈환하는 시도'이지 않으면 안 된다. 그러나 우에노는 그런 정의를 채용하지 않는다(당연한가). 그녀가 말하는 '남성학'

은 남성이 '여성적 시점에서' 남성을 보는 것이다. 즉 여성은 '자신의 눈'으로 남성을 보는 것이 허용되지만, 남성은 '타인의 눈'을 빌려서 자신을 보는 것밖에 허용되지 않는다.

어쩐지 꽤 불공평하다는 느낌이 드는데 내가 보는 한 페미니즘은 마르크스의 프롤레타리아 개념을 여성에 적용함으로써 지금까지의 이 아포리아를 해결해 왔다. 마르크스는 『헤겔 법철학비판서설』에서 프롤레타리아를 '사회의 모든 계층으로부터 자기해방 하는 것 없이는 자기해방 할 수 없고 따라서 사회의 모든 계층을 해방하는 것 없이는 자기해방 할 수 없는 하나의 계층, 한마디로 하자면 인간의 전적 상실이고, 그러므로 인간의 전적 회복 없이는 자기를 재획득할 수 없는 계층'으로 정의했다.

페미니스트는 이 테제를 환골탈태시켜 남성으로부터의 자기해방 없이는 자기해방 할 수 없고 따라서 남성을 해방하는 것 없이는 자기해방 할 수 없는 사회적 층으로서 여성을 정의한다. 여성해방은 곧바로 남성해방과 연동한다. 여성에 의한 주체성의 탈환은 여성의 권력화도 남성의 노예화도 아닌 쌍방의 동시적 해방이다. 남성은 권력적인 주체성을 잃는 것을 통해서 비권력적 주체성을 새롭게 획득한다. 이것이 여성해방 즉 남성해방론의 기본적 논리이다. 이 논리에 기초해서 남성학은 구상된다. 즉 그것은 '남성이 비권력적 시점을 획득하기' 위한

가이드북인 것이다.

우에노는 그것을 위한 조건으로서 두 가지 제약을 남성 주체에 부과한다. 하나는 '여성의 눈에 비치는' 것을 보는 것. 또 하나는 '자화상을 보는 것'이다. 남성은 '자신의 눈에 비치는 것'을 보는 것이 금지되어 있다(그것은 남성 중심적 시점이기 때문이다). 남성은 '여성을 보는 것'을 금지 당한다(그것은 폭력 행사이기 때문이다).

OK. 당신들이 그런 규칙을 채용하고 싶다면 그것은 알겠다. 그러나 아무리 생각해도 이러한 제약 하에서 기술되는 텍스트는 여성에게도 남성에게도 별로 재미없어 보인다.

첫 번째로 만약 남성학이 '여성의 눈에 비치는 남성상'의 기술이라고 하면 그것은 여성들의 입장에서 보면 질릴 만큼 봐온 일상적 풍경에 지나지 않을 것이다. 질릴 만큼 봐온 일상적 풍경으로부터 그녀들은 어떠한 새로운 생각을 길어낼 수 있을까?

모두에서 우에노는 "남성학 책을 여성이 편집하는 것에 저항을 보이는 사람이 있을지도 모른다. (……) 원래대로라면 남성학 책을 남성의 편자가 편집하는 것을 기다려야 할 것이다"(우에노 치즈코, p. 2)라고 썼다.

여성이 남성학으로의 접근을 꺼리는 것은 남성의 영역에 대한 사양이 아니라 필시 그녀들에게 남성학이 재미없고 지루하기 때문이다. 만약 남성학에서 나오게 될 자기 성찰 중에 여성에게 지루하지 않은 요소가 있다고 한다면 그것은 '남성의 자기성찰의 기만성' 혹은 '불충분성' 이외에는 없을 것이다. '남성이 얼마나 자기중심적인 시점에 묶여 있는가'라는 '평가'의 즐거움만이 아마도 그녀들을 남성학으로 이끌 것이다.

이러한 '감점법'에 의한 평가의 시선을 구조적으로 편성해놓은 이상 남성학이 남성의 권력성과 추악함을 '자기검문' '자기비판'하는 고백의 언설로 충만할 것은 필연의 귀결이다. 그리고 당연한 말이지만 권위적인 교의에 바짝 다가서는 영합적 언설만큼 따분한 것은 없다.

3

『남성학』에 수록된 19편의 글 중 무라세 하루키의 「하우스 허즈번드 선언」은 이러한 종류의 '감점법'에 익숙한 남자의 영합적 언설의 전형이다. 조금 길지만 인용해보기로 하자.

"정말! 그것이 어려운 점이네."
막 쓰고 있는 원고용지를 들여다보면서 유미코가 말했다.
"자기 좋을 대로 사는 것도 쉽지 않네"라고 말하는 나.

"쉽지는 않아도 불가능하지는 않아. 여하튼 시작하는 거지."

"남편이 전부 나처럼 하우스 허즈번드가 되면 되는 거야."

"그것은 틀렸어."

"어디가?"

"나처럼, 이라는 그 부분이."

"왜?"

"백 쌍의 커플이 있으면 백 개의 방식이 있을 터. 가장 하기 쉬운 방법으로 하면 되는 거야."

"말 그대로다."

"우리보다도 쉽게 갈 수 있을지도. 2년도 3년도 걸리지 않고."

"정확하게는 3년 7개월이야. 너무 길었나?"

"시작하는 것이 빠를수록 좋은 것은 확실해."

"맞아. 함께 살기 전에 그렇게 하는 것이 좋아. 남자가 주부가 될 약속을 하지 않으면 하지 못하게 한다든지."

"섹스는 거래의 수단이 아니야."

"미안."

"법률을 만들어야 해. 하우스 허즈번드법."(무라세 하루키, p. 188-189)

이 대화는 남편이 아내에게 질문하고 아내가 거기에 해답을 제공하는 '교화적 문답'의 형식을 취하고 있다. 남편은 인용 중

세 번 발언하는데 그것들은 전부 '틀림'으로써 아내에 의해서 수정 혹은 부인된다. 한편 아내의 네 번의 언명은 모두 '교의'로서 받아들여지고 있다.

무라세는 이 관계를 "남자와 여자가 수평이 되는" 관계라고 만족스러워하면서 쓰고 있는데 나에게는 아내가 남편을 교화하고 훈련시키고 있는 것처럼밖에 보이지 않는다. 이것은 무라세의 작문이기 때문에 실제로 무라세 부부 사이에 이런 대화가 있었는지 알 수 있는 방법은 없지만 확실한 것은 남편이 아내에게 교화되고 훈육을 받는 관계가 대등하고 이상적인 관계라고 무라세가 독자들에게 생각하게 만들려 하고 있는 것이다.

다니구치 카즈노리의 「성 – 여자와 남자의 풍부한 관계」는 스스로 매춘의 경험을 쓴 참회록 같은 자기비판이다. 엄청나게 많이 증기탕에 다닌 끝에 반성해서 '아시아의 매매춘에 반대하는 남자들의 모임'의 결성에 참가한 다니구치의 경험으로부터 도대체 무엇을 배우라고 우에노는 이 텍스트를 수록했는지 나는 전혀 이해할 수 없다.

이 내용 없는 텍스트의 교훈이 '반성할 일을 처음부터 하지 않는다'는 것이라고 하면 새삼 배울 것도 없다. 나는 그것을 유치원에서 배웠다. "페미니즘에 이해를 보일 정도로 '선진적'인 남성조차도 매춘을 용인하는 섹슈얼리티의 왜곡을 안고 있는" 것이라고 하면 새삼 배울 것까지도 없고 나는 내 주위에 그와 관련된 많은 사례를 알고 있다.

호시 타케오의 「육아에 거리를 두고」는 '육아하는 남편'라는 이단적인 삶의 방식을 선택한 남자가 기성의 '남자다움'과 결별하는 결의를 말한 텍스트이다. 이것도 또한 현기증이 날듯이 정형구를 연발하는 책이다.

마음이 따뜻한 남자들!

"우리가 '남자'로서 살아갈 때 자신의 자연스러운 '인간'을 살아낼 수 없다. 그것은 여성들이 다양한 제약과 등급 매기기, 역할 속에서 허덕이고 있는 것과 정도의 차이는 있다고는 하지만 뿌리는 하나로 연결되어 있다. 관리·지배당하기 쉬운 남자와 여자의 무거운 뿌리. 이것을 도대체 언제까지 계속할 생각인가?

(……) 우리가 계속해서 거절해온 것, 역으로 말하자면 그것으로부터 소외되어온 것, 육아를 자신의 손에 가져오는 것을 통해서 빼앗겨온 '상냥함, 부드러움'을 되찾아옴으로써 우리를 둘러싼 나쁜 구조 – 생산으로 휘몰기, 모르는 사이에 모르는 방식으로 다른 사람들을 뭉개버리고 있는 구조로부터 우리 자신을 해방하기 위해서는?!

자, 남자들이여!

아이가 있는 남자도 없는 남자도 억지로 내세운 '남자다움'을 물리치고 '남자'의 육아를 같이 생각하자. (호시 타케오, pp. 208–

209)

옮겨 쓰는 것만으로도 마음이 침울해진다. 나에게 '남자의 육아'는 절실한 문제이다. 그러나 이러한 조금의 오리지널리티도 없는 '닳고 닳은 말-정형구를 연발하는 남자'와 육아와 같은 복잡 미묘한 문제에 관해서 나는 이야기를 나누고 싶지 않다.

4

그들의 글쓰기를 따분하게 만드는 것은 그 정형구에 갇힌 사고이다. 그리고 그 정형구의 원형은 예를 들면 우에노의 가사노동관에서도 볼 수 있다. 나는 편부 가정의 아버지이고 가사를 하는 남자이기 때문에 그러한 남자를 논할 때의 우에노의 화법에 특히 강한 위화감을 느끼고 만다. 우에노는 다음과 같이 썼다.

페미니즘에 이해가 있는 남자들이라고 하면 가장 먼저 떠오르는 것이 '가사 육아를 하는 남자들'이다. (우에노 치즈코, p. 11)

왜 '가사 육아를 하는 남자'는 페미니즘의 절친이 될 수 있다고 우에노는 생각하는가? 그녀에 의하면 그러한 남자들은 남성이라는 '일류 시민' 계층에 속해 있으면서 여성이 놓여 있는 '이류 시민' '특수한 존재'로 몰락할 리스크를 범하고 있기 때문이다.

> 아내에게 재촉받고 혹은 육아를 해야 하는 상황으로 내몰리고 나아가 자기 자신의 의사로 임금이 없는 가사노동을 담당함으로써 '이류 시민'으로 떨어질 위험을 범하는 남자들이 있다. (우에노 치즈코, p. 12)

나는 상황에 떠밀려서 어쩔 수 없이 육아와 무임금의 가사노동을 담당해왔지만 변함없이 페미니즘에 대한 이해가 없다. 내가 '이류 시민'인지 아닌지에 관해서는 판단이 어려운 부분이 있는데 설령 그렇다고 하더라도 그것은 나의 재능과 노력 부족 때문이지 가사노동 때문이 아니다.

편부 가정의 아버지도 '특수한 존재'로서 사회로부터 냉대를 받고 있기 때문에 페미니스트의 유력한 절친 후보이다. 어떤 여성연구자는 이렇게 썼다. "편부 모임의 인터뷰에서 그녀의 젠더가 좋은 결과를 가져왔다고 썼다. 만약 이것이 남성 연구자였다면 편부 가정의 아버지들은 솔직하게 이야기를 했을까? 학력도 사회적 지위도 높고 사회적인 성공자인 동성의 인터뷰어에게 사회적 약자로 간주되고 있는 편부 가정의 아버지들은 폼을 잡고 가슴을 열지 않았을 것이다(우에노 치즈코, p. 24)."

각각의 사정은 있어서 편모 환경과 편부 환경도 나름 주체적으로 받아들인 살아가는 방식이다. 그것을 뭉뚱그려서 '사회적 약자'로 정해버리는 통속적인 현실 인식은 설령 연민의 정이 있다고 하더라도 나는 허용할 수 없다. 물론 가사육아가 그 나름의 부하가 걸린다는 것을 나는 부정하지 않는다. 그러나 가사육아를 하는 남자는 '남자다움'의 규범으로부터 본다면 "칠칠치 못한 남자"(우에노 치즈코, p. 13)라고 정해져버리는 것은 몹시 실례가 되는 말이고 잘못 짚은 것이다.

'그는 기업사회에서 결국 뒤처진 사람이 될 수밖에 없는 것이 아닐까?'라고 우에노는 위협하는데 그 정도의 일을 할 수 없는 것을 변명으로 사용하는 것은 '남자의 체면에 관계되는' 것이기 때문에 묵묵히 가사노동을 부담하고 있는 남자는 얼마든지 있다.

우에노의 분석과 나의 현실 이해의 이런 '차이'는 우연적인 것이 아니라 필시 페미니즘의 '전략'과 밀접히 관계가 있다. 가사노동은 아무 의미가 없을 뿐 아니라 그것을 담당하는 자에게 치명적인 사회적 핸디캡을 가져온다는 생각은 페미니즘의 기본적 주장 중 하나이다. 여성을 가사노동으로부터 해방시키기 위해서는 가사노동의 마이너스 면을 애써 강조할 필요가 있었다는 것을 나는 이해할 수 있다. 그런데 이 가사노동 부담의 '과대평가'는 다른 문제를 일으키고 있는 것은 아닐까? 집이 있는 한 가사노동은 소멸할 일이 없다(물론 사르트르와 오페라 가수 후지하라 요시에처럼 평생 동안 호텔에서 생활을 하는 선택지도 없는 것은 아닐 것이다). 가사가 있는 한 부하負荷의 분배, 고역의 분배는 불가피하다.

'가족 구성원 중 누가 얼마만큼 가사=핸디캡을 받아들이는가'라는 논의는 유쾌한 논의는 아니다. 실제로 많은 가정에서 가사 분담을 위한 협상은 빈번하게 가정 내에 마찰을 만들어낸다. 그리고 종종 가사 분담의 '교섭'에 필요한 심리적 스트레스가 가사 노동 그 자체가 가져오는 신체적 피로 이상으로 사람에게 상처를 준다.

가사는 지적이고 즐거운 작업이고 생산적 창조적 주체를 요구한다. 그것을 서로 강요하는 것이 아니라 자발적으로 부담해야 하는 것이라고 생각할 수 없을까? 나는 애써 그렇게 생각하려고 하고 있는데 페미니스트는 아마도 이러한 생각을 위험하다고 간주할 것이다.

게다가 이것은 쓸데없는 참견일지 모르겠지만 가사노동의 마이너스 면을 너무나 강조하는 것은 그냥 평소에도 가사로부터 빠져나가려는 남자들을 한층 가사 부담으로부터 도망가게 만드는 것은 아닐까?

'이류 시민으로의 전락' 리스크 없이는 가사노동은 담당할 수 없다고 위협받고 기꺼이 가사노동으로 향하는 남자는 없다. 남자들을 가사노동으로 향하게 하기 위해서는 어딘가에서 플러스의 인센티브가 작동하지 않으면 안 된다. 남자들에게 합리적 판단을 정지시키고 단기적으로 불이익이라고 생각되는 선택에 발을 들여놓게 하기 위해서는 경험적으로 유효한 방법이 있다.

그리고 결국 우에노도 정치적 판단으로부터 그 방법을 채용한다.

'일상이라는 도망갈 길이 없는 전투의 장'에 머물러 있는 남자들의 모습을 우에노는 칭찬한다. "육아라는 도망갈 곳이 없는 일상에 눈을 돌리지 않고 향하는 그들의 태도는 한층 떳떳하게 '남자답다'. 그 망설임과 주저함 안에서 남자다움을 재점검하는 그들에게는 숨 막히는 성실함이 있다"(우에노 치즈코, p. 12).

페미니스트가 이런 말을 써도 되는 것일까? 우에노는 여기서 남자들을 가사노동에 불러들이기 위해서 '전투'의 메타포로 기분을 고양시켜두고 '남자다움'의 부적을 이용하고 있다. 궁지에 몰리면 "남자잖아"라는 일갈로 상대를 제압하는 것은 오다지마 다카시의 '돈 빌리는 기술'과 다를 바가 없지 않은가?

남성학은 본래 '남자다움'과 같은 아무 내용 없는 말이 부적으로서 기능하는 구조 그 자체를 묻는 것이 아니었는가? 그 구조의 해명을 통해서 부적 그 자체의 무효화를 목표로 한 것은 아니었는가? 여기서 우에노는 '남자들의 신화'의 해명보다도 여성의 사실상의 이익(사회적 리소스의 공평한 분배)을 우선시하고 있다. 우에노의 흥미는 '남자들은 어떤 존재인가'라는 학술적 해명보다도 '남자들을 어떻게 움직일까?' 하는 정치적 조작에 가 있다. 남자들은 어떻게 위협하면 바싹 오그라들고 어떻게 부추기면 우쭐댈까를 숙지한 상태에서 진행되고 있는 우에노의 논의는 그렇게 생각하면 비정할 정도까지 '정치적'이다.

다니구치나 무라세와 같은 남자가 쓴 것이 지루하고 무내용이라는 것을 우에노는 안 상태에서 그럼에도 감동을 보인다. '남자다움'이라는 부적으로 남자를 조정할 수 있다는 것을 알면 태연히 '남자다움'에 숨이 막히게 한다.

나는 우에노의 이러한 마키아밸리즘을 비판하고 있는 것이 아니다. 우에노의 불성실함은 의도적인 것이라서 밑바닥에 있는 정치적 판단 그 자체는 틀리지 않기 때문이다(내가 페미니스트라고 하면 아마도 우에노와 똑같은 전략을 취할 것이다).

나는 현재의 남성과 여성 사이의 상황을 정치투쟁의 용어로 이해하고 있다. 성관계는 헤게모니 투쟁으로서 지금 진행하고 있고 이것은 한쪽이 포인트를 획득하면 다른 한쪽은 포인트를 잃는 제로섬 게임이다. 그것이 좋은지 나쁜지의 문제가 아니라 현실이 그렇다는 것이다.

우에노도 아마도 똑같은 상황 이해로부터 출발해서 남자들의 분단을 획책하고 있다. 주부主夫(남성이 가사를 하는 경우), 호모섹슈얼, 부부가 다른 성姓을 사용하는 것 등, 소수파 남성을 이정표로 하는 '제5열'을 남자들 안에 쐐기로서 박아 넣는 것이 '남성학'의 군사적 노림수이다. 나는 이 전술적 판단은 적절하고 효과적이라고 생각한다.

남성학은 그러한 페미니즘의 정치적, 군사적 요청에 응해서 출현한 것이고 여성해방의 대의에 봉사하기 위해서만 존재한다. 물론 '훌륭한 프로파간다'가 '훌륭한 학술연구'와 똑같을 정도로 때로는 그것 이상으로 유익하다는 것을 나는 부정하지 않는다. 단지 나는 그것을 '학學'이라고 부르지 않는다.

5

마지막으로 첨언하고 싶은 것은 나의 '실망'은 편자의 의도에 대한 것이지 이 책이 몇몇 훌륭한 텍스트를 포함하고 있다는 것을 부정할 생각은 없다. 예를 들면 권두의 하시모토 오사

무의 문장을 나는 깊은 공감을 갖고 읽었다.

그러나 출전인 원고, 하시모토의 『연과 칼』(1982)은 내 기억이 정확하다고 하면 일본의 게이 문화에 관한 용서 없는 분석이고 이 책에서 하시모토는 게이의 자기 정당화에 대해서(게이 중에 남권적인 성환상에 대한 통렬한 비판을 읽어내는) 우에노만큼 관용적이지 않았다고 생각한다.

예를 들면 하시모토는 커밍아웃하는 게이에 대해 이렇게 쓰고 있다.

> 대체적으로 말이야, "우리들은 게이로서 살고 싶다"고 어깨에 힘주고 그러는 것이 아니고, 그런 생활을 아무렇지도 않게 하고 싶다는 거지? 그렇다고 하면 더욱 그렇지. "나는 게이입니다! 이렇게 힘들어요! 이렇게 아무렇지도 않게 살고 있는 겁니다!" 같은 말을 역설하지 않는 것이 좋지 않아? 그건 말이지, 자칫 잘못하면 "나는 여자예요! 나는 여자야! 그래서 여자로서 말이야! 나는~" 이라고 해오는 추녀를 위한 여성해방운동의 실패를 답습하는 거야. (하시모토, p. 256)

우에노는 인용을 할 때 하시모토의 문장의 전후를 인용하면서 이 부분을 삭제했다. 그 마음은 알겠지만 이런 것을 '검열'이라고 하는 것 아닌가.

올바른 일본 아저씨의 길

하야시 미치요시의『페미니즘의 해독』을 읽다

하야시 미치요시는 단지 융 심리학자인줄만 알았는데 〈제
군!〉과 같은 미디어에서 페미니즘 비판을 전개해서 악전고투
하고 있는 것 같다. 몰랐었다. 그 논쟁을 정리한 것이 이 책이
다.

제목이 굉장하다.『페미니즘의 해독』(1999). 전면 전쟁이다.

20세기 말 현재 대학의 남자 교수 중에서 '페미니즘 반대'라
고 공언하는 사람은 아주 드물다. 도쿄여자대학의 선생님으로
학명 높은 융 연구자가 전혀 전공이 다른 곳에 발을 들여 놓고
'페미니즘은 안 된다!'라고 호통을 치고 페미니스트들과 논쟁
을 하고 있다. 아주 장관이다.

하야시가 쓴 것은 대략 다음과 같은 이야기이다.

부부는 평등한 것이 좋다. 아이는 어릴 때는 엄마가 가까이 있으면서 키우는 것이 좋다. 아버지도 육아에 참가해야 한다. 개인과 국가 중간에는 가족, 지역사회 등 중간 역할을 담당하는 집단이 있는 편이 좋다. 근대 가족제도의 플러스 요소는 제대로 평가하는 것이 좋다. 아이를 보육원에 0세부터 맡기는 것은 단점이 많다. 사회 전체에서 가족 붕괴, 모성 상실이 진행되고 있는데 페미니스트들은 위기감이 희박하다. 아니 오히려 그것을 환영하고 있는 것으로 보이는 것은 당치 않은 일이다. 페미니스트들을 잘 이해하고 있다는 것이 남성 인텔리의 조건처럼 된 것은 좋지 않다. 《아사히신문》의 가정란으로부터 최근 안티페미니스트적인 언설이 조직적으로 배제되고 있다. 《와이프》의 다나카 키미코田中喜美子는 심한 사람이다. 등등

나는 이러한 주장에 기본적으로는(다나카의 사례를 제외하고) 찬성이다. 이것은 '일본의 인텔리 진보-리버럴 아저씨'의 상식이다. 다나카에 관해서도 실은 그 옛날 다나카가 주간하고 있던 주부들이 투고하는 잡지 《와이프》의 호전적 활동가였던 친구와 페미니즘을 둘러싼 꽤 장기에 걸친 논쟁을 한 적이 있어서 인연이 없는 것은 아니다. 그때 《와이프》도 몇 권 읽었다. 그런데 다나카가 쓴 것이 기억이 안 나서 논쟁에 관해서는 어느 쪽이 맞는지 모르겠다(하야시가 인용한 부분에 한해서 말하자면 다나카가 나쁜 것 같긴 한데).

그런데 이런 논쟁은 어느 쪽에게도 얻는 게 없을 것 같은 느낌이 든다.

점점 이야기 스케일이 작아져서 마지막에는《시나노마이니치신문》에 두 사람이 기고했을 때의 행보가 이러쿵저러쿵, 다 큰 성인이 입에 담을 만한 수준이 아닌 식으로 논의되고 있었다.

여하튼 하야시는 단지 '일본 인텔리 아저씨의 상식'을 말하고 있는 것뿐이다. 당치않은 의견을 말하고 있는 것도 아니고 조사 가능한 범위 내에서 제대로 조사도 했다. 그러나 이 정도의 상식론을 말하는데 이만큼이나 기를 쓰면 안 되는 것이 문제이다. 문장을 읽어보니 분노로 인해 부르르 떨고 있다는 느낌이 절실히 다가온다. '학술성'이라는 것을 숙지하고 있을 사람이 이 정도로 냉정함을 잊고 종종 감정적이 되는 것을 보니까 페미니즘에 대해서 상당히 원한이 쌓여 있는 것 같다. 참 안된 일이다.

나는 하야시와 대략 의견을 같이 하는데 전략은 꽤 다르다.

나는 억울한 마음이 생기는 것도 싫어하고 감정적으로 되는 것도 싫어하고 자신이 "좋지 않다"고 생각하는 사람의 책을 비판을 위해서 기를 쓰고 읽는 것도 마음이 내키지 않는다.

나는 논쟁하지 않는다. 페미니스트가 논쟁을 걸어오면 맨발로 도망갈 것이다. 페미니스트들에게 윽박지름을 당해서 끽소리 못하게 되면 억울하고 내가 페미니스트들을 설득해서 그녀들의 이론적 과오를 인정하게 할 가능성은 제로이기 때문이다. 쓸데없는 일은 하지 않는다.

그렇게 하는 것은 전혀 페미니스트에 관한 내재적 비판이 아니지 않습니까, 하고 야단을 치시는 분이 있을지도 모르겠다. 말씀하신대로입니다.

나에게는 페미니즘을 내재적으로 비판할 마음이 없다. 왜냐하면 나는 '페미니즘은 옳다'고 생각하고 있기 때문이다. 만약 내가 여자로 태어났다고 하면 우에노 치즈코가 되어 있을 가능성을 불식하지 못하기 때문이다(악몽과 같은 상상이지만).

페미니즘은 그 이론적 부정합성을 아무리 지적해도 흔들리지 않는다. 그것은 인간의 깊은 곳에서 올라오는 근원적 힘으로 부활된 사상이다. 페미니즘은 '욕망을 해방하고 싶다'는 충동과 '집단보다 개인을 우선시키고 싶다'는 충동을 동력원으로 하고 있다. 두 가지 모두 지금까지는 공공연히 입에 담는 것이 억제된 말이다.

근대사회는 '욕망을 컨트롤해서 규범에 따르는 것'과 '가족을 만들고 그 안에서 역할 연기를 제대로 하는 것'을 기본 규칙으로 삼아왔다. 자신의 욕망을 공공연히 입에 담고 그것을 우선적으로 추구하는 삶의 방식은 '뻔뻔한 사람' 취급을 받고 그 장에서 기대되고 있는 역할 연기를 제대로 하지 못하는 사람은 '예의를 모르는 사람'으로서 강한 비난을 받았다.

페미니즘은 그 근대 규칙을 정면에서 부정했다. 개인의 자기실현과 욕망의 충족을 집단 및 타자의 그것보다도 우선시키는 삶의 방식을 '보다 인간적인 것'으로서 긍정했기 때문이다.

'어머니(혹은 처, 혹은 딸)'이기 전에 한 명의 여자이고 싶다' '집단의 한 요소이기 전에 한 명의 인간이고 싶다'는 문장은 페미니즘의 근간이 되는 주장이다.

이것은 요컨대 사회를 해체하고 문명을 버리고 야만으로 돌아가라는 것이다.

로크와 홉스의 고전적인 설명에 의하면 문명이라는 것은 정의상 '개인이 욕망 달성과 자기실현을 일단 단념하고 그것을 사회적 계약에 기초한 집단의 일원으로서 우회적으로 실현하는 방법을 골랐을 때'에 즉 '한 명의 인간이기 전에 집단의 일원이라는 것'을 우선했을 때에 발생한 것이다. 그것이 '문명사회'라는 것이다.

착각해서는 안 된다고 생각해서 급히 첨언하자면 나는 "사회를 해체하고 문명을 버리고 야만으로 돌아가는" 것이 나쁘다고 말하고 있는 것이 아니다. 나 자신 그런 간판을 들고 돌아다닌 적이 있을 정도로 이것은 매력적인 테제이다.

문명사회는 편리한 만큼 억압적이다. 그런 억압적인 제도 안에서 오래 살다 보면 때때로 "집단이나 규범 같은 것 어떻게 되든 상관없어. 내가 하고 싶은 것을 지금 여기서 하고 싶다" "다른 사람은 어떻게 되든 상관없어, 나만 좋으면 되는 거 아 냐"와 같은 리얼하고 자기중심적이고 직접적인 욕망이 올라오 는 것은 당연하다.

"감성의 무한해방"이라든지 "욕망에 시민권을"이라든지 "자기중심적인 게 뭐가 나빠?"와 같은 대항적 사념이 억압을 날려버리고 출현하는 것은 인간에게 아주 자연스러운 일이라 고 나는 생각한다.

그래서 나는 이런 대항 이데올로기에 필연성이 있다는 것을 인정한다(초현실주의에 필연성이 있었던 것처럼, 60년대의 카운터 컬처에 필연성이 있었던 것처럼, 중국의 문화대혁명에 필연성이 있었 던 것처럼). 시스템이라는 이불 속에 숨어서 인간으로서의 잠재 적 가능성을 모험해보려고 하지 않는 위축되어 있는 근대인에 대한 강렬한 '노No'의 말로서 나는 그것을 높게 평가한다.

따라서 페미니즘이 근대적 시스템의 경직성과 정체성을 비 판하는 대항 이데올로기인 한 그리고 근대문명에 대한 일종의 '야생'의 측으로부터의 반대인 한 그것은 사회를 활성화하는 데 있어 유용하다고 나는 생각한다. 그런데 유용할 수는 있지 만 그것은 결코 지배적 이데올로기가 되어서는 안 되는 것이 다(히피 운동과 마오쩌둥 사상이 지배적 이데올로기가 되어서는 안 되는 것과 똑같은 의미에서). 그것은 '이의 신청'으로서만 유익하고 공인公認의 권력적인 이데올로기가 되었을 때 아주 유해한 것으로 바뀌는, 그러한 이데올로기이다.

나는 페미니즘이 사회를 활성화시키는 대항 이데올로기에 머무르는 한 그 유용성을 인정하고 그것이 어느 정도 이상의 사회적 영향력을 행사하는 것에 대해서 반대한다. 이것은 아마도 페미니스트로부터 본다면 '가장 열 받는' 유형의 안티페미니즘일 것이다.

나에게도 페미니스트인 친구가 있는데 그 사람하고는 페미니즘에 관해서 결코 이야기를 나누지 않는 것으로 하고 있다(반드시 화를 내게 만들기 때문에). 이와 똑같이 마르크스주의자 친구하고는 마르크스에 대한 이야기는 하지 않고 기독교도 친구하고는 기독교 이야기는 하지 않는다(반드시 화를 내게 만들기 때문에).

그럼에도 내가 페미니스트와 친구가 될 수 있는 것은 그녀들의 지성과 사회적 능력을 높이 평가하기 때문이다. 나에게 중요한 것은 그 사람이 신봉하는 사회이론이 아니라 그 사람의 인간적 자질이다. 원래 나는 '그 사람이 신봉하는 사회이론과 그 사람의 인간적 질은 별로 관계가 없다'고 생각하고 있다(그래서 페미니스트와도 마르크스주의자와도 천황주의자와도 친구가 될 수 있다).

칼 포퍼가 『열린 사회와 그 적들』에서 쓰고 있듯이 어떤 종류의 이데올로기는 '그것을 비판하는 것이 곧바로 비판자의 지적 도덕적인 열등함의 증명이 된다'는 반론 불능의 구조를 갖고 있다. 그러한 이데올로기에는 다른 의견과의 대화의 회로가 닫혀 있는데 유일하게 열려 있는 것은 '비판'과 '교화'의 회로뿐이다.

페미니즘은 마르크스주의로부터 그 구조를 물려받았다. 그래서 페미니즘과 정면에서 논쟁하는 것은 '하야시의 경우가 그런 것처럼' 늘 상대의 논리 구성을 반전시킨 '비판'과 '교화'의 언설을 말할 위험에 노출되어 있다.

실제로 하야시는 '페미니즘에 반대하는 자는 지적 도덕적으로 열등하다'는 페미니즘의 논리를 "부당하다"고 비판하다가 보니 어느덧 그 자신이 '페미니즘에 찬성하는 자는 지적 도덕적으로 열등하다'는 부당 전제에 서서 논의하기 시작했다. 이 것은 "미라를 잡으러 들어간 사람이 미라가 된 형국이다".

나는 그런 하야시에게 꽤 동정적이다. 딱하다.

그것은 "일본의 인텔리 리버럴 아저씨"는 일본의 보물이라고 생각하기 때문이다.

비꼬는 것이 아니라 나는 그렇게 생각하고 있다. 누가 뭐라고 말하든 이 사람들이 전후 일본을 지탱해온 것이다. 나와 같은 사람이 자기 하고 싶은 것을 하고 살아올 수 있었던 것은 '우리 아버지와 형으로 대표되는' 이 '인텔리 리버럴 아저씨'들의 인내와 근로의 성과를 내가 수탈해왔기 때문이다.

아저씨들이 너무 이데올로기적으로 첨예화하는 것을 나는 바라지 않는다. "페미니즘입니까…… 음…… 그것도 너무 과격해서는 곤란하지요" 정도에서 그만두기를 바란다. 페미니즘을 비판할 여유가 있으면 아내와 친하게 지내거나 아이들과 놀거나 학생 상담을 하거나 곤란한 사람을 도와주거나 '시스템'으로부터 탈락할 것 같은 사람을 돌봐주는 것이 낫다고 생각한다.

다나카 기미코의 책을 화를 내면서 읽기보다도 『우미인초』라도 읽는 편이 하야시 자신의 정신 건강에도 주위에 있는 사람들을 위해서도 좋다고 생각한다. 그런 평소의 온화한 일상생활을 통해서 가족과 지역사회와 직장의 집단을 지탱해 나가는 것이 '아저씨의 길'일 것이다.

'아저씨의 길' 좋은 말이다.

'올바른 아저씨의 길'의 삶의 방식을 어떻게 강령화할 것인지 그것이 현재의 사상적 급무라고 나는 생각한다.

성적 자유는 있을 수 있는가

이이다 유코의 『자기 결정』을 읽다

동료인 이이다 유코 선생으로부터 최근 잡지에 실린 텍스트를 세 편 받았다.

'성의 자기 결정'에 관한 비교적 긴 것이 한편이고 서평이 두 편이다. '성의 자기 결정'은 최근 논단을 떠들썩하게 만들고 있는 논건 중 하나인 모양인데 논의에 중심에 있는 미야다이 신지라는 사람과 나는 파장이 맞지 않기 때문에 전혀 모른다. 이이다 선생님의 소개로 이해한 것을 조금 말해보자면 그것은 "일의적으로 정의할 수 없지만, 성도덕을 철저하게 비판하고 성을 다루는 다른 개념으로서" 주장하는 데에는 매우 유효하다는 것이다.

일의적으로 정의할 수는 없지만 효과적으로 이용할 수 있는 일종의 도구 같은 것을 '도덕 개념' 혹은 '조작 개념'이라고 부른다. 예를 들면 '리비도'라든지 '기氣' 같은 것은 그런 범주에 들어가는 것이다. 그 개념을 도입함으로써 그때까지 '주제'로 다루지 않았던 문제가 선명하게 보이거나 혼돈 상태로 보였던 상황이 분절화되어 보이는 경우 그것은 '조작 개념'으로서 유효하다고 말한다. 이이다 선생에 의하면 '성의 자기 결정'도 성과 관련된 문제군에 새로운 분절선을 넣어서 지금까지 전경화되지 않았던 몇몇 논건을 끌어내는 것을 가능케 한 유효한 조작 개념과 같은 것이다.

애당초 자기 결정의 시비와 가능 불가능이 물음의 대상이 되는 것은 거기에 현실적이고 구체적인 문제가 있기 때문임에 틀림없다. 중요한 것은 그 문제의 해결에 구체적으로 다가가는 것이지 '자기 결정'이라는 이념 그 자체만을 오로지 파고드는 것이 아니다. (「특집 현대사상의 키워드」, 『현대사상』 Vol. 28-3, 2000, pp. 125-126)

이념에 관해서 이러한 금욕적인 태도를 취하는 것은 좋다. 그것은 '리비도'가 신경증의 치료에는 효과적이지만 물리적으로 계량할 수 있는 '실체'가 아니기 때문에 '오로지 이념 그 자체만을 끝까지 파고드는 것'에 별 의미가 없다는 것과 유비적이다. 이념과 현실 두 가지 수준의 문제를 혼동하지 마라, 중요한 것은 현장이, 라는 주장이 이 텍스트에는 일관되어 있다.

지금의 문맥에서는 '성도덕'은 성적인 가치 판단과 행위를 포괄적으로 규정하는 집합적 규범을 의미해서 이것에 구조적으로 대립해서 성에 관련된 가치 판단과 행위에서 '당사자'의 주체적 선택을 우선하려고 하는 사회적 태도가 '성의 자기 결정'이라고 불리고 있는 것 같다.

이렇게 요약하면 성행동에서 '집단 대 개인' '규범 대 자유'의 모순이라는 것이 일단 이 논의의 기본적 프레임워크라고 볼 수 있다. 단 여기서는 그러한 실존주의적인 용어는 사용하고 있지 않다. '개인' '주체' '자유' '결단'과 같은 말이 실존주의 시대에 너무나도 난잡하게 다루어졌다는 것에 대한 씁쓸한 반성이 그 원동력일지도 모르겠다.

텍스트의 전반이 꽤 추상적인 논맥을 우회하는 것은 아마도 '먼저 주체가 있고 그것이 결정을 내린다'는 식의 실존주의적 화법이 불가능한 시대에 우리가 있다는 것을 의미할 것이다. 역으로 '성의 자기 결정'이라는 문제를 세우는 것을 통해서 '자기'란 무엇인가, '결정하는 것'은 무엇인가 하는 근본의 물음으로 추급해 갈 수밖에 없는 앞과 뒤가 바뀐 전도가 우리 시대의 일을 곤란한 것으로 만들고 있다.

그러한 기초적인 구도를 고려한 상태에서 이이다 선생님이 논하고 있는 것은 매매춘에서의 자기 결정이라는 문제이다. 솔직히 말해서 이것은 나에게 매우 논하기 힘든 주제이다.

나는 매매춘 제도라는 것에 (주식의 매매라든지 마권의 매매와 같이) 개인적으로는 전혀 흥미가 없다. 혹은 나의 이해를 훨씬 넘어서는 종류의 쾌감을 거기서는 얻을 수 있을지 모르겠지만 나는 잘 상상할 수가 없다.

내가 잘 모르겠다고 생각하는 것은 자신의 성적 욕망이 카탈로그화되고 등급이 매겨지고 과금되고 누군가가 그 벌어들인 돈을 장부에 기입하고 일부가 세금으로 국고에 들어가는 것을 상상하면 굉장히 기분이 나빠지지 않을까 하는 것이다.

혹여 자신의 성적 욕망이 그런 식으로 공공화되고 제도화되고 눈에 보이는 형태를 취해야 비로소 자신이 '제대로' 성적 욕망을 갖고 있다는 것을 인식해서 한숨 돌리는 사람이 많이 있을지도 모르겠다. 생각해보면 성 이외의 욕망에 관해서도 대부분의 사람들은 '타인의 욕망'을 모방해서 살고 있는 셈이다. 자신이 실은 무엇을 원하고 있는지 다른 사람이 가르쳐 주지 않으면 모르는 사람들이 사회의 대다수를 차지하고 있다고 하면 성적 욕망이 그 예외일 리가 없다.

현대 일본의 매매춘 제도는 현대 일본인의 성적 상상력의 빈곤 그 자체가 제도적으로 구현화된 것으로 그것은 그 밖의 문화적 여러 제도들과 '빈곤함'의 차원에서 동질한 것이다(혹은 무라카미 류는 풍부한 성적 환상력과 돈이 있는 사람에게는 거기에 걸맞은 부유하고 와일드한 성적 상품시장이 있다고 반론할지도 모르겠다. 하지만 무라카미의 성적 상상력도 예외적인 것은 아니라고 생각한다. 실제로 '풍부한 성적 상상력'이 넘쳐흐르는 무라카미의 소설이 일본의 샐러리맨들에게 폭발적으로 팔리고 있으니까).

그렇다고 해서 나는 자신은 풍부하고 독창적인 성적 환상을 갖고 독자적인 성적 행동을 취하고 있다고 생각하지 않는다 (아니 그 전에 애당초 풍부하고 독창적인 성적 기호와 성적 행동 같은 것이 있을 수 있다고 나는 생각하지 않는다).

나의 성적 욕망과 성적 행동의 양식은 내가 '빈곤한 대다수'라고 간주하는 것에 대한 반발과 혐오감에 의해서 강하게 규정되어 있고 그런 면에서 본다면 나는 현재의 성 제도의 부정적인 포로에 지나지 않는다.

따라서 (여기서부터 이이다 선생님과 의견이 완전히 달라지는 점인데) 나는 '성 제도/성도덕'과 '성의 자기 결정'이 대립적인 관계에 있다고 생각할 수 없다. 성의 사회적 기능에 관해서 이이다 선생님은 다음과 같이 썼다.

단적으로 정리하자면 성도덕은 성과 어떻게 관계를 맺느냐에 따라서 성모와 창부라는 두 가지 카테고리로 여성을 이분화해온 것이고 한편 남성은 그 두 가지 카테고리를 왕복하는 왕래자로서의 역할을 부여받아왔다는 것이 된다. 성의 영역은 비일상적인 영역으로서 특화되고 법적인 규제를 받음으로써 한층 보이지 않는 영역으로 심화 확대되고 범죄와 근접하는 동시에 한편으로는 거의 무근거한 가치 부여가 이루어져왔다(문학 등의 이야기 재생산 영역이 큰 역할을 담당해 왔다). 매춘 여성에 대한 차별은 이 구성 안에서 발생해왔다. (「특집 현대사상의 키워드」, p. 126)

이 인용문에는 그대로 "아 그렇구나" 하고 받아들일 수 없는 어려운 문장들이 포함되어 있다.

(1) 성 영역은 비일상적인 영역으로서 특화되었다.

(2) 성 영역은 법의 규제를 받음으로써 보이지 않는 영역으로 심화 확대되고 범죄와 근접하게 되었다.

(3) 문학 등의 이야기 재생산 영역은 성 영역에 근거 없는 가치 부여를 해왔다.

이 세 가지 점에 관해서 나는 조금 다른 의견을 갖고 있다. 순서대로 그것에 관해 이야기를 좀 해보고자 한다.

(1) 나는 '성'이라는 것은 '기능만이 있고 실체가 없다'는 프로이트파의 생각을 대체적으로 지지하고 있다. 성은 '억압'이

라는 기능을 경유해서야 비로소 실체화된다. 성 제도 혹은 성도덕과 같은 것은 이 억압의 효과로서 출현한 것이다. 그래서 본질적으로는 모두가 의제이다. 그런데도 우리의 성적 욕망이라는 것은 이 의제로서의 성 제도와 성도덕에 매개되어서(그것에 대한 복종으로서 그것의 패러디로서 혹은 그것에 대한 반역으로서) 비로소 '형태'를 취하는 것 이외에 표현 방식을 모른다.

그래서 성에 관련된 제도는 늘 '억압된 것'을 '일상적 영역'으로 현재화하고 통제하고 카탈로그화하고 상품화하는 문명적 영위로서 구축되어왔다. '성적 욕망'이라는 수상한 녀석이 독립적으로 자존해서 그것을 표출시키거나 휘게 하거나 거기에 에너지를 집중하도록 하거나 억압하기 위해서 성 제도가 있다는 식으로 나는 생각하지 않는다.

성적 욕망은 성 제도에 매개되어서 사후적으로 '마치 기원에 그것이 있었던 듯한' 형태를 취한다. 그래서 '성'이라는 것은 철저하게 '일상적'인 것이다. 성에 관한 모든 행위에는 '문명'이 각인되어 있다. 그래서 만약 성의 영역이 '비일상적 영역'으로 비추어진다고 하면 그것은 '비일상적 영역'이라는 가격표를 붙이는 것이 '일상적 영역'에서 상품으로서 비싸게 팔린다는 이유이다. 만약 그것이 은폐되고 있는 것처럼 보인다고 하면 그것은 '은폐'하는 것이 보기에 좋기 때문이다.

(2) 법이 성을 규제해온 것은 성을 억압하기 위함이 아니라 성을 관리하기 위함이다. 제임스 엘로이의 『LA 4부작』에 의하면 경찰의 꿈은 모든 범죄가 내력을 알 수 있는 범죄조직에 의해서 이루어지는 것이다(관리하기 쉽기 때문에), 라고 한다면 매매춘이 반은 비합법의 조직에 의해서 집중적으로 운영되는 것이 (권력기구에서 본다면) 성관리의 '왕도'라는 것은 의심할 여지가 없다. '적정한 정도의 비합법성' '적정한 적도의 비일상성' '적정한 적도의 억압' 그것이 대다수들의 쿨한 정도로 빈곤한 성적 상상력에 있어서는 아마도 '적정한 적도의 향신료'이다. '일탈의 제도화' 그것이 성관리라는 약빠른 일의 본질이다.

우리는 제도화된 성행동 이외의 것을 상상할 수 없다. 그래서 우리는 성의 영역에 관리와 범례를 계속 추구하는 것이다. 관리가 있고 나서야 비로소 괴란壞亂의 쾌락이 존재하고 범례가 있고 나서야 비로소 일탈하는 쾌락이 출현하기 때문이다.

(3) 문학이 성에 관해서 '근거 없는 가치 부여'를 해왔다는 것은 어쩐지 문학에 미안한 마음이 든다. '성'이라는 것은 '기능하는 결여'이기 때문에 애당초 거기에는 말하기에 족할 것 같은 어떠한 '근거'도 없다. 그래서 성을 둘러싼 언설은 모두 그것을 은폐하든 드러내든 칭양을 하든 고발을 하든 여하튼 그것에 관해서 말하는 한 반드시 구조적으로 성에 '근거 없는

가치 부여'를 하고 마는 숙명이다(그것은 내가 쓰고 있는 이 텍스트도 예외가 아니다).

성에 관해서 지금까지 가장 엄밀하게 말하려고 한 것은 프로이트인데 성은 '결여'에 다름없다는 통찰을 제시한 프로이트에 대해서 쏟아진 비난은 '프로이트는 성에 근거 없는 가치 부여를 하고 있다'는 것이었다(그리고 그 비난은 정말로 맞았다). 성에 관해서 말한다는 것은 무엇을 말하든지 성의 제도화, 표상화에 가담하는 것이다. 문학만을 질책하는 것은 불쌍하다.

그렇다고 한다면 '성의 자기 결정'은 포괄적인 성 제도 안에서 '여러 옵션의 선택 가능성' 이상의 의미를 갖는 것은 없지 않을까. 그리고 제도 내부적 '옵션'인 한 그것이 제도 '그 자체'에 대한 근원적인 비판이 되는 것은 있을 수 없는 것이 아닐까.

"옵션의 자유를 인정하자"는 방식으로 성도덕의 '강제적 이성애 체제'를 조금 통풍이 잘 되게 할 수도 있고 해야 된다고 나는 생각한다. 하지만 그것은 '성도덕을 철저하게 비판'해서 '성을 다루는 별도의 개념'을 만들어내는 것과는 다르다.

집요하게 똑같은 말을 반복해서 미안한데 성 제도는 억압의 효과로서만 존재하고 실체가 없다. 기호 작용이 원억압의 효과인 것처럼 성적 행동은 모두 성 제도의 효과이다. 그래서 성 제도가 폐절된 순간에 인간은 (본능적인 충동 이외에는) 어떠한 성적 행동도 취하지 않게 될 것이다.

'성도덕으로부터 해방된 성'이라는 것은 '도넛을 먹고 난 후의 도넛 구멍'과 같은 것이다. '도넛 구멍'에 대고 '도넛'을 철저하게 비판할 수는 없다.

처음 논의로 돌아가 보면 그러므로 '성의 자기 결정'은 이념적 수준이 아니라 예를 들면 성 제도 안에서 인권 문제와 같은 현실적 수준에서만 의미 있다와 같은 주장에 나는 공감한다.

가정폭력과 성희롱, 강간, 매매춘 제도와 같은 구체적인 인권 문제에서는 당사자가 주체적으로 결정한 성적 행위를 성제도가 방해하는 사태는 실제로 있다. 이 사태를 효과적으로 개선하기 위해서 '성의 자기 결정'이라는 조작 개념이 유용하다는 이이다 선생님의 생각을 나는 옳다고 생각한다.

성에 관해서는 '정치'와 '군사'의 언설만이 있고 '과학'의 언설은 없다고 나는 생각한다. 나는 이전에 '이데올로기'로서의 페미니즘에는 찬성해도 좋지만 '과학'으로서의 페미니즘에는 반대한다고 썼다. 그것과 똑같은 것이다.

우리는 구체적인 형태를 갖고 있는 성 제도와 성도덕과 성의식에 관해서는 이기적인 동기에 기초해서 그것을 바꾸거나 부술 수 있다. 그것은 정치 수준의 일이다.

'(나에게) 보다 나은 성 제도, 보다 나은 성도덕은 무엇인가?'라는 정치적인 논의는 생산적일 수 있다고 생각한다. 그러나

'누구에게나 이상적인 성 제도, 가장 좋은 성도덕은 무엇인가' 와 같은 논의를 하는 것만큼 쓸데없는 짓은 없다(물론 이이다 선생님에게도 그런 논의를 할 생각은 전혀 없겠지만).

여하튼 성에 관해서는 앞으로도 가능한 한 침묵을 지킬 생각인데 그것은 성 제도의 본질은커녕, 나에게 있어 어떤 성 제도가 '보다 나은' 것인지에 관해서조차도 전혀 예측할 수 없기 때문이다. 한심한 이야기이지만 말이다.

성 의식의 신화

우에노 치즈코 · 미야다 신지의 『매매춘 해체신서』를 읽다

풍속점에서 일하는 여성들이 경영자의 착취에 대항해서 노동자로서의 권리를 지키기 위해서 노동조합을 결성했다는 기사가 나왔다. 그 기사에 미야다이 신지가 곧바로 "아주 좋은 일을 했다"고 코멘트를 했다.

매춘 '노동자'의 권리와 위신이 보호받음에 따라서 누구라도 안전하고 즐겁게 매춘에 임할 수 있게 되는 것이 미야다이가 말하는 만큼 좋은 일인지 어떤지 솔직히 말해서 나는 잘 모르겠다. 잘 모르기 때문에 미야다이와 우에노가 최근에 빈번하게 논의하고 있는 '성의 자기 결정'이라는 문제에 관해서 새삼 생각해보고자 『매매춘 해체신서 – 근대의 성규범으로부터 어떻게 빠져나갈까』(1999)라는 책을 읽어보았다.

말하고 있는 것은 우에노가 가장 명확해서 알기 쉽다. 우에노의 주장은 대략 말하면 다음의 세 가지로 정리할 수 있다.

(1) 성이라는 것은 인간끼리의 커뮤니케이션의 하나의 형태이기 때문에 너무 제도적으로 이래라 저래라 간섭하지 말고 '인간관계의 모든 스킬과 똑같이 시행착오로 경험으로부터 배우면' 된다. (말 그대로이다. 나도 전혀 이의 없다.)

(2) 여자는 남자에 의존하지 말고 경제적으로 자립하고 자신에게 쾌락을 제공해줄 남자를 스스로 조달할 수 있도록 해야 한다. (이 생각에도 별다른 의견은 없다.)

(3) 지금까지 풍속점과 같은 형태로 관리된 매매춘으로부터 원조교제와 테레쿠라*로 대표되는 '프리랜서' 매춘업으로의 이행은 '시장의 성숙'이다. 기존의 성 제도에 의한 이데올로기적 규제보다는 '규제 완화'에 의한 성상품의 '도태'와 성상품 거래의 합리화가 보다 바람직하다. 그래서 '자기책임의 원칙으로 자유영업을 하고 있는' 매춘 여성이 늘어가는 것은 환영해야 할 사태이다. (여기에는 조금 보충이 필요하다. 그 이야기를 좀 해보고자 한다.)

---

* 텔레폰 클럽의 준말. 전화를 매개로 해서 여성과의 대화를 연결해주는 가게.

우에노의 주장을 60년대식의 '양동이 밑이 빠진 성해방 이론'과 동일시해서는 안 된다. 우에노의 속내는 성적인 일에 관해 집요할 정도로 자기의 결점 등을 일부러 드러내는 표현으로부터 추측해보건대 "섹스 같은 것 아무럼 그냥 놔둬도 좋지 않은가. 진지하게 논의하는 것만큼 바보같은 일도 없거든"과 같은 식으로 나에게는 읽힌다. 우에노와 이 건에 관해서만큼은 마음이 맞았다. 우에노는 다음과 같이 말했다.

　　애써 말해보자면 "섹스를 했건 안 했건 나는 나"라고 왜 말하지 못하는가? 섹스라는 게 그것이 없으면 자신의 인격이 부정되는 그런 일인가? 남자에게도 여자에게도 섹스를 하지 않는 남자는 어엿한 한 명의 남자가 아니고 섹스를 누군가 해주지 않으면 여자로서 인정받지 못하는 것일까와 같은 관점에 대해서 이의 신청 같은 것도 가능합니다. (우에노 치즈코·미야다 신지, p. 90)

미야다이 신지와 그의 동료 연구자들이 매매춘의 현상에 관해서 상세한 필드워크를 해서 매춘하는 여고생의 우군 같은 발언을 하는 걸 지금까지 나는 '좀 싫다'고 생각했다. 섹스가 주력 상품이고 그것밖에 팔 것이 없는 사람들도 섹스밖에 머릿속에 있는 게 없어서 자신의 성욕 채우기를 인생의 우선적 목표로 삼고 있는 사람들도 양쪽 모두에게 나는 관심이 없다.

그러나 미야다이 신지가 주장하고 싶은 말은, 지적 전위라고 할 만한 자들은 그러한 사람들의 행동에 숨어 있는 중대한 사회학적 의의를 이해하지 않으면 안 되는 모양이다. 여고생의 생태에 대해 상세하게 알고 있는 걸 갖고 왜 이 남자는 이 정도로 으스대고 있는지 나는 잘 모르겠다.

그런데 우에노 치즈코의 전략은 아무래도 그런 차별화와는 다른 점을 노리고 있는 것 같다.

이대로 성이 상품으로 다루어지는 실상이 점점 그 세력을 키워나가면 급기야는 모든 변태 행위와 성도착을 포함한 성상품이 극도로 일상화되어버린 나머지 아무도 섹스에 흥미를 갖지 않게 되는 날이 온다. 그러한 날이 오는 것을 우에노 자신은 대망하고 있는 것처럼 나에게 읽히기 때문이다. 이것은 상당히 급진적인 태도이고 나는 우에노의 이런 입장을 지지한다.

내가 지금까지 "이건 좀 아닌데"라고 생각하고 있었던 것은 요컨대 '성 의식'의 높음과 지적인 개방성 같은 것을 연결 짓고 있는 도식에 대해서이다. '성 의식'이 높은 인간은 자신이 '성적 존재'로서 어떻게 평가받는지 오로지 그 일만 의식하고 있다 보니 그 이외의 인간적 자질에 관해서 반성과 향상심이 조직적으로 결여되어 있는 인간을 가리킨다. 나는 그런 사람과는 별로 사귀고 싶지 않다.

나는 지금까지 성 제도에 관해서 본격적으로 논의한 적이 없지만 성풍속의 첨단적인 양상에 대해 잘 아는 체하는 얼굴을 하고 끄덕거리고 그것을 받아들이지 못하는 사람의 지적 후진성을 조롱하는 논의 방식이 마음에 들지 않았기 때문이다.

나도 성이 인간에게 있어 매우 중요한 문제라는 것을 물론 인정한다. 그러나 예를 들면 저녁 식사 자리에서 가족 모두가 각각의 섹스 라이프에 관해서 오픈 마인드로 이야기하는 것을 나는 조금도 훌륭하다고 생각하지 않는다. 자신의 가족이 매매춘을 하고 있다면 강한 불쾌감을 느낄 것이다. 나는 그런 자신의 '보통의 감수성'을 버릴 마음이 없다.

나는 섹스를 식탁의 화제로 삼고 싶지 않은 것도 딸이 매춘(하지 않을 거라고 생각하지만)하는 것을 금지하는 것도 이유는 하나이다. 그것은 "이 세상에서 중요한 것은 섹스만이 아니야"라고 생각하기 때문이다.

'성화性化'된다는 것은 페미니즘이 말하고 있는 것 같이 단지 '남자답게' '여자답게'와 같은 성규범이 강요된다고 하는 뻔히 아는 사태를 가리키는 것이 아니다. 그것이 아니라 일상의 이런저런 판단과 행위를 일일이 '성규범'과의 관계를 통해서 (그것에 따르든 그것에 반항하든 그것을 조소하든 그리고 일탈하든) 늘 '지금의 성규범'과 '성적 존재로서의 나'의 관계를 의식하면서 자신의 포지션을 결정하는 의식의 양상을 가리킨다.

자신이 뭔가를 할 때 먼저 '남자답게 있기 위해서'라든지

'여자답게 있기 위해서' 혹은 '그러한 성규범 그 자체를 비판하기 위해서'와 같이 여하튼 '성'이라는 문제 설정이 제일 먼저 의식되는 사고의 부자연스러움이야말로 '성화되어 있는' 인간의 즉 '성 의식sex consciousness이 과민한' 인간의 특징이라고 나는 생각하고 있다. 그것은 머리숱이 없는 사람이 '미끄러지다' '빛나다' 혹은 '밀도가 적다'와 같은 말을 전부 자신의 모발 상태에 대한 조소적인 함의로 가져와서 주눅이 드는 '대머리 의식' 과민증의 부자유스러움과 완전히 동형적인 사고이다.

그런 것 아무럼 어때, 라는 것이 나의 의견이다.

세상에는 좀 더 중요한 것이 얼마든지 있다. 여력만 있으면 "섹스 섹스"라고 외치는 사람들은 너무나도 그 일을 좋아할 것이다. 성 제도가 유럽에 비해서 후진국이든 성규범이 형해화되어 있든 나는 '그런 것 아무럼 어때'라고 생각하고 있다. 이 무뚝뚝한 태도야말로 '성 의식'의 포로가 되지 않는 가장 효과적인 방법이고 내가 아는 한 우리나라의 어른의 전통이다.

억압되는 것은 과잉으로 의식화된다. 욕망은 금지에 의해서 항진한다. 그렇다고 하면 전부 해방해 버려서 그런 것에 휘둘리는 것은 이제 그만두자라는 것이 우에노 치즈코의 주장이라고 나는 생각한다. 이 점에 관해서 나는 '태어나서 처음으로' 우에노의 주장에 대찬성이다.

'여자가 말하는 것'의 트라우마

쇼샤나 펠만의
『여자가 읽을 때 여자가 쓸 때 – 자전적 신페미니즘 비평』를 읽다

모든 텍스트는 성화sexualize되어 있다. 무성의 혹은 중성의 텍스트 같은 것은 존재하지 않는다. 지금까지 우리가 읽어왔던 모든 텍스트는 남성 작가, 남성 주인공, 남성 독자라는 삼중의 구속에 의해서 남성 중심적으로 편성되어 있었다. 그래서 '쓰는' 사람은 (그것이 남자이든 여자이든) 좋든 싫든 남성 중심주의적 쓰기를 강요당해왔고 '읽는' 사람은 남성 중심주의적 읽기 기법의 습득을 강제당해왔다.

이것은 페미니즘 비평이론의 출현 이래 우리에게 있어 친숙한 관점이다. 이 관점에 동의하든 그렇지 않든 그 이야기는 잠시 내려 놓고 여기에는 확실히 매우 심원한 철학적 물음이 포함되어 있다. 그것은 "어떤 어법을 이용해서 경험하고 사고하

고 있는 인간은 그 어법의 구조와 기능에 관해서 반성적으로 고찰할 수 있는가?"라는 물음이다.

이것을 플라톤의 '동굴'의 비유와 훗설의 '에포케' 이래의 난문의 페미니스트판이라고 해야 할 것이다. 이 난문에 페미니스트들은 어떻게 대답하고 있을까?

여성이라고 하더라도 유아기부터 남성 중심주의적 랑가주 langage에 의해 자신의 경험을 해석하고 자신의 '내면'을 표현하는 것을 강제당해왔다고 하면 그 사람은 의제적으로는 '남자'로서 읽고 쓰게 된다. 그러한 여성이 새삼 '여자로서' 읽고 쓰는 것은 가능할까? 가능하다고 하면 그것은 어떠한 방법적 장애를 거쳐야 하는 것이 될까?

쇼샤나 펠만은 이 문제의 곤란함에 관해서 다음과 같이 썼다.

'우리 안에 묻혀 있는 남성적 정신을 쫓아내는' 것이 필요하다는 것은 나도 인정하고 있고 이 주장을 추천하고 장려하고 싶다. 그러나 그렇게 말해도 우리 자신, 이미 남성적 정신을 내포하고 있어서 사회에 나갈 때에는 자기도 모르는 사이에 '남자로서 읽도록' 훈련받고 만 것은 아닐까? 텍스트를 지배하고 있는 것은 남성 주인공이기 때문에 그 남성 중심적 관점에 자기를 동일화하도록 우리는 훈련받아왔다. 남성 주인공의 견해가 세계 전체를 보는 기준이라고 우리는 믿게끔 만들어져왔다. 이런 상태에서 남성적 정신을 쫓아내라는 말을 듣는다 해도 도대체 어디서부터 쫓아내라는 것인가?

여성의 읽기는 이중의 이데올로기적 장애에 봉착한다.

첫 번째 장애는 그녀 자신, 그것 없이는 읽고 쓰기가 불가능한 남성 중심주의적 어법이다. 두 번째 장애는 '남성적 정신을 쫓아내는 것'은 가능하다고 말하면서 방법적 기초를 제시하지 않은 채 주장하는 페미니스트들이다.

첫 번째 장애는 그녀가 읽고 쓰는 언어 그 자체가 남성 중심주의적이라는 것을 그녀에게 의식시키지 않도록 기능한다. 읽고 쓸 때의 그녀는 의제적으로 남성이 되어 있기 때문에 자신이 소비하고 생산하고 있는 텍스트가 남성 중심주의적이라는 것을 구조적으로 자각하지 못한다(그것은 〈용쟁호투〉를 보고 있는 일본인 관객이 의제적으로 부르스 리에 동일화한 덕분에 일본인이 계속 죽어나가는 것을 봐도 전혀 불쾌함을 느끼지 못하는 것과 비슷하다).

페미니즘의 텍스트 이론은 그녀가 읽고 있는 텍스트에 포함되어 있는 남성 중심주의적인 요소를 '노출'할 수 있다. 그러나 계속 읽고 있는 그녀 자신 '안에' 기능하고 있는 남성 중심주의적 언어 시스템 그 자체를 전경화시킬 수는 없다.

이 이중의 부정적 조건 아래서 여성은 그녀 자신을 구축하고 있는 언어 시스템으로부터 몸을 해방해서 몸을 비틀면서 돌아보고 그 시스템을 대상화해서 비판하고 나아가 그것과는 '다른 어법'으로 말하는 것이 가능할까? 이 물음에 펠만은 '그렇다'라고 대답한다. 그것은 가능한 것이다.

어떻게 해서?

텍스트를 읽는다는 행위 그 자체에 내재하는 '위험'에 가진 돈을 다 걸어서.

펠만에 의하면 텍스트를 읽을 때 우리는 (남성이든 여성이든) 반드시 일종의 '위험'을 범하고 있다. 텍스트를 읽는 것의 '위험'이라는 것은 읽는 이가 미리 거기에 '읽고 싶다'고 욕망하고 있는 것만을 선택적으로 취사 선택해서 읽을 수 없다는 것.

확실히 우리는 '읽고 싶은 것만을 읽는' 것을 욕망하고 있다. 태만한 독자인 우리는 의미가 모르는 곳은 건너뛰고 자신의 수중에 있는 지성적 감성적 틀로 이해할 수 있는 것만을 주섬주섬 주워 담아서 그것으로 다 읽었다고 생각하고 책을 덮을 수 있고 그렇게 하고 싶다고 욕망한다. 그러나 책을 덮은 후도 '의미를 모르는 곳을 건너뛰었던' 것에 대한 꺼림칙함은 어렴풋한 아픔으로서 남는다. 왜 나는 어떤 말, 어떤 문단을 건너뛰고 어떤 사고에 대해서는 눈을 감았는가? 펠만은 이 '선택적인 무지'를 '저항'이라고 부른다.

읽는다는 행위는 텍스트 내에 자신이 기대하고 있지 않았던 것을 찾아내는 위험을 동반하는 행위이고 독자로서는 그 위험에 저항하지 않고는 있을 수 없다. (……) 자기 자신의 이데올로기와 선입관을 고집하는 나머지(그 사람이 광신적 애국주의자이든 페미니스트든) 읽는 것에 대해서 저항하는 것은 어떤 경우라도 일어날 수 있다.

우리는 텍스트 안에 반드시 "읽을 생각이 없었던 것"을 발견하고 만다. 그리고 무의식중에 그것을 '읽지 않겠다'고 눈을 돌린다. 그 "눈을 돌리는" 얼마 안 되는 과잉의 몸짓을 통해서 '저항'은 현재화한다. 그리고 이 '저항'이야말로(정신분석의 경우와 똑같이) '억압된 것'의 양상을 보여주는 가장 적확한 지표이다.

의제적으로 '남성화'된 여성 독자가 그 '남자다운' 읽기와 이질적인 텍스트의 어려운 곳에 가까워지면 남성적 언어 시스템은 독자에 대해서 일종의 '피난 권고'를 발령한다.

"건너뛰어라, 이해하려고 하지 마라"고 시스템은 명한다.

태만한 독자는 잠자코 그 지령에 따를 것이다. 그러나 진정으로 반성적인 독자는 '저항'이 가장 강하게 작동하고 있을 때야 말로 '읽는 것을 스스로 금하고 있는 것'에 가장 가까이 갔다는 것을 자각한다. '남자로서' 읽고 있는 독자가 '스스로 읽는 것을 금지하고 있는 것'을 애써 전경화하는 것, 그것이 '여자로서 읽는' 행위의 시작점이 된다. 이것이 펠만의 생각이다. 나는 이 펠만의 생각을 옳다고 본다.

이상적인 방식으로 페미니스트적인 독자는 자신이 지금 계속 읽고 있는 '텍스트 안에' 남성 중심주의적인 이데올로기를 발견하는 사람이 아니다. 그것이 아니라 어떤 텍스트의 어떤 부분을 계속 건너뛰고 있는 '자기 자신 안에' 남성 중심주의적 읽기 모드를 발견하는 사람을 가리킨다.

이것은 '탈-남성중심주의적'인 읽기의 경우에 한정되지 않는다.

'탈-식민주의적'인 독자이든 '탈-근대주의적' 독자이든 진정으로 반성적인 독자는 자신이 비판하고 있는 이데올로기를 텍스트 안에서 발견하는 사람이 아니라 읽고 있는 자신 안에서 그 해당 이데올로기가 '저항'으로서 활발하게 작동하고 있는 것을 자각하는 사람을 가리킨다.

사람은 어떤 이데올로기를 '외부에서' 비판할 수 있다(예를 들면 페미니스트가 부권제 이데올로기를 비판하는 경우처럼). 그때 그 이데올로기는 그 사람에게 '지배적 이데올로기'가 아니다. '지배적 이데올로기'라는 것은 그 사람이 그것 없이는 사고 자체가 불가능한 방식으로 그 사람 '안에' 편입되어 있는 것을 다르게 부르는 것이다.

우리가 외부로부터 비판할 수 있는 것은 '지배적이지 않은 이데올로기'에 한정된다. 물론 '지배적이지 않은 이데올로기'이고 그러면서 유해한 이데올로기는 얼마든지 있기 때문에 그것을 비판하는 것은 유용한 일이다. 그러나 사상사적으로는 그 일에는 그다지 긴급성이 없다.(예를 들면 나는 '절대왕정 이데올로기'를 비판할 수 있지만 그 일은 우리 사상사적 상황과 거의 관련성을 갖지 않는다)

자기 자신의 포지션을 '이데올로기의 외부'에 가설적으로 상정해서 거기서부터 이데올로기를 비판할 수 있다는 전제에 서 있는 사람은 역설적이게도 그 이데올로기의 '지배성' 그 자체를 부정하고 있는 것이다. 펠만은 이 배리에는 충분히 자각적이다.

> 우리 정신은 남성적 정신의 틀에 싫든 좋든 집어넣어져 있기 때문에 그것과는 별도의 것으로 여성적 정신 같은 것을 손에 넣으라고 말을 들어도 어떻게 하면 그런 일이 가능할까?

지배적 이데올로기는 그 이데올로기를 비판하는 사상 안에도 침윤한다. 그것이 '지배적'이라는 것의 의미이다. "나는 모든 역사적 규정으로부터 자유롭다"는 상공 비상적 시좌에 서는 사고는 '모든 역사적 규정으로부터 자유로운 사상적 시좌가 있을 수 있다'고 하는 이데올로기(그것을 마르크스는 '부르주아 이데올로기'라고 이름 붙였다)의 내부에서만 발상되는 사고이다. 이와 똑같이 '나는 (페미니스트이기 때문에) 남성주의적 이데올로기로부터 자유롭다'는 사고는 '사람은 자유의지에 의해서 성적 규정으로부터 자유로울 수 있다'고 하는 이데올로기(우리는 그것을 현재의 '지배적 이데올로기'라고 생각하고 있다) 내부에서야 비로소 발상이 가능한 사고이다.

자기 자신이 그 안에 편입되어 있는 사고와 경험 장치의 구조와 기능을 반성적으로 음미하는 일—그것을 우리는 단적으로 '철학'이라고 부르고 있다—을 통해서 우리는 몇몇 작업상의 경험칙을 손에 넣었다.

그중 하나는 '무엇을 보고 있는가'가 아닌 '무엇을 보고 있지 않은가'를 '할 수 있는 것'이 아니라 '할 수 없는 것'을 "전경화하라"와 같은 경험칙이다. 그때 우리는 '자기 자신을 포함하는 '솔기가 없는seamless 시스템'의 군데군데에 노출된 기묘하게 틀어진 봉합선을 만날 수 있을 것이다. 나 자신은 이 경험칙을 믿고 있다.

남성 중심주의적 언어 운용을 통해서 경험하고 사고하고 반성하는 여성에 관해서도 사정은 똑같다. 페미니스트적인 독자는 "나는 여자이다"라는 것을 자명한 사실로서 시작점에 두는 독자가 아니다. '여자라는 것은 무엇을 의미할까'를 미지수로서 읽기 시작하는 독자를 가리킨다.

지금 읽기를 계속하고 있는 나는 성적으로 누구인가? 나는 무엇을 빠트리고 읽고 무엇을 잘못 읽도록 성적으로 '구조화' 되어 있는가? 그러한 물음을 읽기의 추진력으로 해서 끝없는 물음의 프로세스에 몸을 던지는 과감한 독자를 가리켜 펠만은 '페미니스트'라고 부르고 있다.

이러한 주체적인 읽기에 대해서 텍스트는 '자기 일탈'이라는 방식으로 자신을 열게 된다.

'자기 일탈'이라는 것은 "텍스트가 텍스트에 대해서 저항하는" 것이다. 마치 독자가 "읽을 생각이 없었던 말"과 만나듯이 텍스트는 "말할 생각이 없었던 말"을 말한다.

독자가 "읽을 생각이 없었던 것"이 텍스트에 노출되고 텍스트가 "말할 생각이 없었던 것"이 독자에게 감지된다. 그런 '만남'이라는 방식으로 텍스트의 '자기 일탈'은 시작된다.

텍스트는 혼돈으로서 깊이가 있는 양상을 드러낸다. 텍스트는 더 이상 단일하고 정합적인 이념과 구조에 의해 중추적으로 통괄되지 않는다. 거기에는 미리 준비되어 있었을 '가설과 규정'이 파탄이 나고 모순과 착종이 독자의 해석에의 욕망을 격하게 환기시킨다.

내가 말하고 싶은 것은 여성 독자의 욕망에 의해서 여성 독자의 레토릭을 매개함으로써 눈에 보이지 않았던 그 자기 일탈이 증폭되고 보이는 것이 있다는 것이다.

'자기 일탈'하는 텍스트는 물론 '즉자적'으로 거기에 있는 것이 아니다. 굳이 모험적인 읽기를 시도하는 독자로부터의 '말 걸기'가 이루어지고 나서 비로소 텍스트는 '자기 점검'을 개시한다. 이러한 쌍방향적 커뮤니케이션은 텍스트와 독자의 '만남'이 가능하게 하는 모든 의미 생성적인 읽기에서 일어난다.

지금 펠만이 사용한 '독자의 욕망'이라는 말은 레비나스가 탈무드 해석에 관해서 말한 '간청/유혹'이라는 말을 연상시킨다.

레비나스는 탈무드의 텍스트 해석에 관해서 다음과 같이 말했다.

텍스트에 '내재하고 있던 의미'는 주해자의 주체적인 개입에 의해서 비로소 현재화된다. 주해는 주해자라는 유일무이한 존재가 개입하지 않으면 발견되지 않은 채 끝났을지도 모를 미문未聞의 의미를 열어 보인다.

이른바 주해자들의 다양성이 '절대적 진리'의 충일을 위한 조건입니다. 모든 사람은 그 유일성을 통해서 진리의 유일한 측면을 개시하는 보증인입니다. 그러므로 어떤 종류의 사람들을 인류가 잃는 한 진리의 어떤 측면은 결코 드러나지 않게 됩니다. (에마뉘엘 레비나스, 『L'Au-delà du verset』, 1981, p. 163)

이 문장의 '어떤 종류의 사람들'이라는 곳에 '여성 독자'라는 말을 대입해보면 레비나스의 이 문장은 그대로 펠만의 주장을 기초 짓게 될 것이다.

펠만의 독해 전략은 레비나스의 텍스트 이론과 깊은 곳에서 서로 통하는 구석이 있다고 나는 생각한다. 그리고 그러한 공통성은 '읽기' 이론에 한정되지 않는다. '여자로서 쓴다'고 말할 때에도 펠만의 사고는 레비나스와 통한다. 그것은 펠만의 '트라우마'와 '증언'이라는 말 안에서 단적인 방식으로 볼 수 있다.

펠만에 의하면 여성은 남성적 정신에 기초해서 자신의 경험을 해석하고 자신의 '내면'을 말하도록 훈육 받았다. 그러한 여성이 '여성으로서 쓰는' 일이 과연 가능할까? 펠만은 그렇게 질문을 설정한다.

우리는 여자인데도 뒤에서는 아주 간단하게 남자로서 문학을 읽고 만다. 빌려온 목소리를 사용해서 '개인적인 일을 말하는' 것 따위 식은 죽 먹기다. (……) '개인적으로 말한다'고 해서 여자가 말하는 이야기가 여자의 것이라고는 단정 지을 수 없고 무엇보다도 그것이 여자 자신의 목소리로 말하여진다는 것조차 알 수 없는 일이다.

'나는 여자로서 쓰고 있다'고 주장하는 사람은 많다. 그러나 펠만은 그것을 의문시한다.

최근은 여성의 고백체 문학과 '여성적 고백' 비평이 유행하고 있는 듯한데 나는 그것에 관해서 이렇게 말하고 싶다. 일찍이 여자로서 정확하게 자서전이라고 부를 수 있는 것을 쓴 여자는 우리 중에 없다.

'나는'이라고 말하는 여자들조차도 결국은 여자를 '대상물로서' '타자로서' 바라보는 남자의 입장에 의제적으로 동일화해서 남자들의 '목소리'를 빌려서 말하고 있다고 한다면 여자인 말하는 이가 '자전'을 말하기 위해서는 먼저 '목소리' 그 자체를 획득하는 것부터 시작하지 않으면 안 되게 된다. 그런데 그 '목소리'는 어떻게 해서 획득되는가?

펠만은 다음과 같이 대답했다. '다른 여자들과 목소리를 공유하는 것'을 통해서.

우리가 손에 넣는 이야기는 여자를 비추어내는 것이 아니다. 그것은 처음부터 '이야기' 같은 것일 수 없다. 오히려 그것은 이야기가 되어가는 이야기라고 말할 수 있을 것이다. 이야기가 이야기가 될 수 있기 위해서는 여자들에 의한 읽기의 유대를 통하지 않으면 안 된다. '타자'의 이야기라는 것은 다른 여자들에게 읽히는 이야기, 다른 여자들에 관한 이야기, 다른 여자들에 의해서 말하여지는 이야기이다. 이러한 '타자'의 이야기를 통해서 여자들의 이야기는 이야기가 되어간다.

'여자로서 말하는 것'이 성립하기 위해서는 그것이 여자들의 집단 안에서 '이야기'로서 인지되어서 거기서 그것을 누리고 거기서 계속 전승되어 말하여지지 않으면 안 된다.

그러면 왜 '집단으로서 향유되는 이야기'가 필요한가?

그것은 '여자의 자전'이 '트라우마'를 말하기 때문이다.

'트라우마'라는 것은 프로이트가 가르쳐주고 있듯이 '나'에게는 기억되어 있지 않고 따라서 '나'의 언어로는 기술될 수 없고, '나'에 의한 해석을 피하는 것이다. 여자가 '남자로서' 말하는 것 이외에 언어를 사용할 수 없는 이상 '여자로서' 주체적으로 산 경험은 논리적으로는 언어화하는 게 불가능하다. 그것은 기억에 포함할 수 없는 사건, 자기사 중에 위치 지을 수 없는 사건으로서 기억의 '정사正史'로부터 구조적으로 배제되어 있다.

그래서 여자가 말하는 여자의 자전은 '기억 상실의 이야기' (써가는 행위가 반드시 작가의 의식과 일치하지 않는 종류의 이야기) 즉 '트라우마'의 이야기가 될 수밖에 없다. 그리고 기억으로부터 배제된 '트라우마'를 이야기로서 소생시키기 위해서는 정신분석의 경우와 똑같이 대화자가 필요하다.

트라우마는 생각해낼 수 없는 기억이기 때문에 그것을 '고백'하는 것도 또한 불가능하다. 그래서 화자가 소유하고 있지 않은 것, 손에 넣을 수 없었던 것을 화자와 청자가 협력해서 되찾아와서 트라우마의 내용을 화자에게 증언시키지 않으면 안 된다.

프로이트가 '트라우마'에 관해서 말한 가장 중요한 관점을 떠올려보자. 즉 '트라우마'라는 것은 그것이 '무엇인지'는 결국 알 수 없지만 공동적인 '이야기'에 의해서 치유될 수 있는 것이다. 프로이트는 히스테리 환자와의 면담을 통해서 그녀들이 유아기에 근친자와 지인으로부터 성폭행을 당해서 그 '억압된 기억'이 병증의 원인이 되고 있다는 것을 '발견'했다. 그리고 그 '기억'을 환자에게 상기시켜서 언어화함으로써 그녀들의 병증은 확실히 완화되었다. 그 경험에 기초해서 프로이트는 "유아기의 성폭행이 히스테리의 원인"이라는 학설을 발표했다.

그러나 프로이트는 이윽고 그러한 '고백'이 사실이 아니라는 것을 알게 된다. 많은 환자들은 기억을 위장하고 있었던 것이다. 프로이트는 혼란에 빠진다. 어떻게 그녀들은 '가짜 기억'을 떠올릴 수 있었던 것일까? 왜 '가짜 기억'임에도 불구하고 그 '기억'의 언어화는 치료에 플러스로 작용했을까? 이때 프로이트는 그녀들 안에 있으면서 아무리 해도 떠올릴 수 없는 '가짜 기억'을 통해서 말하는 것 이외에 지명하는 방법이 없는, 그럼에도 불구하고 프로이트와 환자가 공동적으로 구축한 '이야기'에 의해서 치유되는 '상처'가 있다는 것을 알았다. 그리고 그것을 '외상Trauma'이라고 이름 붙였다.

'여자의 자전自傳'은 바로 '트라우마' 이야기라는 것은 그런 의미이다. '여자로서' 경험된 것을 언어화하기 위한 언어를 여자는 갖고 있지 않다. 뭔가가 경험되었다. 그것은 '가짜 기억'으로서 우회적으로밖에 말할 수 없다(말로 되지 않는다). 그렇게 해서 '이야기'가 말하여지기 위해서는 그것을 믿고 그것을 누리고 그것을 계속 계승해서 말할 타자가 중간에 있지 않으면 안 된다.

자신에 관한 이야기를 우리는 스스로는 이해할 수 없고 스스로의 입으로 말하는 것도 가능하지 않다. 그렇지만 우리는 타인의 이야기를 통해서라고 하면 그것을 말할 수 있다.

정신분석의 실천에서 프로이트가 발견한 것은 분석자의 일은 '스스로의 입으로 말할 수 없는' 환자를 위해서 '타인의 이야기'를 제공하는 것이라는 사실이었다. 히스테리 환자는 분석자인 프로이트가 제공해 준 '타인의 이야기'를 '가짜 이야기'로서 공동화해서 그것을 통해서야 비로소 '트라우마'에 관해서 말할 수 있었다.

'타인의 이야기'에서 엄밀한 의미에서는 '자신에 관한 이야기'는 말하여지지 않는다. '트라우마'는 '타인의 이야기'를 기동시켜서 거기서 숨이 다한다. 그래서 '여자의 자전'을 말하는 것은 '죽는 것에 관한 증언'이다. 펠만은 그렇게 썼다.

살아남기 위해서는 반드시 죽는다는 경험을 거치지 않으면 안 되기 때문이다. (……) '여자의 인생을 쓰려고' 하는 페미니스트에게는 반드시 '여자의 죽음을 쓰는' 역설적이고 게다가 폭력적인 고행이 따라붙는다.

이 말은 나에게 모리스 블랑쇼의 인상적인 한 구절을 떠올리게 한다.

신을 본 자는 죽는다. 말 속에서 말에 생명을 부여한 자는 죽는
다. 말이라는 것은 이 죽음의 생명이다. 그것은 '죽음을 가져오고
죽음 안에서 보존되는 생명'이다. 경탄해야 할 힘. 뭔가가 거기에
있었다. 그리고 지금은 더 이상 없다. 뭔가가 사라졌다. (모리스
블랑쇼, 『La part du feu』, 1949, p. 316)

"언어에 생명을 부여하고" 언어에 생명을 부여한 후 '죽음
으로' '사라진 것' 그것을 펠만/프로이트는 '트라우마'라고 이
름 붙였다. 레비나스는 똑같은 것을, 말하는 것le Dire 혹은 수
수께끼énigme라고 이름 붙였다. 뭔가가 '말'에 생명을 부여하
고 그 대가로서 말 안에서 죽는다. 우리는 그 '뭔가'에 살아 있
는 형태로는 결코 닿을 수가 없다. 그것은 사라져 없어짐으로
써 처음으로 '무엇인가가 있었다'는 것을 사후적으로 회상시
키는 '흔적'이기 때문이다.

필시 그것이야말로 말의 혹은 '이야기'의 본래의 기능이다.
말은(통속적으로 이해되고 있는 것처럼) '거기에 없었던 것'을 실
증적으로 지명함으로써 거기에 현출시키는 마법이 아니다. 그
것이 아니라 '그것은 사라졌다'는 것에 의해서 '거기에 없었던'
무엇인가를 결여의 형태로 제시하는 마법이다.

펠만에 의하면 '떠올릴 수 없는 기억', 한 번도 화자에 의해
서 '현전으로서' 살아본 적이 없는 경험, 즉 '트라우마'는 언어

화되는 것을 통해서 죽는다. 그러나 그러한 죽음을 통해서 획득된 '증언'을 집단적으로 계승해서 말함으로써 언어에 생명을 부여하고 죽는 '트라우마'에 관해서 계속 말하는 것은 가능하다.

'트라우마/수수께끼'는 밝음 안에서는 '현상하지 않는다', 그것은 밝음으로부터 뭔가가 '퇴거하고' 모습을 감춘 것에 관해서 증언할 뿐이다. 그래서 '트라우마/수수께끼'는 '엄밀한 의미에서는 한 번도 경험된 적이 없는 경험' '한 번도 현전한 적이 없는 과거' '장소이면서 비장소인 주체성' '어떠한 기원보다도 더 태고적 과거'와 같은 역설적인 표현에 의해서밖에 말할 수 없는 것이다.

펠만은 이것을 '여자가 말하는' 경험에 한정하고 있다. 그런데 말하는 것의 곤란함은 성적 차이에 의해서 그만큼 결정적으로 다른 것일까? 펠만이 여자가 말하는 것에 관해서 시도한 분석 중 가장 깊은 통찰은 모든 '인간이 말하는' 것 일반에 관해서 타당하다고 생각한다.

'남성'이라는 것이 문화적 제도인 한, 우리 남성도 또한 '남자로서 읽도록' '남성 중심적인 시점에 자기를 동일화하도록' 훈련되어온 것은 여성과 다를 바가 없다. 그 경우의 '남성'은 어디까지나 남자들이 성적으로 자기를 형성해갈 때의 가상적 virtual인 소실점에 다름없는 것이지 나의 '내부'에서 자연발생적으로 커가는 실재적인 것이 아니다. 따라서 '남자의 자전'도 또한 '트라우마'가 될 수밖에 없다.

'기원을 가장하는 이야기' 이외에 도대체 어떠한 말을 인간은 자기 자신에 관해서 할 수 있는 것일까?

성차별은 어떻게 폐절되는가

　'남녀가 성별에 관계없이 능력과 개성을 발휘할 수 있는 사회의 실현을 목표로 하는' 남녀공동참여사회기본법(1999년 제정)의 이념에 기초해서 지방자치단체는 현재 조례 만들기를 시작했다. 그런데 전국의 의회에서는 '남자다움/여자다움'의 복권과 '전업주부'의 존중을 내용에 포함시켜야 한다는 보수파 계열의 의원으로부터의 반론이 속출해서 조례 제정이 난항을 겪고 있다. 구체적인 시책으로서 공무원의 몇 퍼센트는 여성이어야 한다는 것이 나왔다면 저항은 있을 것이라고 생각하지만 문언을 손대는 단계에서 이 만큼 격한 반대가 분출하리라고는 생각하지 못했다. 이것에 관해서 미야다이 신지가 다음과 같은 코멘트를 기고했다.

지금 일어나고 있는 스윙 백은 '새로운 역사교과서를 만드는 모임'의 움직임과 함께 설명할 수 있다. 동서냉전의 종결, 거품 경제의 붕괴를 거쳐서 원조교제, 만남 사이트의 유행. (……) 지금까지 사람들의 행동을 질서 지어온 도덕과 가치가 공유되지 않게 되고 연장자에게는 일본 사회가 무규범의 혼란 상태(아노미)에 빠졌다고 보인다. 종래의 상식이 통용되지 않으니까 소외감을 끌어안게 된다. 그런 그들의 쓸쓸함을 보충해주는 것이 국가와 공동체, 역사, 전통과 같은 '위대한 것'이다. '가족의 가치를 고쳐보자' '남자다움과 여자다움을 부정하지 마라'와 같은 종류의 주장은 나와야 할 것이 나온 것이라서 예상의 범위 내. 언론의 세계에서는 결착이 끝났다. (《아사히신문》 2002년 4월 10일 자)

　나는 미야다이 신지라는 사람이 쓴 것을 읽고 공감한 적이 단 한 번도 없다. 왜 그런지 모르겠지만 어딘가에서 반드시 위화감 있는 문장을 만나게 된다. 오늘의 그의 코멘트를 읽고 그 이유를 조금 알게 되었다.

　미야다이는 '알고 있는 사람'이다. 그것이 그에게 내가 공감할 수 없었던 이유였다. 미야다는 '나는 전부 알고 있다'는 실로 미더운 단정을 해준다. "사태가 이렇게 될 줄은 나는 전부터 알고 있었습니다. 이제 와서 떠들고 있는 것은 머리가 나쁜 작자뿐입니다." 냉전의 종결도 거품경제 붕괴도 성도덕의 변화도 가정의 기능 부전도 교육 시스템의 황폐도…… 미야다이에게는 모두 다 자신의 상정 내에 있었던 사건들이다. 그것을 보고 질서의 붕괴라든지 아노미라든지 말세라든지 당황해서 허둥대는 것은 시곗바늘을 역으로 돌리려고 하는 우둔한 자들뿐이다.

실로 명쾌하다.

미야다이는 '알고 있다'는 것으로 스스로의 지적 위신을 기초 짓고 있다. '알고 있다'는 것이 지적 인간의 기본적인 화법이라고 아마도 생각하고 있는 것 같다.

그런데 나는 그런 식으로 생각할 수 없다. '나는 모른다'는 것이 지성의 기본적인 태도라고 나는 생각하고 있기 때문이다.

'나는 모른다' '그래서 알고 싶다' '그래서 연구한다 생각한다' '왠지 안 것 같은 느낌이 든다' '그런데 왠지 점점 알지 못하게 된 느낌이 든다'라는 나선 상태로 빙빙 돌고만 있을 뿐 뭔가 석연치 않고 뭔가 맑지 않은 것이 지성의 가장 성실한 양태가 아닌가 하고 나는 생각하고 있다. 특히 지금 문제가 되고 있는 '성차'의 문제에 관해서 나는 거의 아무것도 모른다.

알고 있는 것은,

(1) 그것이 매우 복잡해서 알기 어렵다는 것

(2) '복잡하고 알기 어려운 문제'를 '간단하고 알기 쉬운 문제'라고 착각하는 사람들이 가져오는 해독이 문제의 복잡성이

가져오는 해독보다는 크다는 것

이 두 가지 점이다.

누구라도 알 수 있듯이 '남자는 남자답게 해라 여자는 여자답게 해라 옛날부터 그렇게 되어 있다'는 식으로 성차의 문제를 단순화하는 사람은 문제를 더 꼬이게 하는 방향으로밖에 기여하지 않는다.

그 역으로 "젠더는 부권제 이데올로기가 만들어낸 의제에 불과하다. 따라서 곧바로 폐절하는 것이 낫다"라는 식으로 문제를 다른 형태로 단순화하는 사람들도 또한 문제를 더 꼬이게 한다는 점에서는 전자와 차이가 없다.

이 두 가지 유형의 시점은 '성차라는 것은 단순한 것'이라는 믿음을 갖고 있다는 면에서 매우 비슷하다.

왜 '성차의 구조'와 같은 '복잡다단한 것'을 '단순한 것'이라고 그들이 생각해버릴 수 있는지 그 이유를 나는 잘 모르겠다. 도대체 어떠한 경험을 가지고 '성차는 단순한 것'이라는 확증에 그들은 당도할 수 있는 것일까? 아마도 "세상의 일견 복잡하게 보이는 것은 실은 매우 단순한 것이고 단순화할 수 있는 사람이야말로 현자라고 세상 사람들이 생각한다"는 전제를 그들이 공유하고 있을 것이다. 그런데 왜 복잡한 문제를 아주 단순화시켜버리는 사람은 '단순한 녀석'이라고 세상 사람들이 간주할 가능성에 관해서는 음미하지 않을까?

'남녀공동참여사회'를 제언하는 사람들도 그것에 반대하는 사람들도 '성차의 구조는 단순한 것이라서 우리는 성차의 구조에 관해서 잘 알고 있다'는 전제에 서 있다는 점에서는 쌍둥이처럼 서로 닮았다. 미안하지만 나는 그러한 전제를 공유할 수가 없다. 왜냐하면 나는 성차에 관해서 잘 모르기 때문이다('거의 아무것도 모른다'고 단언해도 좋을 정도이다).

　나의 의식은 성화性化되어 있고, '나의 의식은 성화되어 있다'는 해당 언명 그 자체가 이미 '성화된 의식'에 의해서 발화되는 이상 '나'도 '의식'도 '성화'도 대략 이 문장에 포함되어 있는 모든 개념은 이미 '성화'되어 있다. 그래서 그런 내가 성차의 구조를 잘 알 수 있을 리가 없다. 복잡한 문제를 접할 때의 나의 기본적인 태도는 '가능한 한 복잡함을 유지하고 단순화를 자제하는' 것이다. 그렇게 나는 생각하고 있다.

　그래서 성차의 문제와 친족제도의 문제와 상喪의 의례의 문제에 관해서 생각할 때는 결론을 서두르지 않는다는 경각심을 늘 잊지 않으려고 한다. 그 자계를 확인한 상태에서 '남녀공동참여사회'라는 논건에 관해서 의견을 피력하고자 한다.

　'성에 의한 사회적 역할 분담'이 종종 변변치 않은 결과를 가져오는 것을 나는 인정한다. 그러나 '그러면 그만두자'라고 본질을 무시하고 간단하게 처리하는 것은 좀 그렇지 않나, 라고 생각한다. 애당초 그렇게 간단히 처리할 수 있는 문제인가.

'성에 의한 사회적 역할 분담'이 왜 있는가와 같은 점을 성적性
的 분업 폐지론자들은 충분히 음미했을까.

인류가 공동체를 만들고 살기 시작해서 수십만 년이 지났
다. 그 사이에 얼마만큼의 수의 개체가 살고 죽어갔는지 셀 수
없겠지만 인류학이 가르쳐주는 한 그중에 '공동체' '역사' '전
통' 그리고 '성에 의한 사회적 역할 분담'을 갖지 않았던 사회
집단은 하나도 존재하지 않는다. 수십만 년 동안 그런 식으로
쭉 존재해서 지금도 세계의 어느 곳에도 존재하는 제도를 '더
이상 필요 없다'고 말하기 위해서는 그 나름의 설득력 있는 논
거가 필요할 것이다.

'사회는 늘 보다 옳은 방향으로 진화하고 있기 때문에 오래
된 것은 버려도 된다'라는 단순한 진보사관만으로는 나는 설
득당하지 않는다. '공동체' '역사' '전통' '성차'와 같은 사회제
도가 왜 존재하게 되었는지 그 기원을 우리는 모른다(고 레비스
트로스는 쓰고 있다. 나도 같은 의견이다). 그러나 그러한 사회제
도를 가진 집단만이 지금까지 살아남았다는 사실로부터 봐서
그러한 제도에는 어떤 인류학적 의미가 있다고 생각하는 편이
낫지 않을까.

그런데 미야다이에 의하면 그러한 '큰 것'은 더 이상 필요
없는 것 같다. '큰 것'이 필요 없다는 것은 '작은 것'은 그래도
괜찮다는 의미일 것이다. '남녀공동참여사회'라는 문맥에서의

'작은 것'은 아마도 '일'을 의미할 것이다. '일'은 바꾸어 말하면 '높은 임금, 높은 사회적 위신, 큰 권력, 많은 정보'와 같은 것을 인간에게 가져다줄 '기회'를 의미한다. 그 기회를 '성차'에 관계없이 전원에게 최대화하는 것, 그것이 성적 분업 폐지론의 목적이다. 적어도 나는 그렇게 생각했다. '임금, 위신, 권력, 정보'라는 것은 '작은 것' '사적인 것'이다. 좀 더 사실대로 말하면 '제로섬 게임' 즉 누군가로부터 빼앗지 않으면 소유할 수 없는 것'이다.

그것도 당연. '전원이 고임금인 사회' 같은 것은 존재할 리가 없기 때문이다. 어떤 임금이 '높다'고 감지되는 것은 '낮은 임금'으로 일하고 있는 사람이 옆에 있는 경우뿐이다. 똑같이 '전원이 위신을 가지는 사회'도 '전원이 권력을 가지는 사회'도 있을 수 없다. '위신'과 '권력'이라는 것은 '위신 앞에 엎드리고 권력에 빌붙는' 타자 없이는 성립하지 않기 때문이다.

'전원이 많은 정보를 가진 사회'도 있을 수 없다. 정보라는 것은 '보다 많이 갖고 있는 자'와 '보다 적게 가진 자' 사이의 수위 차의 문제이기 때문에. 즉 '작은 것'은 '그 밖의 누군가가 그것을 갖고 있지' 않은 것에 의해서만 소유 가능한 것이다. 그래서 그것은 실증적인 재산이 아니다. 이것도 또한 국가와 공동체와 역사와 전통이 그런 것처럼 하나의 환상이다. 시대의 흐름은 사회적인 재산 중에서 '큰 것=모두가 공유하는 환상(국가 공동체, 역사, 전통)'을 최소화해서 '작은 것=개인이 제로섬 게임을 통해서 점유하는 환상'을 최대화하는 방향으로 나아가고 있다. 그런 방향으로 진행하는 것을 '진보'라고 많은 사람들은 믿고 있다.

그런데 나는 그렇게 이야기는 단순하지 않은 게 아닌가 하고 조용히 의심하고 있다. 인간이라는 것은 매우 복잡하고 정묘해서 주로 환상을 주식으로 살아가는 생명체이다. 그래서 그 취급도 좀 더 신중해야 한다고 나는 생각한다. 이야기를 간단하게 하는 것을 서두르는 사람은 종종 이야기를 너무 간단하게 하는 바람에 이야기가 수습이 안 되는 혼란 상태에 빠지는 경우가 있다. 그것은 '남녀공동참여사회'론에도 그대로 적용 가능하다고 생각한다. 이러한 논의의 장에서는 '여성성이란 무엇인가?' '도대체 남자다움이라는 무엇을 의미하는 것인가' '진정으로 성적 차이로부터 해방된다는 것은 무엇을 의미할까?'와 같은 결코 우리 전원이 합의에 달할 수가 없는 논의가 끝없이 반복되기 때문이다.

그리고 그러한 논의 안에서 아마도 가장 빈번히 이루어지는 것은 "발언을 하고 있는 당신은 남성인가? 여성인가?"와 같은 성별 확인일 것이다.

그것도 당연하다.

남성이 '성적 분업은 폐절해야 한다'고 주장한 경우 그것은

'참회'와 '권리 포기'의 어법으로 말하지 않으면 안 되고 여성이 발언하는 경우는 '고발'과 '권리 청구'의 화법으로 말하지 않으면 안 되기 때문이다. '성적 분업은 폐지되어야 한다'는 언명 그것은 동일함에도 불구하고 언명을 발화하는 사람의 성이 바뀔 때마다 그 발언은 '다른 문맥'에 기초해서 다시 읽지 않으면 안 된다. 즉 이 언명은 인지적으로는 성 중립적이지만 수행적으로는 성차 강화적으로 기능하지 않을 수가 없다.

이런 에피소드가 있다.

'학력에 의한 차별을 폐절하는 모임'이라는 것이 있다.

회원들은 학력에 의한 사회적 차별을 철폐해야 한다고 생각하고 모여서는 '학력이 얼마나 깊게 자신들의 인격 형성에 관여하고 사회적 활동의 불공평한 평가와 연결되어왔는가'를 상세하게 보고한다. 단 학력이 그 사람의 인격 형성에 관여하는 방식은 사람마다 다르다. '도쿄대 출신'인 학력에 의해서 손해를 입는 방식과 '중졸'인 사람이 학력에 의해서 손해를 입는 방식은 완전히 정반대이다. 그래서 이 모임에서는 한 명 한 명의 학력에 관한 이야기가 어떤 '문맥'에서 읽혀져야 하는가를 제시하기 위해서 '최종 학력'을 크게 쓴 명찰을 가슴에 착용하는 것이 전원에게 의무 지워져 있다.

'남녀공동참여화사회'는 이 에피소드를 연상시킨다.

아마도 이 '남녀참여사회'를 논하는 장에서는 다른 어떠한 공공 공간보다도 높은 빈도로 '남성' '여성' '성차별'과 같은 말이 나올 것이다. 그리고 남녀공동참여사회에 대한 찬성과 반대를 불문하고 그 어느 입장에서도 '성차가 개인의 인격 형성에 결정적으로 관여해서 그 사람의 사고와 감수성의 양상을 규정하고 있다'는 말이 반복해서 시끄러울 정도로 확인됨에 틀림없다.

오해해서는 곤란하기 때문에 첨언하자면 나는 결코 그것이 나쁘다고 말하고 있는 것이 아니다. 실은 그런 '끈덕짐'이 꽤 '정답'일지도 모른다는 느낌이 든다. 어떠한 종류의 차별이든 '차별에 관해서 과잉으로 언급하면 결과적으로 차별은 강화된다'. 이것은 사회적 차별에 관한 나의 경험적 확신이다. 그러나 나의 경험에는 동시에 '과잉으로 언급되는 논건에 급기야 사람들은 질린다'는 생각도 포함되어 있다.

만약 성차가 가져오는 폐해를 실질적으로 폐절하는 것을 사람들이 정말로 바라고 있다고 한다면 '성차에 관해서 말하지 않는 것'이 가장 효과적인 방법일 것이라고 나는 생각한다. 학력의 차별적 효과를 폐지하고 싶다고 생각하면 학력을 결코 화제로 삼지 않는 것이 가장 효과적인 것처럼 말이다.

그리고 '성차에 관해서 더 이상 말하고 싶지 않다'는 권태감을 사회에 만연시키기 위해서 가장 효과적인 방법은 '모든 문제를 성차와 관련지어서 언급하는 것'이다. 혹여 남녀공동참여사회추진론자들은 그러한 심려원모에 기초해서 매일의 활동을 하고 있을지도 모르겠다. 그렇다고 한다면 그 공헌을 나는 높이 평가하지 않을 수가 없다.

제 **2** 장

왜 나는
전쟁에 관해서
말하지 않는가

늙은 너구리는 전쟁에 관해서 말하지 않는다

근무하는 대학에서 '20세기의 전쟁과 평화'라는 연속강의 순서가 돌아왔다. 무엇을 이야기할지 전혀 생각하지 않은 채 시간만 보내는 사이에 그날이 찾아왔다. 곤란한 일이다. 나는 지금까지 한 번도 전쟁에 관해서 논의한 적이 없다. 즉 전쟁에 관한 나름의 의견을 갖고 있지 않다. 전쟁에 관해서 어떠한 정견도 없는 사람이 교단에 올라서 눈을 반짝거리고 노트를 펼치고 있는 백 명 정도의 학생들에게 뭔가 이야기를 하지 않으면 안 된다. 음…… 곤란한 일이다.

어쩔 수 없이 "나는 지금까지 한 번도 전쟁에 관해서 제대로 논한 적이 없다"는 것을 논제로 삼아서 이야기를 시작하기로 했다. 나는 곧 이제 오십을 눈앞에 둔 늙은 너구리이다. 늙은 너구리인 이상 '무엇을 하지 않는다'는 것이 전혀 동기가 없다는 게 될 수는 없다. 나와 같은 나이 먹은 아저씨가 '뭔가를 하지 않는 경우' 그것은 대개 어떤 저의가 있어서 그렇다. 물론 단순한 부주의와 태만 때문에 하지 않는 경우도 있다. 그런데 그 경우라도 그러한 부주의와 태만을 범하고 있는 '자신을 용서하는' 방식으로 아저씨는 확신범적으로 그 논건을 말하는 것을 태만히 한다.

나는 지금까지 한 번도 전쟁에 관해서 논한 적이 없다. 그렇다고 하면 그것은 '전쟁에 관해서 논하는 것은 좋지 않은 일이다'라고 막연하게 생각하고 있었기 때문에 그러했음에 틀림없다. 왜 나는 '전쟁에 관해서 논하는 것은 좋지 않다'고 생각하고 있을까, 그 직관에 어떤 합리적 근거는 있는 것일까. 이 문제에 관해서 좀 생각해보고자 한다.

약 두 달 전 A 시의 국제교류협회라는 곳에서 미국의 자매도시에 보낼 파견 유학생 선발면접에 참여할 기회가 있었다. 그때 지원한 학생들 전원에게 어느 선고위원이 똑같은 질문을 했다. "나토의 유고 공습에 관해서 아는 바를 이야기해보세요."

지원 학생들 중 어떤 학생은 놀라고 어떤 학생은 신문기사의 제목 정도에 해당하는 이야기를 더듬더듬 말하고 또 어떤 학생은 신문기사의 표제 다음에 등장하는, 내용을 요약한 대목을 이야기했다.

그 회답을 듣고 그 질문을 던진 선고위원은 전원에게 다음과 같이 말했다. "미국은 말이지, 고등학생 정도만 되어도 자국이 관련된 전쟁에 관해서는 찬성 반대의 의견을 명확히 표명하고 제대로 토론을 하네. 자네들이 국제 정세에 관해서 그런 식의 이도 저도 아닌 지식밖에 갖고 있지 않고 그것에 관해서 찬성과 반대의 입장을 말할 수 없다고 하면 거기에 가서 창피를 당할 거네."

그 선고위원은 물론 선의에서 말한 것이고 그가 말한 논리는 교화적인 의도를 갖고 있었다. 그러나 그럼에도 불구하고 똑같은 말을 수십 차례 듣다 보니 나는 점점 불쾌감을 느끼게 되었다. 다른 나라에서 이루어지고 있는 전쟁에 관해서 그것이 어떤 국제적인 관계론적 문맥에서 이루어졌는지에 관해서 충분한 정보를 갖고 그것에 관해서 찬반의 입장을 밝힐 수 있는 것이 그만큼 대단한 일일까? 아니 애당초 필요한 일일까?

나는 유고 내전에 관해서 신문에서 보도하는 것 이상의 정보는 모르고 그 기사도 결코 열심히 읽지 않는다. 전쟁 기사를 볼 때마다 "아— 싫다, 싫어. 바보와 바보가 전쟁을 하고 있군. 쳇" 하고 얼굴이 찌푸려져 신문을 툭 던지고 만다.

도둑한테도 30퍼센트의 변명거리는 있다고 한다. 하물며 전쟁이다. 밀로셰비치도 그렇고 나토도 그렇고 코소보 해방군도 그렇고 그리스도 그렇고 각각 할 말이 있을 것이다. 각각의 하고 싶은 말을 제대로 듣고자 한다면 아무리 시간을 들여도 부족하다. 게다가 "여기까지 조사해봤으니 찬반의 판단을 해도 좋다"와 같은 정보량의 기준선 같은 것은 원리적으로는 존재하지 않는다. CNN 뉴스를 듣고 《워싱턴포스트》와 《타임》지, 《르몽드》와 《인민일보》, 《이즈베스티아》(아직 있을까)를 정기 구독하고 있다고 해서 옳게 판단할 수 있는 종류의 문제가 아닌 것이다. 내가 알고 있는 국제 관계론의 전문가는 인터넷에서 세르비아 측과 코소보 해방군과 알바니아와 그리스의 관련 홈페이지를 읽고 있다고 하는데 "어느 쪽도 일방적인 정보밖에 전달하고 있지 않다"고 한탄하고 있었다.

이런 문제에 관해서 '찬반의 판단을 하기 위한 충분한 정보' 같은 것은 애당초 있을 수 없다. 충분한 정보가 없는 채로 찬반의 판단을 하는 것은 드라마틱하긴 하지만 합리적이지는 않다. 심미적으로는 멋지지만 논리적으로는 위험하다.

애당초 그 선고위원이 칭송하는 '미국에서는 고등학생도……'와 같은 담론 자체가 아주 중대한 문제를 품고 있다고 나는 생각한다. 미국의 고등학생들도 유고 전쟁에 관한 지식은 나와 별반 차이가 없을 것이다. 그럼에도 불구하고 그들은 혹은 공습에 결연히 찬성하고 혹은 결연히 반대하는 것 같다. 어떻게 그런 일이 가능할까?

아마도 그것은 '잘 모르는 것'에 관해서도 '잘 모른다'고 말해서는 안 된다고 그들이 주입을 받았기 때문이다. '잘 모른다'고 말하는 사람은 지성이 결여되어 있다고 봐도 좋다고 주입받았기 때문이다.

반대 측에서 말하자면 어떤 종류의 지적 노력만 있으면 어떤 복잡한 분쟁에 관해서도 그 시비곡직을 제대로 판정할 수 있는 부감俯瞰적 시점에 도달할 수 있다고 그들은 믿고 있다. 그래서 어떤 문제에 관해서도 늘 '확고한' 태도를 취하도록 장려받는다. 미국에서는 그것이 충분한 '지적 노력'을 하는 것의 표시이고 그렇게 하면 똑똑해 보인다는 것을 모두 알고 있기 때문이다.

그런데 내 입장에서 보면 이것은 꽤 특이한 신념의 형태이다. 민족지적인 기이한 습관이라고 말해도 좋다. 이런 신념을 '글로벌 스탠더드'라고 주장하는 사람들에게 나는 강한 불신감을 감출 수가 없다. 구체적으로 지금 벌어지고 있는 전쟁에 관해서 그것을 부감할 수 있는 상공을 비행하는 시점이 있을 수 있을까? 그 전쟁에 대해서 어떻게 판단하고 어떻게 관계를 맺을까를 가르쳐줄 만한 지적인 포지션 같은 것이 있을 수 있을까?

나는 그런 것은 없다고 생각한다.

'그런 초월적 시점의 자리는 존재하지 않는다'는 관점에서 출발하면 전쟁을 바라보는 방식이 꽤 달라질 것이라고 생각한다. 그런데 많은 지식인은 그런 식으로 생각하지 않는다. 그래서 그들은 전쟁에 대해서 매우 '진지한' 태도를 취한다.

그들은 먼저 '공부'한다. 정보를 모으고 문헌을 읽고 당사자에게 인터뷰를 하고 현장을 방문하고 전쟁의 공기를 경험하려고 한다. 지금 세계의 어딘가에서 벌어지고 있는 전쟁에 관해서 얼마만큼 '지식'을 갖고 있는가? 얼마만큼 열심히 '공부'하고 있는가? 그것이 지식인의 지적인 위신과 직접 연결된다고 그들은 믿고 있기 때문이다.

그것뿐만이 아니다. 충분한 정보를 모으고 나서 전쟁의 전체상을 다 파악했다고 확신하자마자 그들은 '행동'을 개시한다. 분쟁 당사국의 한편에 일리가 있다고 믿으면 공공연히 지원을 표명하고 모든 수단을 강구해서 지원하고 그래도 부족하면 의용군에 몸을 던져서 총을 드는 것조차도 주저하지 않는다. 그 어느 쪽에도 일리가 없다고 생각한 경우에는 '반전反戰'의 대의의 깃발을 들고 격렬한 반전운동을 전개하고 반대로 그 운동을 지지하지 않는 지식인을 가차 없이 비판한다. 그것은 어떤 전쟁에 관해서 '얼마만큼 철저하게 관여하는가'가 지식인의 윤리성과 직접 관계가 있다고 그들이 믿고 있기 때문이다.

그런데 전쟁에 대해 어떻게 관계를 맺느냐가 그 사람의 지성과 윤리성 평가를 위한 척도가 된다는 발상은 하나의 억견에 지나지 않는다. 이 억견의 이데올로기성에 관한 무자각. 그것이 전쟁을 말하는 모든 지식인들 사이에 깊게 만연해 있는 것처럼 나에게는 보인다.

그 전형적인 예를 나는 이 전쟁에 관해 수전 손택이 《아사히 신문》 1999년 6월 16일 자에 기고한 글(「미래를 향해서 – 수전 손택 씨로부터 오에 겐자부로 씨에게(상)」에서 봤다.

오에 겐자부로와의 왕복 서간에서 손택의 언설의 양상은 전쟁에 대한 현대 지식인의 하나의 '정형'이라고 생각한다.

손택은 다음과 같이 썼다.

작가가 가진 가장 중요한 책무로서, 어쨌든 어떻게 해야 하는가. (……) 진지함을 잃지 않는 것이 필요합니다. 시니컬해서는 안 됩니다. 그리고 증언할 것. 피해자를 위해서 목소리를 내서 말할 것.

사람이 진지하다든지 시니컬하다는 것의 판단 기준은 손택에 의하면 '현장'을 밟고 있는지 아닌지이다. 손택은 계속해서 다음과 같이 쓰고 있다.

내가 꽤 오래전에 스스로 했던 결심이 있습니다. 자신이 그때까지 몰랐거나 이 눈으로 보지 않았던 일에 관해서는 결코 어떤 입장도 취해서는 안 된다는 것.

물론 손택은 그래서 때로는 솔직하게 '잘 모르겠다'고 말하는 것이 성실함의 증거일 수 있다고 말하는 것이 아니다. 완전히 반대이다. '잘 모르겠다'는 '모르는 것'이고 '이 눈으로 본 적이 없다는 것'의 귀결이어서 요컨대 태만과 동의어이다.

베트남 전쟁에 관해서 67년과 73년에 그곳을 직접 가 봤기 때문에 말할 수 있습니다. 사라예보에서도 거의 3년에 걸쳐 상당한 시간을 보냈습니다. 알바니아에도 최근 두 번 체재했습니다. 선의가 있어도 사려가 깊어도 직접 체험의 구체성으로 대체될 수 있지 않습니다. 어떤 전쟁 지대에도 한 번도 가까이 가본 적이 없고 전투에 참가하거나 폭격이 있는 곳에서 생활하는 것이 어떤 일인가에 관해서 조금도 생각해본 적이 없는, 그런 것이 눈에 뻔히 보이는 미국과 유럽 지식인들이 전쟁에 관해서 말하는 것을 보고 분노를 참을 수 없었습니다.

요컨대 손택은 "나는 현장을 잘 알고 있고 이 눈으로 봐왔기 때문에 전쟁에 관해서 발언할 수 있고 입장도 가질 수 있다. 그렇지 않은 사람들(전투에 참가하거나 폭격이 이루어지는 곳에서 생활하거나 한 적이 없는 사람들 예를 들면 나와 같은 사람)은 의견을 말할 자격이 없으니까 잠자코 있어라"라고 말하고 있는 것이다(원문이 어떻게 되는지 모르겠지만 '전투에 가담한다'는 것은 그냥 넘길 수 없는 표현이다. 이것은 분쟁 당사자의 한편에 가담해서 전투 행위에 참가하다는 의미밖에 없다).

이것은 그 나름으로 정제된 표현으로 바뀌었겠지만 유고 공습에 관해서 의견을 말하도록 제시받고도 낄낄 웃고 넘기는 일본인 학생을 경멸하는(경멸할 것으로 보이는) '미국 고등학생'과 완전히 동일한 사고이다.

손택이 꼭 성취하려고 하는 것은 전쟁에 관해서 확실하고 명확한 입장을 갖는 것이다. 그것이 지식인으로서의 자신의 '생명선'이라고 그녀는 믿고 있다. 이러한 신념의 양상은 '미국의 고교생'이 전쟁에 관해서 어떤 입장이라도 갖고 있는 것이 그들의 얼마 안 되는 지적 위신과 연결된다고 믿고 있는 것과 동형이다. 더 나아가면 조지 부시와 빌 클린턴이 이라크나 유고에 대해서 어떤 '입장'을 갖는 것이 그들의 사소한 정치적 위신과 연결된다고 믿고 있는 것과 동형이다.

나는 이런 현상을 보고 '민족지적인 기이한 습관'이라고 말하고 있는 것이다.

안정된 지식인으로서의 생활을 버리고 전시하의 베트남에

가는 것이 진지한 지식인으로서의 지적 윤리적 위신을 높인다고 믿고 있는 손택의 신념 형태는 안정된 평시 체제를 버리고 내전중인 베트남에 군사 개입하는 것이 진지한 국가로서의 정치적 윤리적 위신을 높인다고 믿고 있는 미국 정부의 신념의 형태와 동형적이다.

'피해자'를 대신해 '증언'하기 위해 전쟁터에 가서 불가피하게 전투에 참여하는 것이 자기 자신의 윤리성의 유지에 있어 양보할 수 없는 선택이라고 믿고 있는 손택의 행동은 민주주의와 인권을 지키기 위해서 외국에 출병해서 전투에 참여하는 것이 국가로서의 윤리성을 유지하기 위해서 양보할 수 없는 선택이라고 믿고 있는 미국 정부가 취하고 있는 행동과 신념과 동형이다. 전쟁터에 오지도 않고 전쟁에 관해서 이것저것 논평하는 지식인에게 '분노를 금할 수 없다'는 손택의 감각은 전쟁터에 오지도 않고 이것저것 논평만 하는 일본 정부의 소극적인 태도에 '분노를 참을 수 없었던'(걸프 전쟁 때의) 미국 정부의 감각과 동형이다. 그리고 자신이 미국 정부와 입장이 다를 뿐 똑같은 사고의 문법으로 말하고 있는 것에 수전 손택 스스로는 아무래도 자각하지 못하고 있다.

우리는 지성을 계량할 때 그 사람의 진지함과 정보량과 현장 경험과 같은 것을 계산에 넣지 않는다. 그것보다도 그 사람이 자신이 알고 있는 것을 얼마만큼 의심하고 있는가, 자신이 본 것을 얼마만큼 믿지 아니 하는가, 자신의 선의에 섞여 들어온 욕망을 얼마만큼 의식화할 수 있는가를 기준으로 해서 판단한다. 그 기준에 비추어 봤을 때, 수전 손택의 지성은 꽤 낮다고 판단해도 문제가 없어 보인다.

그러나 이것은 손택 한 명의 책임이 아니다. 전쟁에 관한 '지식'과 '정보'와 '경험량'의 많고 적음이 지성의 평가 기준이라고 믿고 있는 모든 사람들, 그 지식 정보 경험으로부터 도출된 '입장'의 관철에 얼마만큼 진지하고 철저한지가 윤리성의 평가 기준이라고 믿고 있는 모든 사람들(일본에도 많이 있는데)은 그런 의미에서 손택과 동류이다. 그들은 전쟁 그 자체에 관심이 없고 단지 전쟁이라는 사건에 어떻게 자신이 관계를 맺을까를 과시함으로써 자신이 속한 동류집단 속에서 위계를 높이고 발언권을 늘리고 자신에게 반대하는 자를 잠자코 있게 만드는 것에 주된 관심이 있다(그리고 그것이 '주된 관심'이라는 것을 당사자 자신은 자신에게 유리한 형태로 잊고 있다).

그 의미에서 손택은 (걸프전쟁 당시의) 오자와 이치로小澤一郞와도 연합적군의 나가타 히로코永田洋子와도 아주 비슷하다.

나는 전쟁에 관해서 말하고 싶지 않고 어떠한 입장도 취하고 싶지 않다. 물론 현장에 부탁을 받고 가고 싶지도 않고 전투에 참가하는 것은 딱 질색이다. 그런 인간은 전쟁에 관해서 논할 자격이 없다고 손택과 그 동류들이 말하고 있기 때문에 나는 잠자코 있는 것이다. 잠자코 있든 그렇지 않든 애당초 나는 아무것도 할 말이 없다. 전쟁에 대해서 나는 잘 모르기 때문이다. 나는 단지 전쟁이 싫고 전쟁이 무서운 것뿐이다.

혹은 내가 전쟁에 대해 취하는 이러한 입장은 일본 정부의 그것과 동형적일지도 모르겠다.

그러나 2차 대전 후의 실상에 한정해서 보는 한 '현장에 들어가서 확실한 태도를 취하는 것'을 선善으로 생각한 나라와 '현장에 가지 않고 미적미적한 것'을 선으로 생각한 나라 어느 쪽이 자국에 많은 파괴를 가져왔는지는 누구의 눈에도 자명할 것이다.

그럼에도 불구하고 안타깝게도 지금 '전쟁에 관해서 말하는 것'은 손택의 틀을 받아들이는 것을 의미하고 있다. 손택의 프레임워크라는 것은 요컨대 전쟁에 관해서 어떻게 말하느냐가 그 사람의 지성과 윤리성의 평가와 연결된다는 발상이다. 그 프레임워크의 이데올로기성을 회의하지 않는 한 "전쟁 같은 것 하는 녀석은 그 어느 쪽도 바보 아닙니까?"와 같은 경솔한 말을 하는 자는 지적으로도 윤리적으로도 용서하기 힘든 인물로서 비난의 폭풍을 맞아 날아갈 것은 불 보듯 뻔한 이치다.

그러므로 늙은 너구리는 전쟁에 관해서 잠자코 말하지 않는 것이다.

미국이라는 병

수전 손택과 오에 겐자부로의 《아사히신문》 왕복 서간이 아직 계속되고 있다.

손택 논리의 위험성에 관해서는 이미 언급한 바 있다. 여기에서 굳이 반복은 하지 않겠으나 새삼 이 사람의 발상법이 근본적으로 '미국적'이라는 것을 잘 알 수 있었다. 그녀 자신은 나토군에 의한 세르비아 폭격을 지지한다. 그것 말고는 밀로셰비치에 의한 제노사이드Genocide*를 저지할 방법이 없기 때문이다, 라고 손택은 쓰고 있다.

과거 유고슬라비아였던 땅을 슬로보단 밀로셰비치가 계속 파괴하는 것을 저지하기 위해서는 군사개입밖에 없다고 생각했기

때문입니다. 밀로셰비치가 전쟁을 시작한 1991년 그때 만약 군
사개입이 이루어졌다고 하면 실로 많은 생명을 잃지 않고 끝났을
것입니다. 그 지역 전체의 물리적 경제적 문화적 파괴도 저지할
수 있었을 것입니다.

이것은 미국 정보의 공식 발표와 거의 같은 문장이다. 그녀
가 관심을 두고 있는 것은 주로 '도와주러 감으로써 발생하는
파괴'와 '방치해둠으로써 생기는 파괴'의 수량적 비교이다. '방
치해두는' 쪽의 파괴가 더 클 것 같다. 그러니 도와주러 가자.
손택이 말하고 있는 것은 요컨대 그런 것이다.

만약 NATO가 전쟁을 부정했다고 한다면 그것은 코소보 사람
들에게 어떤 사태를 의미했을까요? 도와주러 오지 않는다, 일 것
입니다.

여기서 손택이 전제로 하고 있는 것은 그녀가 늘 '기병대'

---

* '집단살해'라고 번역되는 용어로, 어떤 종족 또는 종교적 집단의 절멸을
  목적으로 하여 그 구성원의 살해·신체적·정신적 박해 등을 행하는 것을
  말한다. 제노사이드의 전형으로서 나치스·독일에 의한 유태인 박해를 들
  수 있다. 1948년 12월 9일 제3차 UN총회에서 「집단살해죄의 방지와 처
  벌에 관한 협약」이 채택되었다.

측에 있다는 것이다.

'나쁜 인디언'이 있다. 그것으로 고통을 받는 민중이 있다. 약탈당하고 있는 농장, 파괴당하고 있는 마을이 있다. 좌시해도 되는가? 기병대가 출동해야 하지 않는가? 확실히 유혈은 있을 것이다. 그런데 평화를 위해서는 필요한 희생이 아닐까?

손택 자신이 '도움을 주는' 측에 있다는 전제를 한순간도 의심하지 않는다. 그녀가 아마도 한 번도 상상한 적이 없는 것은, 만약 남북전쟁 당시 예를 들어 남부군에 대의가 있다고 판단해서 에이브러햄 링컨이 미국을 '물리적, 경제적, 문화적으로 계속 파괴하는 것을 저지'하기 위해서 영·불·독 연합군이 갑자기 뉴잉글랜드에 상륙 작전을 감행해서 워싱턴에 폭탄 공세를 퍼부었다고 하면 미국 국민은 어떤 기분이 들었을까와 같은 종류의 SF적 가정이다.

"잠깐 기다려. 그쪽의 명분을 갖고 다른 국가의 내분에 간섭하지 마"라고 19세기의 미국 국민은 생각하지 않았을까? "너희들 마음대로 도와주러 오지 마!" 물론 그런 일이 일어나지 않았기 때문에 미국 국민은 그런 상정에 익숙해 있지 않다. 즉 '바깥'에서 누군가가 도와주러 온다는 것이 어떤 느낌인지 잘 모르는 것이다.

별로 알려져 있지 않지만 미국은 전쟁에 관해서는 '처녀'이다. 다른 나라에 짓밟힌 경험이 없다. 독립전쟁일 때는 아직 미국이라는 나라가 존재하지 않았다. 남북전쟁은 '내전'이다. 19세기에는 멕시코, 스페인과 전쟁을 해서 식민지를 확대했는데 그 모든 전투는 국경 바깥에서 벌어졌다.

국지전에서 미국 정규군이 타국의 군대에 자국 국경 내에서 전투에서 진 경험은 두 번밖에 없다. 한 번은 시팅 불Sitting Bull*이 이끄는 인디언에게, 또 한 번은 진주만에서 일본군에게. 단 인디언은 귀순해야 할 '준準' 미국 국민으로 생각되었고 진주만은 폭력적으로 병합해서 '준' 주가 된 지 얼마 되지 않은 먼 하와이 섬에서의 사건이었다.

자국의 영토를 타국의 군대가 활보하는 것을 경험해본 적 없는 이 나라 사람들은 군사 개입을 늘 미국을 '주어'로 해서 생각한다. 미국을 '목적어'로 한 군사 개입 상황은 그들의 상상 바깥에 있다. 그리고 자신이 늘 상황의 주어이고 주체이다. 그렇지 않으면 안 된다는 전제를 손택도 또한 '자명한 것'으로 채용하고 있다.

그녀의 문장을 읽다가 내가 느끼게 되는 답답함은 "내가 주체인 것"을 한순간도 의심하지 않는 그 압도적이고 삭막한 자

---

* 수족(다코타족) 인디언의 일파인 테턴족의 추장. 인디언 이름은 타탕카 이요타케Tatanka Iyotake. 수족은 그의 지도 아래 단합해 북아메리카 대평원에서 살아남기 위한 투쟁을 벌였다. 위풍당당했던 그는 평생 백인을 불신했으며 백인의 지배에 단호히 맞선 인물로 기억되고 있다.

신감으로부터 비롯된다고 생각한다. 이탈리아의 반전 데모에서 들고 나온 슬로건인 '전쟁을 그만두자. 제노사이드를 그만두자'를 보고 손택은 그 유치한 이상주의를 다음과 같이 비판한다.

> 항의를 하고 있었던 선의의 사람들은 이러한 두 가지 어필은 합치면 똑같은 주장이 된다고 생각하고 있었던 것에 틀림없습니다. 그러나 그렇게는 되지 않습니다. 나는 이렇게 생각하지 않을 수 없었습니다. 누가 전쟁을 일으키고 있는가? 누가 제노사이드에 손을 대고 있는가? 전쟁의 정지에 의해서 세르비아 측에 의한 제노사이드가 마치 아무 일 없었다는 듯이 지속될 뿐인 결과가 된다면(……)

손택은 일부러 '누가'에 방점을 찍고 강조하고 있다. 전쟁과 제노사이드는 사회 시스템의 부조不調이고 다양한 요인의 누적 효과로서 발생한다. '누군가'가 의도적으로 개시할 수 있는 차원의 문제가 아니다. 나는 그렇게 생각하는데, 손택은 그런 식으로 생각하지 않는다.

손택은 밀로셰비치가 '전쟁을 일으켰다'고 생각하고 있다. 그런데 물론 밀로셰비치 자신은 이미 '다른 누군가가' 시작한 전쟁에 대해서 방어의 차원에서 그리고 보복의 차원에서 대응하고 있는 것에 지나지 않는다고 생각하고 있다. 히틀러도 그렇고 나폴레옹도 그렇고 물어보면 모두 "상대방이 먼저 공격했다"고 대답할 것이고 진심으로 그렇게 믿었을 것이다. 전쟁이라든지 제노사이드는 그런 것이다.

반유대주의에 관련된 문헌을 조금이라도 읽은 적이 있는 사람 같으면 거기에 넘쳐흐르고 있는 비유대인의 유대인에 대한 공포와 피해자 의식의 바닥이 보이지 않는 깊이에 놀랄 것이다.

제노사이드라는 것은 '거슬리니까 이물질을 배제한다'와 같은 적극적 주체적 선택이 아니다. 그 '이물질'에 의해서 자신들의 사회가 지금 점거당하고 자신들의 문화가 파괴될 것 같은 절박한 공포와 초조함에 쫓길 때 최후의 '자기방어'로서 제노사이드는 발현한다. 모든 민족학살자들은 눈물을 머금으면서 "자신들이야말로 피해자입니다"라고 호소할 것이 틀림없다.

전쟁이든 제노사이드이든 '누가' 그것을 일으켰는지와 같은 물음은 쓸모없다. "내가 그것을 일으켰다"고 확신하고 있는 인간은 한 명도 없기 때문이다. 전원이 "자신이야말로 최초의 그리고 최대의 피해자이다"고 믿고 있는 사람들 사이에서 처음으로 파멸적인 폭력은 발생한다. 폭력의 배양지는 악의가 아니다. 나는 무구하다는 믿음이다.

'누군가'가 전쟁을 시작했다. '누군가'가 전쟁을 끝내야 한다. 문제는 '누군가'를 특정하는 일이다. 이와 같은 손택의 논리에는 '내가 전쟁을 시작한 것이 아닌가' '내가 너무나도 당연하게 여기에 있다는 것이 이미 누군가의 주체성을 침해하고 있는 것은 아닌가?'라는 물음이 빠져 있다.

손택의 세계에서는 한편에 전쟁과 제노사이드를 일으키고 있는 '사악한 주체'가 있고, 다른 한편에 전쟁과 제노사이드를 저지하기 위해서 달려온 무구하고 지적인 '기병대적 주체'가 있다. 모든 것은 '주체'의 의사와 결단의 차원에서 말해진다.

아주 알기 쉽다.

하지만 이 너무나도 알기 쉬운 도식에는 한 가지 결점이 있다. 그것은 '주체'들은 절대로 자신이 '사악한 주체일' 될 가능성에 대해서 음미하지 않는 것이다.

수전, 바로 당신 이야기를 하고 있는 것이다.

자유주의사관에 관해서

　일본사 교과서의 '일본군 위안부' 문제의 기술을 둘러싸고 '자학적 역사'를 비판하는 목소리가 높아지고 있다. 이 문제를 조금 진지하게 생각해보고자 한다.

　97년에 채택된 중학교 사회과 교과서에는 역사 분야의 전체 7종의 교과서에 '일본군 위안부'에 관한 기술이 실려 있다. 이것을 '자학사관' '암흑사관' '반일사관'의 표출로서 격하게 비판한 사람들이 있다. 그 비판의 견인 역할을 하고 있는 사람이 도쿄대 교육학부 교수 후지오카 노부카츠이다. 흥미가 생겨서 그의 저서 『오욕의 근현대사』(1996)를 읽어봤다. 읽고 나서 약간 암울한 기분으로 책을 덮었다. 그것은 그가 고발하는 사회과 교과의 현상 때문이 아니라 이러한 비판이 '비판'으로서 성립하고마는 현대의 지적 퇴폐에 대한 슬픔 때문이다.

후지오카가 이 문제에 관해 말하는 바를 요약하면 다음과
같다.

- 전쟁 전의 일본에서는 매춘은 합법적인 장사였다. 그래서 전장
에서 군의 승인과 보호 하에 매춘 시설이 있었던 것은 책망할
정도는 아니다. 우선 어느 나라의 군대도 마찬가지의 시설을 갖
추고 있다. 일본인만이 호색 음탕한 인종이라는 기술은 객관성
이 결여되어 있다.
- '위안부'의 강제연행이 이루어졌다는 확정적인 증거는 없다.
- 중학생에게 전장에서의 '매춘 행위'와 같은 '인간의 어두운 부
분'을 굳이 가르칠 의의는 없다.
- 모든 교과서가 이 기술의 채택에 보조를 맞추는 것은 '담합'에
해당하는 것으로 교육 현장이 '목소리가 큰 언론이 만들어내는
"공기"에 지배되고 있다'는 것을 보여주고 있다.

일본사 교과서가 자국의 근대사에 관해서 그 추악한 측면만
을 강조하면 그 결과 일본 아이들은 모두 자신이 일본인이라
는 것을 부끄럽게 생각하게 된다고 후지오카는 주장한다.

이런 교과서를 아이들에게 제공하면 결국 일본은 부식하고 으

스러지고 녹아버리고 해체될 것이다. '자국의 근현대사 교육을 어떻게 시킬 것인가' 하는 것은 일개 국민을 국민으로서 형성하는 가장 중요한 조건이다. 자랑으로 여겨야 할 역사를 공유하지 않는 한 국민의 자기 형성은 가능하지 않다.

이것이 후지오카가 하고 싶은 말의 개요이다.

얼핏 보면 '일본군 위안부' 문제에 관해서 강제연행 사실이 있었는지 아닌지의 역사적 확실성이 논의의 초점으로 보이지만 후지오카 주장의 이데올로기적인 수준은 그러한 사실 문제에 있지 않다. 후지오카의 논의 중 우리가 주목하지 않으면 안 되는 것은 가령 강제연행의 사실이 있었다고 하더라도 그리고 설령 군에 의한 위안부 시설의 직접 관리가 사실이었다고 하더라도 그런 지식은 쓸데없이 아이에게 해를 끼치기 때문에 교과서에 실어서는 안 된다고 주장하고 있는 점이다.

나는 이런 생각에 동의할 수 없다.

후지오카의 판단에는 몇 가지 예단이 포함되어 있다. 그것을 순서대로 논의해나가기로 하겠다.

첫째, 후지오카는 국민은 자국의 역사에 관해서 '자부심'을 가져야 한다는 것을 '자명한 진리'로서 말하고 있다. 그런데 나는 그렇게 생각하지 않는다. 후지오카 자신이 지적하고 있는 대로 근대 국가는 어디라도 많은 치부와 어두운 부분을 안고 있다. '깨끗하고 하얀 손'을 가진 나라는 어디에도 없다. 미국은 매카시즘과 베트남 전쟁과 케네디 암살 등등 어두운 역사적 과거를 안고 있다. 선주민의 학살과 토지의 약탈로부터 시작된 미국 건국사 그 자체가 억압된 기억으로 꽉 채워져 있다. 러시아는 스탈린주의의 트라우마로부터 결코 벗어날 수 없을 것이다. 독일에는 나치즘, 중국에는 문화대혁명, 프랑스에는 비시 정권 등 모든 대국은 떠올리고 싶지 않은 과거를 갖고 있다.

그런데 그렇다고 해서 이런 나라들의 중학교 교과서가 '자국의 역사에 자부심을 갖게 하기' 위해서 부끄러워해야 할 역사적 사실을 가르치지 않는다고 하면 우리는 납득할 수 없다.

'설령 강제수용소에서의 대량학살이라는 사실이 있었다고 해도 그런 지식은 쓸데없이 아이들에게 해를 끼치기 때문에 교과서에 실어서는 안 된다'라고 독일의 교육자가 주장한다고 한다면(실제로 그렇게 주장하는 자는 존재한다) 후지오카도 거기에 찬성하지 않을 것이다.

자국의 역사의 어두운 부분에 관해서 '치욕'의 느낌을 갖는 것은 그 영광에 대해서 '자부심'을 갖는 것과 똑같이 중요한 것이라고 나는 생각하고 있다.

무지에 기초한 '자부심'을 내세우는 자는 단지 제 분수도 모

르고 우쭐대는 것에 지나지 않고 그러한 자부심으로 가슴이
벅차오르는 자는 결코 후지오카가 꿈꾸고 있는 '국제적 위신'
을 얻을 수 없다.

둘째, 후지오카는 이렇게 쓰고 있다. '인간의 어두운 부분을
이른 시기에 폭로해 보여줘도 특별히 얻는 것은 없다. 어두운
부분에는 눈을 감아야 한다는 의견도 있는데 그런 지식은 어
른이 되어가는 과정에서 아이가 자연스럽게 습득하는 것이다.'
　나는 그렇게 생각하지 않는다.
　아이는 일종의 '타불라 라사Tabula Rasa(무구한 상태)이고 '교
과서'를 통해서 아이들은 그 '하얀 판'에 지식을 적어나간다.
이러한 관점이 후지오카가 갖고 있는 교육의 이미지다. 교육자
가 아마도 갖고 있을 이런 이상적인 이미지는 그러나 현실과
는 거리가 동떨어진 환영에 지나지 않는다.
　현대의 중학생은 무균실 안에 있는 것이 아니다.
　아이들의 세계에는 치열한 경쟁이 있고 이지메가 있고 폭
행이 있고 학대가 있고 고립이 있고 권력투쟁이 있다. 이 팍팍
하고 스트레스로 가득한 인간관계 속에서 아이들은 필사적으
로 자신을 지키면서 살고 있다. '인간의 어두운 부분'은 폭로해
서 보여줄 대상이기는커녕 그들의 '일상'이다. 그들이 이 시절
을 상처 없이 지나가기 위해서는 후지오카의 생각과는 역으로

'인간의 어두운 부분'에 대한 통찰과 인간의 어리석음과 용렬함과 공격성에 관한 제대로 된 이해와 상상력이 불가결하다고 나는 생각하고 있다.

예를 들면 '매춘'은 현대 여자 중고등학생에게 그것을 용인해야 하는지 아닌지, 만약 용인할 수 없다고 하면 그 이유는 왜인지 곧바로 자신의 의견을 밝힐 것을 요구받는 긴급하고 게다가 절실한 논의의 주제이다. 후지오카가 말하고 있는 것처럼 '세계에서 가장 오래된 장사'로 모든 나라에서도 하고 있기 때문에 중학생이 논의할 필요가 없다고 하는 것은 지금까지 학교 교육을 지배해온 (그들 자신의 상당수가 매춘 경험이 있는 교사들에 의해서 지지되어 온) 미온적 견해와 똑같은 것이다. 그러한 '냄새가 나는 것은 뚜껑을 닫는다'는 식의 대응의 무효성을 바로 현대의 '원조교제'를 하는 소녀들이 폭로해서 보여주고 있는 것은 아닐까?

만약 중학생들에게 가르쳐야 할 '이 곤란한 시대에 살아남기 위한 지식'이 있다고 한다면 그것은 (후지오카의 말을 빌리자면) '목소리가 큰' 녀석의 말을 믿지 말라는 말로 충분할 것이다. 풍설을 믿지 마라, 언론을 믿지 마라, 교과서를 믿지 마라, 교사를 믿지 마라, 부모를 믿지 마라, 지금 이렇게 말하고 있는 나의 말을 믿지 마라. 이 이중구속 상황을 견딜 수 있는 지성을 스스로의 힘으로 연마해나가는 것 외에 아이들이 성숙하고 자립하기 위한 방법은 없다고 나는 생각한다.

교육학자인 후지오카의 교육관에 내가 동의할 수 없는 또 하나의 이유는 후지오카가 교과서가 제공하는 정보의 영향력을 과대평가하고 있다는 것이다. 이것은 후지오카 자신의 자기 형성사와 관련되어 있을 거라는 느낌이 든다. 본인이 쓴 것을 그대로 믿는다면 후지오카는 소년 시절에 맹렬한 지식욕에 사로잡혀서 "학교에 있던 얼마 안 되는 책을 다 읽고 나서는 백과사전의 첫 번째 항목부터 전부 다 옮겨 쓰는 우직한 일을 시작했다"고 한다. 〈007 살인번호〉에 나오는 독학자 허니 라이더를 제외하고 백과사전을 처음부터 차례로 읽고 지식을 얻으려고 한 사람은 내가 아는 한 후지오카가 처음이다. 이것은 후지오카의 사고의 징후를 살펴보는 데 있어 중요한 에피소드라고 생각한다.

홋카이도대학 입학 후 후지오카는 민청계의 활동가가 되는데 그가 이 '혁명당파'에서의 경험으로서 보고하고 있는 것은 『소련 공산당사』의 독서회뿐이다. 독서회에서 좌익의 공부를 한 후지오카는 흐루쇼프의 텍스트와 솔제니친과 메드베데프의 문헌을 통해서 '스탈린주의를 극복'한다. 나아가 그 후 후지오카는 '나의 인식의 틀을 바꾼 최초의, 게다가 아마도 최대의 요인'인 '시바 료타로의 작품과의 만남'을 계기로 해서 '자유주의사관'을 확립한다.

혹여 책에 나오는 것이 사실이라고 하면 후지오카의 결정적인 경험은 늘 책에서 유래한 것이 된다. 책을 축으로 '자기형성'을 이룬 인간이 교과서가 아이들의 정신 형성에 강한 영향을 준다고 생각하는 것은 당연할 것이다. 그러나 그 판단에는 후지오카 자신의 꽤 특수한 자기사의 편견bias이 작동하고 있는 것은 아닌가.

내가 아는 한 후지오카와 같은 열의를 갖고 교과서를 읽고, 거기서부터 지적 함양의 양분을 섭취하고 있는 중학생은 안타깝지만 현대 일본에서는 매우 소수이다. 그들 중 다수는 교사와 부모의 생각으로부터가 아니라 그들 고유의 협소한 인간관계와 그 갇혀 있는 공간을 지배하고 있는 '만화와 텔레비전과 풍설에 의해서 키워진' 치졸한 이데올로기의 압도적인 대기압 아래서 세계관과 인간관을 형성하고 있다. 시험에 필요한 연호와 고유명사를 외우는 것 이외의 절실한 지적 동기에 추동되어서—세계가 어떻게 형성되었는지를 알려고—역사 교과서를 펼치는 중학생이 전국에 몇 명이나 있을까?

그 정도의 지적 갈망이 있으면 그들은 반드시 스스로 책을 고를 것이다. 그리고 그들의 아버지들은 아이가 도서관과 자신의 집 서가에 꽂혀 있는 시바 료타로를 읽는 것을 결코 금하지 않을 것이다. "지금 역사 교과서를 고치지 않는 한 일본 국가의 정신적 해체의 위기는 눈앞에 있다"는 후지오카의 현상 인식을 내가 공유할 수 없는 것은 역사 교과서를 개정하면 '일본 국가의 정신적 해체 위기'를 회피할 수 있다는 후지오카의 전망이 현재의 중학생의 지성이 어떻게 형성되고 있는가에 관한 무지에 기초하고 있다고 생각하기 때문이다.

후지오카의 주장 중 내가 납득이 가지 않는 것이 또 하나 있다. 그것은 '자학사관'을 목소리 높여 비판하는 후지오카 자신, 자신의 논리의 '자학성'에 관해서 그다지 자각하지 못한다는 것이다. 후지오카에 의하면 '자학사관'에 기초해서 역사를 배운 중학생들은 '일본은 더럽다' '약아빠졌다' '마음이 좁다' '비겁하다' '두렵다' '아주 나쁜 나라' 세계에서 '가장 나쁜' 나라라는 감상을 썼다고 한다. 이러한 자국에 관한 부정적인 인식이 만연하는 것을 우려하는 후지오카 자신은 예를 들면 미국의 정치 프로세스와 일본의 그것을 비교해서 다음과 같이 썼다.

그와는 반대로 일본 정치는 폐쇄적이고 음울하다. 일본 정치에는 제대로 된 논쟁이 결여되어 있고 논의를 피하고 담합으로 일을 처리하는 것이 체질화되어 있다. 그 결과 국민에게는 어떤 정책이 국민의 행복에 연결되는가를 판단할 재료가 제공되고 있지 않다.

그래서 '일본 국민은 세계에서 일어나는 일에 대체적으로 무관심하고 일본의 국가로서의 대응이 필요한 위기가 찾아왔을 때 어떠한 원리에 서서 어떻게 대처해야 할지 그 기반이 될 지식과 능력이 결여되어 있다'. 매우 엄격한 비판이다. 그리고 이렇게 계속하고 있다. '경제지상주의와 평화에 심취함으로써 이념을 상실한 자민당의 일당 지배하에서 걸프 전쟁에 '인적 공헌'을 망설인 가이후 정권에 의해서 그리고 일본군 위안부 문제에서 군의 관여를 인정한 미야자와 정권에 의해서 일본의 국제적 위신은 결정적으로 손상되었다'고 단호히 단언하고 있다.

이처럼 이 저서 전체를 통해서 일관적으로 '일본은 더럽다 교활하다'와 같은 감상을 쓰고 있는 후지오카 자신은 왜 자신의 전후사관이 '자학적'이라고 생각하지 않는 것일까?

나는 그것을 알 수가 없다.

나는 후지오카의 저서를 읽다가 우울해졌다. 정말로 한심한 나라에 태어났다고 절실히 느끼고 낙담했다. 나와 같은 독자가 증가하면 "급기야 일본은 부식하고 으스러지고 녹아들고 해체되는" 것은 아닐까?

우리는 지성을 검증하는 경우에 보통 '자기비판 능력'을 기준으로 한다. 자신의 무지, 편견, 이데올로기성, 사악함, 그러한 것을 계산에 넣고 현상을 생각할 수 있는지 아닌지를 잣대로 해서 우리는 타인의 지성을 계량한다. 자신의 박식, 공정무사, 정의를 오류가 있을 수 없는 전제로 놓고 세상일을 생각하고 있는 자를 가리켜 우리는 '바보'라고 불러도 좋다.

후지오카의 이런 주장은 그 자신의 지적 형성의 장이고 그에게 도쿄대 교수라는 특권적인 지위를 부여한 일본의 전후 체제 총체를 나쁘게 매도하는 '자기비판 능력'이 있다는 것을 나타내기 위함이라서 일리가 있는 행위이다. 그래서 후지오카에게는 자학적으로 될 권리가 있다고 나는 생각한다. 그러나 그것과 동시에 타인이 똑같은 이유로 자학적으로 되는 것에 대해서 후지오카에게는 불평을 말할 권리가 없다고도 생각한다.

후지오카와 후지오카가 '자학사관'이라고 비판하고 있는 역사가들 사이에는 '일본은 언제부터 언제까지 망가진 나라였을까?'라는 설문에 대한 대답 방식의 차이만 있어 보인다.

그것이 '언제부터인가?'라는 점을 제외하면 그들은 '일본은 망가진 국가이다'라는 주장에 관해서 멋지게 의견 일치를 보이고 있기 때문이다(아니 과거의 일본이 아니라 현재의 일본을 매도하고 있는 만큼 후지오카가 독자들의 나라에 대한 자부심을 떨어뜨리게 하는 정도는 더 깊을지도 모르겠다).

나 자신은 후지오카와 '마르크스주의자'들에게 공통으로 볼 수 있는 이러한 사상적 틀을 '위기사관' '음모사관'이라고 부르고 있다. '지금은 망국의 위기다'라고 경종을 난타하고 급기야는 '위기의 원흉은 누구인가'?라는 '범인 찾기'에 의해서 사회적인 악을 가시화해서 그 척결을 해결책으로서 처방하는 절차를 '과학'이라고 믿고 있는 점에서 후지오카는『헤겔 법철학 비판』에서의 마르크스와 아주 비슷하다.

후지오카는 '범인'의 상을 다음과 같이 그리고 있다.

공산주의라는 괴물이 소련과 같은 형태를 이루고 있는 동안은 사람들의 눈에 보이는 적이지만 그것이 타도되면 목표는 보이지 않게 되는 한편 그 체액은 세계 전체로 튀어서 여기저기 확산되고 준동을 계속한다.(『국민의 방심』, 2006)

'감염 병균'과 '기생충'이라는 메타포로 '사회의 적'을 기술하는 것을 편애한 역사상의 인물로서 우리가 곧바로 떠올릴 수 있는 사람은 히틀러와 스탈린과 마오쩌둥이다.

후지오카는 이데올로기성은 '메타포'의 형태를 취하고 출현한다는 것을 알고 있을까? '백과사전'에는 쓰여 있지 않기 때문에 아마도 모를 것이다.

자학사관과 전후책임론

대학원 세미나에서 역사수정주의 관계 문헌을 지금까지 이 것저것 읽어왔다(독일의 역사가 논쟁, 로베르 포리송의 '논 홀로코 스트'론,《마르코 폴로》* 폐간의 원인이 된 '가스실은 없었다'론, 니시 오 칸지의 『국민의 역사』, 후지오카 노부로의 '자학사관' 비판 등).

그 마무리로서 다카하시 테츠야의 『전후책임론』(1999)을 선 택했다. 이 책에서 다카하시는 '자유주의사관'을 비판하고 있 다. 그 논리는 명쾌하고 날카롭다.

---

* 1991년 문예춘추에서 발간한 잡지로 '가스실은 없었다'라는 기사 내용이 미국인 유대인 단체 사이먼 위젠탈 센터의 강력한 항의를 받아 1995년에 폐간했다.

그럼에도 불구하고 나는 "좀 틀린 것 같은데⋯⋯" 하는 감촉을 불식할 수 없었다.

다카하시는 '남경 학살'과 '일본군 위안부'에 관해서 '전후 책임'을 우리 일본인이 짊어져야 한다고 주장하고 있다. 그 주장은 옳다. 그런데 여기서 다카하시는 '진상의 규명'이라는 것과 '아시아 민중과의 신뢰 회복'이라는 두 가지 일을 하나로 연속되어 있는 일로서 링크시키고 있다. 먼저 '진상의 규명'이 있고 그것이 성립하고 나서야 비로소 '신뢰 회복'이 성립한다고 다카하시는 생각하고 있는 것 같은데 과연 그럴까?

'진상 규명'은 반세기 이상 전에 일어난 '역사적 사실'의 옳고 그름의 검증에 관련된 논의이다. '진짜 무슨 일이 일어났는가' 그것을 규명하는 것은 매우 중요한 일이지만 '진짜 무슨 일이 일어났는가'를 완전히 규명하는 것은 극히, 거의 절망적으로 곤란하다.

문서 자료 중 어떤 것은 흩어져 없어졌고 어떤 자료는 애매해서 일의적인 해석을 허용하지 않는다. 많은 증언들은 주관적인 편견이 작동하고 있다. 다카하시도 니시오도 상대방에 대해서 "자료를 자신의 이해관계와 관련지어서 읽고 각각의 형편에 의해서 어떤 증언을 '참'으로 하고 어떤 증언을 '거짓'으로 해서 자의적으로 역사 해석을 하고 있다"는 비난으로 응수하고 있다. 실제로 각각이 '신뢰성이 있는' 자료와 증언이라고 여기는 것에 기초해서 니시오와 후지오카가 재구성한 '과거'와 다카하시가 재구성한 '과거'는 전혀 다른 것이 되어 있다.

자료와 증언의 '진정성'에 관한 평가가 각각 다르기 때문에 어쩔 수가 없다. 양자의 말을 듣고 비교해서 어느 쪽이 '보다 설득력이 있는가' 하는 비교는 가능하다. 하지만 어느 쪽이 '진실인가' 말하는 것은 매우 어렵다.

그래서 이러한 종류의 논의는 지엽말단적인 자료 비판만 하다가 쌍방이 서로 자기에게 유리한 말만 내세우고 결말이 나지 않는 논쟁으로 끝날 가능성이 높다. 몇 년에 걸쳐서 논의를 하면, 혹시 자료 비판에 관해 양자 사이에 어느 정도의 합의가 성립할지도 모른다. 혹은 성립하지 않을지도 모른다. 어쩐지 성립하지 않을 것 같은 느낌이 든다.

내가 이런 논리를 편다고 해서 역사적 과거의 재구성에 관해서 냉소적인 입장을 취한다는 의미는 아니다. 그런 일은 중요하고 역사가는 꽤 근사近似적으로 과거를 재현할 수 있다고 믿고 있다. 하지만 이 문제에 관해서 "무엇보다도 진상 규명이 이루어지지 않으면 안 된다"는 식으로는 생각하지는 않는다. 조금 긴 이야기이지만 그 이유를 지금부터 말하고자 한다.

정신분석의 역사가 가르쳐주는 바에 의하면 프로이트는 히스테리 환자 18명 사례의 청취 연구 결과 그녀들 대부분이 유아기에 성적인 '학대 경험'이 있다는 '사실'을 발견했다. 그러고 나서 프로이트는 '히스테리의 원인은 유아기의 성적 폭력이 가져다주는 외상外傷이다'라는 학설을 발표했다.

그러나 학설 발표 직후부터 프로이트는 환자들이 고백한 과거의 신빙성을 의심하게 되었다. 그러한 외상은 '사실'이 아니라 '환상'이었던 것은 아닐까 하고 프로이트는 생각하기에 이르게 된다. 그런데 프로이트의 훌륭한 점은 "뭐야, 사실이 아니었던 거야?"라고 던져버리지 않고 외상 경험을 토로한 주체에게는 그러한 경험이 '사실'로서 살아 있다는 점의 중요성을 객관적 사실성과는 '다른 수준'에서 인지하려고 한 점이다.

예를 들면 어떤 사람이 수십 년간 환상적인 외상 경험을 '자신의 경험으로서 살고 말았다'고 하면 그 역사적 기원이 '진실인지 아닌지'는 이차적인 중요성밖에 갖지 않는다. 실제로 그 '상흔'을 다름 아닌 바로 그 사람이 리얼하게 살고 있기 때문이다. 그리고 그 환상적인 외상에 의해서 실제로 신경증 증상이 일어난 이상 "당신 그런 경험 하지 않았어!"라고 말해도 소용이 없다.

그 외상 경험을 언어화해서 환자와 분석가가 그것을 공유하고 공공화해서 '설명의 문맥' 안에 제대로 수납함으로써 외상이 치유된다고 하면, 극단적으로 말해 '사실' 같은 것은 어떻든 상관없다. 프로이트는 그렇게 생각했다. 나도 그렇게 생각한다.

우리 인생의 기로에 존재하는 '결정적 경험'이라는 것에 관해서 그 당사자가 전혀 다른 기억을 갖고 있는 경우가 있다. 사적인 이야기를 해서 미안하지만(이라고 말을 해놓고 보니 지금까지가 한 이야기가 전부 사적인 이야기이긴 한데……) 나와 초등학교 이래의 친우 히라카와 카츠미와의 '역사적 만남'에 관한 기억은 서로 완전히 다르다.

그 이야기를 해보기로 하자.

히라카와에 의하면, 그가 다니고 있었던 초등학교에 내가 전학을 오고 난 직후에 학급의 짱이었던 히라카와가 나를 학교 뒤로 불러냈다(이것은 팩트). 두 사람은 일대일로 승부를 해서 열전 끝에 무승부가 되어 그날부터 형제의 의식을 맺고 반을 둘이 나눠 가졌다는 이야기다.

그런데 내 기억은 그것과 다르다. 내 기억으로는 히라카와는 무려 열 명에 가까운 졸개들을 동반하고 등장했다. 본인은 물론 고리만이라든지(이름만으로도 무섭다) 서열 상위에 있는 아이는 나오지 않고 가장 밑에 있는 M 군과 나를 싸움을 붙여서 내가 너덜너덜 완전히 진 형국에 거의 울상이 되자 히라카와가 싸움을 말리면서 "아주 좋은 근성을 갖고 있는 녀석이네. 이쯤에서 형제의 연을 맺자" 하고 자기 마음대로 선언했다(히라카와의 졸개들은 이 일방적인 편들기에 놀랐다).

이야기는 전혀 다르다.

그러나 나와 히라카와의 '공적 역사'는 히라카와설을 채용하는 것으로 했다(나로서도 그쪽이 나한테 유리한 이야기다). 그래서 히라카와의 '자기사'의 전철점에는 사실로서는 존재하지 않았던 '우치다와의 역사적 일대일 싸움'이라는 것이 찬연히 빛나고 있고 나의 비밀 자기사에는 '히라카와의 숙명적인 일방적 편들기'가 찬연히 빛나고 있다.

그러한 '운명적 만남'의 (각각의) 환상을 우리는 40년 가까이 살고 말았다. 그 끝에 나는 히라카와가 경영하는 비즈니스 카페 재팬의 주주가 되어서 슈퍼 리치의 만년을 약속받았다.

자 그러면 팩트는 무엇일까를 알기 위해서 그 장에 있었던 고리만 군과 M 군을 불러서 1961년 9월 사건에 관해서 기억을 더듬어본들 그들 또한 아무것도 기억하지 못하고 있다. 아니 애당초 기억할 만한 사건도 아니다. 그런 사건은 초등학교에서는 매일 있었으니까.

그런 평범한 에피소드가 때마침 기억이 난 것은 사건 그 자체의 충격에 의해서가 아니라 나와 히라카와가 사이좋게 지내게 된 이후에 "우리가 처음으로 만난 것은 언제였었지"라는 소급적인 질문이 주제로 떠올랐기 때문이다. 그래서 '그 후에' 사이좋게 되는 일이 없었다면 두 사람 모두에게 그 사건에 관해서는 기억의 단편조차 남아 있지 않았을 것이다.

기억이라는 것은 사건 '그 자체'의 강도에 의해서 기억되는 것이 아니다. 그 사건이 '그 후의' 시간 속에서 갖게 되는 '의미'의 강도에 의해서 선택되는 것이다.

우리는 각자의 어떤 기억을 선택했다. 어느 쪽의 기억이 보다 사실에 가까운지 판단할 권리는 히라카와에게도 그리고 나에게도 없다. 하지만 우리는 어떤 사건을 '기억'하는 방식으로 청소년기의 기점 표지를 만들어냈다. 그리고 그것을 기원으로 해서 우리는 그 이후 유쾌한 탐험의 나날들을 공유하게 되었다. 그 40년에 걸친 생활의 리얼리티는 역사적 사실이 무엇이든지간에 지금에 와서 취소할 수 없다. 그런 것이다.

미국에서는 '유아기의 성적 학대'에 관한 카운슬링 과정에서 '억압된 기억'이 소환되어 양친과 형제와 친척을 '성적 학대'로 고소하는 사건이 이어지고 있다. 이것에 관해서 엘리자베스 로프터스의 『우리 기억은 진짜 기억일까?』라는 책은 그렇게 해서 상기된 기억의 꽤 많은 부분이 카운슬러의 유도에 의해서 외부 주입된 '위장된 기억'은 아닌가 하는 의문을 던지고 있다. 인간의 기억을 조작하는 것은 상상 이상으로 쉬운 일이라고 '위장 기억'의 전문가인 저자는 말하고 있다.

이야기의 심각함은 꽤 다르지만 전쟁 체험과 같은 격렬한 경험을 한 사람 중에는 그 후의 인생에서 '타자의 경험' '전해들은 경험' 혹은 '환시한 경험'을 자신의 경험으로서 리얼하게

'살고 말았다'는 사람도 있을 것이다. 그 사람이 그 경험을 자신의 경험으로서 말할 때 그 사람이 어떤 이기적인 목적으로 자기와 타인을 속이고 있다고는 나는 생각하지 않는다. 타자의 기억을 혹은 환시된 기억을 갖게 되는 것은 '기억의 공동화'라는 하나의 집합적인 행위이다. '기억의 공동화'를 통해서 비로소 공동체라는 것은 성립한다고 나는 생각한다.

실제로는 자신의 것이 아닌 타자의 경험—파국, 위기와 고통과 치욕—을 나의 것으로 받아들이는 감수성이 우리 인간에게는 갖추어져 있다. 그것은 누군가를 속이기 위한 장치가 아니라 우리가 공동적으로 살기 위한 즉, '타자와 함께' 살기 위한 아주 중요한 능력이다. 전쟁 책임의 문제로 다시 한 번 돌아가보면 자신의 전쟁 책임과 목격 증언을 한 사람들 중에는 아마도 자신이 경험한 사실이 아닌 것을 말하는 사람이 있을 것이다.

그러나 사실이 아닌 경험을 사실로서 기억하고 만 것은 충분히 근거가 있는 일이다. 그렇게 해서 개체로부터 개체로 상상을 매개로 전달해가지 않으면 안 되는 공동 경험 같은 것은 확실히 존재한다. 전쟁 경험에서 외상을 입은 사람들은 그러한 경험의 '전달자'라고 나는 생각한다. 거기서 말해지는 것은 일종의 '전승'이고 '이야기'이다. 그것에 관해서 '진상은 무엇인가' '증거를 보여라'고 트집을 잡는 사람들은 '엄밀성'이라는 이름 아래 정말로 들어야 할 것을 놓치고 있는 것은 아닐까?

프로이트의 히스테리 환자가 그랬던 것처럼 그러한 '외상 이야기'를 리얼하게 살고 말았던 사람에게는 '외상'은 실제로 격하게 아픈 법이다. 일에 대한 진상 규명은 그 외상을 치유하는 것과는 다른 수준의 문제이다. 진상 규명을 하고 나서야 비로소 외상 경험의 치유가 시작된다고 나는 생각하지 않는다.

나는 역사적 사실의 규명이라는 '과거 지향'의 작업과는 다른 수준에서 신뢰의 회복이라는 '미래 지향'의 작업이 있어야 한다고 생각한다. 그것은 역사적 사실을 규명할 필요가 없다는 것을 물론 의미하지 않는다. 신뢰의 회복이라는 것은 '외상 경험'이 '무엇을 말하려고 하는 건지'를 듣는 것이다. 그것은 '진상 규명'을 요구하는 '검찰관적 태도'가 아니라 좀 더 인내심 강한 그리고 좀 더 개방적이고 좀 더 온기가 있는 일이라고 생각한다.

검찰관의 일은 '사악한 자와 무구한 피해자의 이야기'를 만들어내는 것이다. 나는 '전쟁 책임'을 받아들인다는 것이 그러한 검찰관의 일이 되면 안 되겠다고 생각하고 있다. 그 점이 나와 다카하시의 다른 점이다. 나는 어떤 조건에서도 검찰관적인 에토스에 몸을 맡기고 싶지 않다.

다카하시는 아마도 자신에게 대의명분이 있어서 상대방을 고발하고 있을 때조차도 상냥한 미소를 멈추지 않는 유형의 사람일 것이라고 생각한다(한 번 만난 적이 있는데 그런 느낌이 드는 사람이었다). 그런 자신이 갖고 있는 천성 같은 아량에 자신이 있기 때문에 고발의 언설을 말하는 것을 꺼려하지 않을지도 모르겠다.

그런데 나는 다르다. 나는 자신에게 대의명분이 있을 때에 반론의 여지가 없는 증거를 나열하고 '피고'를 고발할 때 자신이 얼마나 잔인하고 얼마나 권력적인 작자가 되고 마는지 숙지하고 있다.

무슨 종잡을 수 없는 말을 하고 있는 거야. 자네는 '고발하는' 측에 있는 것이 아니야. 자네는 '고발당하는 측'에 있다. 어떻게 자네가 '검찰관'이 될 수 있는 거야. 자네는 '피고'다, 라는 이견이 곧바로 나올 것이다. 물론 그렇게 항의를 당하는 것도 지당하다. 우리가 지금 논의하고 있는 것은 한반도에서의 식민지 지배와 전쟁 책임, 전후 책임의 문제이고 이 논의에서 우리 일본인은 어디까지나 '가해자'이고 '고발당하는 측'에 있다. 고발당하는 측에 있는 사람이 '검찰관의 말투는 좀 불관용적인 것이 아닌가'와 같은 불만을 제기하는 것은 적반하장이다.

그러나 그럼에도 '검찰관적'인 '심문의 어법'이 이러한 문제를 논할 때의 유일 적법한 것이라고 나는 생각하지 않는다. '심문의 어법'이라는 것은 '피해자로부터 가해자에' '검찰관으로부터 피고로'라는 식으로 한 방향으로만 흐르는 것이 아니라 어떤 장을 점령하는 언설 형식 그 자체이기 때문이다.

그래서 '심문의 어법'이 지배하는 장에서는 '심문받는 자'도 또한 그대로 '심문의 어법'을 앵무새처럼 반복하게 된다. "너는 정말로 심문할 자격이 있는가?" "이 심문의 정당성에 관한 입증책임을 너는 지고 있는가?"와 같은 '반反-심문'의 형식으로. 이런 식으로 '심문의 어법'이 점령하는 장에서는 누구 한 명 그 어법 이외의 말투로 자신의 경험을 기술하는 것도 내심을 말하는 것도 가능하지 않게 된다.

그것은 '이기고 짐'의 어법과 '정체와 극복'의 어법과 '혁명과 반동'의 어법과 '정상과 이상'의 어법과 똑같다. 일단 그 화법으로 말하기 시작하면 어느 포지션에 있더라도 그것을 반복할 수밖에 없다. '정상과 이상이라는 이항대립으로 나누는 것은 이상하다'라든지 '좋고 나쁨이라는 이원론으로 무엇이든지 정리하는 것은 좋지 않다'는 식으로 말하는 것이 그 좋은 예가 될 것이다.

나는 그 폐쇄감에 도무지 적응할 수가 없다. 그래서 '그것과는 다른 어법'으로 똑같은 논의의 건을 말하는 것은 가능하지 않을까 하고 자문한다.

응답 책임과 수험생

대학원 세미나에서 다카하시 테츠야의 『전후책임론』을 다루고 있다는 이야기를 썼다. 이번 글은 그다음 이야기다. 이것저것 논의하고 있다 보니 역시 꽤 깊은 문제를 품고 있는 텍스트가 되었다. 그것에는 여러 이유가 있는데 가토 노리히로를 '닭살이 돋게끔' 만든 게 무엇인지 이번 독해에서 조금 알 수 있었다.

지금 '일본군 위안부 문제'라는 것이 있다.

이것을 다카하시는 아시아 민중에 의해서 식민지 지배의 문제와 전후 책임의 회피에 의해서 뻔뻔스럽게 토실토실 살찐 일본인 중 한 명인 '자신에게 부과된 질문'이라고 받아들인다. 그것에 성의를 갖고 회답하는 것이 '응답 책임'이라고 생각한다.

회답이 적절했는지 아닌지 그것은 '질문을 던진 자'가 결정한다(설령 열심히 대답했다고 해도 '노력이 부족하다' 라든지 '반성이 부족하다'와 같은 평가를 받을 가능성은 남는다).

이것은 꽤 스트레스가 높은 사회적 포지션을 취하는 방식이다. 물론 그런 입장을 취하는 것을 피할 수 없는 경우가 인생에는 종종 있다. 그런 가혹함은 뭔가와 비슷하다. 가장 비슷한 것은 그래 '수험'이다.

'수험생'은 '설문이 있고 거기에 회답하면 그 옳고 그름을 누군가가 채점해주는' '신뢰할 수 있는 원原 체계' 안에 구축된 인간의 존재 방식을 의미한다. 광의의 의미에서 '수험생'은 학교에만 있는 것은 아니다. 기업에서의 근무 고과(다음 달 매상 목표를 어떻게 달성할 것인가)도 문단에서의 문예비평(진짜로 새로운 문학이란 무엇인가)도 어떤 의미에서는 '수험생'적 에토스의 배양지이다.

마르크스주의가 주류의 지적 태도였던 시대에는 모든 사회 문제에 대해서 '계급적으로 옳은 회답'이라는 것이 있다는 믿음이 공유되어 있었다. 평가는 "어떤 회답이 가장 혁명적인가?"와 같은 방식으로 이루어졌다.

대학생이었던 나는 바로 얼마 전까지 "누가 가장 성적이 높은가"로 경쟁하고 있었던 안경 낀 수험생이었는데 불과 몇 개월 뒤에 "누가 가장 혁명적인가"를 다투게 되었다. 그런데 그 사실에 대해 본인들은 전혀 자각하지 못하고 있다는 것에 놀라고 말았다.

나는 고등학생이었을 때 "우치다 그 고등학생답지 못한 태도는 뭐야!"라고 교사에게 평가받는 것에 진력이 나 있었기 때문에 대학생이 되어서 또다시 "우치다 그 프티부르주아적 태도는 뭐야"라고 같은 당파에 속한 작자들에게 평가받는 것에 진절머리가 났다.

"이봐, 혁명하는 것 아니었어?!"

참고서 대신에 마르크스를 읽고, 교복 대신에 안전모와 수건을 덮어 쓰고, 모의시험 대신에 데모에 나가고, 시험 점수 대신에 '혁명성'을 다투다니 이건 마치 고등학생 때와 똑같지 않은가.

"혁명성 같은 것을 누군가로부터 평가받는다는 것은 나는 정말 딱 질색이야"라고 말하니 고등학교로부터 추방된 것과 똑같이 나는 당파정치의 세계로부터도 추방되고 말았다.

물론 당연하다는 듯이 당파의 형님들 대부분은 그로부터 2년이 지나자 머리를 짧게 깎고 일류 기업에 취직했다. 틀림없이 면접에서는 아주 호감을 줄 수 있는 응답을 했을 것이다. 여하튼 '평가받는' 것을 아주 좋아하는 친구들이니까.

이 세상에는 평가받는 것을 아주 좋아하는 사람들이 있다. 특히 '높은 점수를 따는' 것을 잘하는 사람, "좋은 점수를" 받을 수 있는 사람은 평가받는 것을 꺼리지 않는 경향이 있다.

그런데 나는 '평가'받는 것을 아주 싫어한다. 그렇다고 해서 내 대답이 언제나 어처구니없이 낮은 점수밖에 받지 못했기 때문이 아니다. 누군가가 '적정히 채점해 줄' 것이라고 믿지 않기 때문이다.

이제 와서 새삼 무엇을 감추겠는가. 나는 수험생으로서는 아주 요령이 좋았다. 현대국어 문제 같은 것은 출제자가 "어떤 대답을 쓰면 좋아할지"를 바로 읽어내서 술술 쓱쓱 마음에도 없는 것을 써서 만점을 받을 수 있었다. 그리고 열일곱 살밖에 안 되는 아이에게 마음을 읽히는 출제자를 '바보'라고 생각하고 있었다. 당연히 '바보'가 출제하는 교과만큼은 나는 높은 점수를 얻었다.

수험공부를 통해서 내가 배운 것은 '평가'형 지적 능력 트레이닝은 '어떻게 대답하면 누가 어떤 식으로 기뻐할까?'를 꿰뚫어 보는 능력의 함양에만 도움이 되는 것이었다. 나는 그런 일을 '지성'이라고 부르고 싶은 마음이 들지 않았다(그런데 결혼 생활부터 샐러리맨의 영업 활동까지 이 세상 대부분의 장면이 이런 유형의 능력만을 요구하고 있다는 것까지는 고등학생인 나의 상상력이 미치지 못했다).

그런 굴절된(그 정도까지는 아니었지만) 어린 시절을 보낸 덕분에 나는 '설문과 대답' 형식에서 생각하거나 나의 대답을 누군가에게 '평가'받는 것을 상상하는 것만으로도 닭살이 돋게 되었다(그래서 결혼 생활에도 실패했고 샐러리맨으로서도 그다지 두각을 나타내지 못했고 연구자로서의 업적도 '평가받기 힘든' 연구만 했다).

다카하시 테츠야의 전후책임론에 나는 이 '평가'에 익숙한 지성과 같을 것을 느끼고 말았다.

지금부터 그것에 관해서 써보고자 한다.

'응답 책임'이라는 것에 관해서 다카하시는 다음과 같이 썼다.

모든 인간관계의 기초에는 말에 의한 부름과 응답의 관계가 있다고 생각합니다. (……) 모든 사회, 모든 인간관계의 기초에는 사람과 사람이 공존하고 공생해나가기 위한 최저한의 신뢰 관계로서 부름이 있으면 응답하는 일종의 '약속'이 있습니다. 응답 가능성으로서의 책임은 내가 자신만의 고독의 세계, 절대적인 고립으로부터 벗어나서 타자와의 관계에 들어가는 유일한 방법이라고 말해도 좋지 않을까요.

이 부분에 나는 전혀 이견이 없다. 단 내가 여기서 '부름'이라고 할 때 생각하고 있는 것은 순연한 부르기('어이!' 같은)이지 '사정査定'이라든지 '소환'과 같은 법제적인 뉘앙스가 아니다. 그러나 다카하시에게 '부름'은 아무래도 그런 친근한 느낌이 드는 것은 아닌 것 같다. 그것은 오답을 허용하지 않는 '구두 시험 문제'과 비슷하다.

그에게 들리는 것은 '전쟁이라든지 기아라든지 빈곤이라든지 난민 문제라든지 그 밖의 세계 여기저기서 고통받고 있는 사람들의 외침과 신음 소리와 중얼거림'이고 '1990년대가 되어서 속속 자기 이름을 대고 나온 아시아 피해자들의 증언'이고 '전 일본군 위안부를 비롯한 아시아의 피해자들의 호소'이다. 그것은 구체적으로는 '위안부 문제의 형사상의 책임자를 처벌하라는 고발장'과 같은 형태를 띠고 '전쟁범죄의 형사 책임을 지도록 즉 재판에 따르도록 부름을 받아서 일본 정부는 그러한 사람들의 형사책임을 추급하는, 즉 그들을 재단하도록 부름을 받고 있다. 그리고 일본 국민은 그 사법적 재단의 실현을 위해 노력하도록 부름을 받고 있는' 것으로 수렴된다.

다카하시가 그러한 부름을 선택적으로 듣는 것은 그의 개인적인 감수성의 문제라서 나는 그것에 관해서 어떤 이견도 없다. 누구라도 모든 부름에 똑같이 응답할 수는 없다. 당연한 말이지만 거기에는 선택이 있고 우선순위가 있고 가청음역에는 개인차가 있다. 내 귀에 들리는 것과 다카하시의 귀에 들리는 것은 다를 것이다. 이런 측면이 있다는 것을 숙지한다면 응답 책임이라는 것은 원리적으로는 개인적인 문제라고 나는 생각한다.

그러나 다카하시는 자신이 들은 부름은 개인적으로 청취되어야 할 것이 아니라 '일본인 전체'가 들어야 하는 것이라고 말한다. 다카하시는 다음과 같이 썼다.

> 보상 문제를 포함한 법적 책임의 문제야말로 일본의 전후 책임에 관해서 일본인이 '일본인으로서' 받아들여야 할 정치적 책임의 가장 명료한 부분과 연결되고 있기 때문입니다. 일본인이 일본인으로서 받아들여야 할, 받아들이지 않으면 안 되는 정치적 책임입니다.

이것은 하나의 정치적 사견私見이다. 나는 다카하시의 개인적인 견해에는 충분한 논거가 있다고 생각하고 설득력도 있다고 생각한다. 그럼에도 불구하고 이것을 '일본인으로서' 받아들여야 하지 않으면 안 되는 정치적 책임인 것처럼 '당위'로서 일반화시켜버리면 나는 그 논의에는 강한 저항을 느끼고 만다. 어떤 부름을 듣는가, 그것은 듣는 측의 감수성의 개인차와 관련이 있다. 다카하시 자신도 똑같은 텍스트 안에서 부름의 청취가 선택적이라는 것을 인정하고 있다.

> 한편으로는 '영령의 소리 없는 소리를 들어라'라는 야스쿠니파

의 부름도 있지만 어느 부름에 어떻게 대응하는가, 그것이 우리의
자유에 속하는 선택 판단입니다.

라고 확실히 다카하시는 썼다.

'아시아 민중의 소리에 귀를 막고 영령의 소리를 청취하는'
사람을 식민지주의자라고 비난할 권리는 다카하시를 포함해
서 누구에게도 있다. 그러나 아무리 정치적으로 악질이고 어리
석은 것처럼 보이더라도 그러한 정치적 선택, 판단은 그 사람
의 '자유'에 속한다. 우리는 그것을 '싫더라도' 존중하지 않으
면 안 된다. 우리의 정치적 자유는 '정치적으로 옳게 행위하는
자유'뿐만 아니라 '정치적으로 틀릴 수 있는 자유'도 포함하고
있다고 나는 생각하고 있기 때문이다.

그러나 다카하시는 아무래도 '정치적으로 틀릴 수 있는 자
유'를 인정해주지 않는 것 같다.

재일조선인(한국 국적) 작가 서경식 씨는 '일본인으로서의 책
임'으로부터 도망가려고 하는 일본인에 대해서 이렇게 진술하고
있습니다. 일본인이 일본인으로서의 정치적 책임으로부터 도망갈
수 있다고 한다면 그것은 그 사람이 '오랜 기간의 식민지 지배를
통해서 얻은 기득권과 일상생활에서 "국민"으로서 특권을 포기
하고 지금 바로 여권을 찢고 자발적으로 난민이 되는 기개를 보

였을 때만'이다.(「일본인으로서의 책임을 둘러싸고 – 반^{半}난민의 입장에서」) 아주 예리한 비판입니다.

잠깐만, 기다려주기 바란다. 이러한 발언(원래 문맥을 모르기 때문에 오해를 할 수도 있겠지만)을 '예리한 비판'이라고 말하고 치켜세워도 좋은가? 이것은 꽤 폭력적인 '공갈'이다.

'일본인으로서의 정치적 책임'을 지는 방식에는 다양한 방법이 있을 것이고 그래도 좋다고 나는 생각한다. 아마도 서경석 씨는 '일본인은 이러이러한 방식으로 정치적 책임을 져야 한다'고 주장하고 있을 것이다(식민지 지배의 과거를 깊게 부끄러워하는 방식으로). 그렇게 주장하는 것은 서경석 씨의 정치적 권리이고 그의 자유이고 그의 신성불가침의 권리이다. 그러나 그것은 어디까지나 사견에 지나지 않는다. 왜냐하면 '일본인으로서의 정치적 책임을 지는 방식'에는 당연하게도 서경석 씨가 주장하고 있는 것 이외에 무수한 방식이 있기 때문이다.

예를 들면 미국인 중 공화당 지지자인 존 스미스 씨(일리노이주 오로라 거주, 43세, 가명)는 '일본인으로서의 정치적 책임'을 지는 방식은 아시아에서 미국의 군사적 정치적 경제적 권익을 사수하는 것이라고 생각하고 있을지도 모른다(전후 55년 일본의 당신들이 비즈니스에 힘을 쏟는 동안 더러운 일은 전부 우리가 하지 않았나. 한반도에서 인도차이나에서 우리의 많은 젊은이들이 죽지 않았나. 그 피 덕분에 댁들은 전후의 번영을 누리지 않았나. 조금은 감사의 마음을 갖는 것이 사람의 도리가 아닌가).

이 경우 서경석 씨와 스미스 씨 각각이 주장하는 '일본인으로서의 정치적 책임을 지는 방식' 중 어느 쪽을 우선적으로 듣는 것이 '보다 옳은가' 하는 것은 일본인 한 명 한 명의 자유로운 판단에 맡겨질 사안이고 맡기는 것밖에는 방법이 없다고 나는 생각한다.

우리는 어떤 의미에서 매일의 행동(혹은 비행동)을 통해서 '일본인으로서의 정치적 책임'에 관련된 결정을 계속 내리고 있다. 그것은 의무일 뿐만 아니라 헌법에 보장된 우리의 기본적인 권리다. 그러한 옵션은 각각이 그 옳음에 관해서 어느 정도의 논거를 갖고 있을 것이다. 그중 어떤 것은 설득력이 있고 어떤 것은 그 정도로 설득력이 없다. 그러한 것들이 논의에서 격전을 벌이는 것은 당연한 일이다. 그러나 어떤 옵션에 찬성할 수 없는 자는 '여권을 찢어라' '난민이 되어라'라고 말하는 것은 '규칙 위반'이라고 나는 생각한다.

그것은 '내 의견을 듣지 않는 녀석은 비국민이다'라는 것과 논리적으로는 동형의 공갈이다.

정치적 사견을 말하는 자가 '내가 옳다는 것을 인정해'라고 주장하는 것은 합법적이다. 그러나 '내가 옳다는 것을 인정하지 않는 자로부터는 정치적 권리를 박탈해'라고 주장하는 것은 합법적이지 않다.

어떤 정치적 사건이 공공적인 '옳음'의 준위에 달하기 위해서 필요한 유일한 조건은 '정치적인 자유'에 의해서 담보되는 것이다. 즉 자유로운 생각을 하는 것이 허용되고 자유로운 발언을 하는 것이 허용되는 사람들에게 어필을 해서 그 사람들을 모아서 다수파를 형성하는 것이다. 선택하는 사람들이 '정치적으로 자유로울 것' 그것만이 '정치적 옳음'의 정통성을 보장한다. '자유로운 정신'을 버팀목으로 삼은 '정치적 옳음'만이 합법이다. 설령 결과적으로 옳아도 자유를 손상 받은 정신에 의해서 선택된 사건은 합법이 아니다.

그래서 어떠한 정치적 입장에 가담하지 않는 자로부터는 '정치적 권리'를 박탈하라는 주장은 아무리 그 '정치적 입장'이 옳아도 입에 담아서는 안 되는 말이라고 나는 생각한다.

물론 '공감'이라는 형식으로 '옳은 것'이 말해지는 것도 있을지도 모르겠다(나는 한 번도 경험한 적이 없지만 넓은 세계이니 있을지도 모르겠다). 그러나 '공감'의 어법은 결과적으로는 그 '옳음'을 더럽히고 무효화 해버리지 않을까?

오해를 해서는 곤란하기 때문에 반복해서 말하겠는데 나는 다카하시의 정치적 사건 그 자체는 정론이라고 생각하고 있다. 그러나 '정치적으로 틀릴 수 있는 자유'를 인정하지 않는 정치적 사건은 설령 정론이라고 해도 나는 그것을 지지할 수 없다.

애국심에 관해서

현縣교육위원회의 직무명령으로 졸업식, 입학식에서 〈기미가요〉 제창과 '히노마루' 계양의 완전 실시를 요청받아온 히로시마현 고등학교 교장이 그 실시를 반대하는 교직원조합과의 사이에 끼어서 괴로워한 나머지 자살한 사건이 있었다.

나는 이 교장이 선택한 죽음을 통해 '나라'라는 것에 대한 현대 일본인의 전형적인 반응을 본다. 이 교장의 결착의 방식을 질책하는 사람과 조롱하는 사람이 있을지도 모르겠지만 나는 그런 마음을 가질 수가 없다.

아마도 이 교장은 지금까지 국가와 국기 문제에 관해서 한 번도 '결정적인 태도'를 취한 적 없이 살아온 사람이라고 생각한다. 전원이 힘껏 '일장기'를 향해서 〈기미가요〉를 목청껏 제창하는 장에서는 얌전하게 일어나서 작은 목소리로 국가를 부르고 올림픽에서 '일장기'가 올라가면 방긋방긋 웃고, 한편으로 교직원노동조합이 "국가, 국기의 완전 실시는 군국주의의 부활의 징조다"고 비난하면, 그런 생각도 가능하겠군, 하고 고개를 끄덕거리는 '어디에도 치우치지 않는 사람'이었다고 생각한다.

그러나 이 '어느 쪽에도 치우치지 않는' 것이야말로 많은 일본인들이 갖고 있는 본심이 아니었을까?

"국가와 국기에 대한 인식이 실질적으로는 정착하고 있기 때문에 일부러 법제화하지 않아도 된다"는 역대 내각의 '애매한 태도'는 일본 국민의 '국가'에 대한 애매한 태도를 정직하게 반영하고 있다고 나는 생각한다.

국민은 자신의 나라에 애착을 가지는 것이 자연스럽고 나는 실제로 일본을 사랑하고 있다. 하지만 '애국의 마음을 드러내서 보여봐라'고 행정이 강제하는 것은 싫다. 자살한 교장도 아마도 그것과 가까운 생각을 한 사람은 아니었을까?

내가 그렇게 상상하는 것은 만약 그가 현교육위원회와 똑같은 의견이라고 하면 교직원 조합과 전면 대결을 해서라도 완전 실시를 강행했을 것이고 반대로 만약 그가 교직원조합과 똑같은 입장이라고 하면 현교육위원회와 전면 대결을 해서라도 완전 실시에 반대했을 것이기 때문이다.

입장이 확실했다고 하면 일은 아주 간단할 것이다. 그러나 그는 입장을 확실히 할 수가 없었다. 그것은 현교육위원회의 명령에도 일리가 있고 교직원 조합의 주장에도 일리가 있다고 동시에 생각했기 때문이다.

어느 쪽인가를 선택하고 한 쪽을 버린다는 것은 아마도 그 자신의 국가관과 맞지 않았을 것이다. 이른바 그는 자신의 죽음을 통해서 그 자신의 국가관, 그의 실감에 기초한 국가관을 지켰다고 나는 생각하고 싶다.

가토 노리히로는 이러한 현대 일본인 한 명 한 명 안에 내재하는 국가에 대한 애매한 혹은 분열된 감정 — 애착과 혐오, 자부심과 부끄러움, 충성과 배반 — 을 '뒤틀림'이라는 말로 표현하고 있다.

그는 『패전후론』에서 일본인은 패전의 경험으로부터 봐서 국가에 대해서 어딘가에서 '뒤틀린' 감각을 가지는 것이 당연한 것으로, 가까이 가든지 거리를 두든지 개인이 국가와 명확한 관계 맺는 방식이 가능하다고 생각하는 것이 오히려 무리가 있다고 논하고 있다.

국가에 가까이 가는 개헌파와 국가로부터 거리를 두는 호헌파를 함께 비판하면서 가토는 다음과 같이 쓰고 있다.

　　이러한 두 종류의 언설은 한 가지 점에서 본질적인 공통성을 갖고 있다. 개헌에 의한 자주헌법제정론, 호헌에 의한 평화원칙 견지론은 함께 그들이 추구하는 이상이 그대로 실현될 수 있다고 간주하고 있다는 점에서 비슷해서 어딘가 정신의 쌍둥이를 연상시킨다.

결백한 신념에의 신종信從이 공통적이다. 거기에 없는 것은 한마디로 하자면 역시 '뒤틀림'의 감각이다.

이 말은 그대로 히로시마의 현교육위원회와 현교직원노동조합의 언설에 들어맞는다고 나는 생각한다. 즉 현교육위원회와 현교직원노동조합은 가토의 말을 빌리자면 '정신의 쌍둥이'다. 현교육위원회는 '국기와 국가가 존경받는 단일한 문화 단일한 민족의 국민국가'라는 허망한 꿈을 바라보고 있고 반면에 전교조는 '위로부터의 국가적 통합을 물리치고 다양한 문화 다양한 민족 집단과의 공존 위에 건설되는 이상 국가'라는 허망한 꿈을 키우고 있다.

그런데 이 두 가지 꿈은 똑같이 단순한 정신으로부터 나온 환상의 두 가지 변주곡에 지나지 않는다. 국가와 국민의 관계는 '명확히 일의적인 것'일 수 있고 또 그렇게 되지 않으면 안 된다고 생각하는 점에서 이 두 가지 언설은 이미 '쌍둥이'이고 따라서 이미 실패했다.

국가와 국민의 관계는 '뒤틀려' 있는 것이 당연하다. 국가와 국기에 대해서는 '애착과 반감'을, '자부심과 부끄러움'을 동시에 느끼는 것이 근대국가 국민의 자연스러운 실감이다. 그것은 베트남 전쟁을 경험한 미국인, 스탈린주의를 경험한 러시아인, 비시 정권을 경험한 프랑스인, 나치즘을 경험한 독일인, 문화대혁명을 경험한 중국인…… 어느 국민이건 모두 똑같다. 국가의 이름으로 저질러온 여러 어리석은 짓들. 그것과 동시에 국가의 이름으로 이루어진 여러 위업들. 그 양쪽을 동시에 응시하려고 하면 우리 마음은 '뒤틀려'버리는 게 당연하다. 그것을 어느 한 쪽으로 정리하려고 하는 것은 애당초 무리다.

일전에 합기도 전국학생대회를 견학하러 갔다. 개회식 다음으로 '국가 제창'이 이어졌다. 사회자가 "자, 다음은 국가 제창입니다" 하고 말하자 대회장에 있었던 수백 명이 아무렇지 않게 일어서서 국기를 향했다. 그러나 〈기미가요〉를 소리를 내서 불렀던 사람은 내빈을 포함해서 몇 명밖에 없었다. 엄숙한 상태가 된 체육관 안에 작은 목소리와 테이프의 반주음만이 울리고 있었다.

나는 이 풍경에는 현대 일본인의 실감이 제대로 표현되고 있었다고 생각한다.

그 자리에서는, 꼴불견이니까 "모두 큰 소리로 불러라"고 화를 내는 자도, 어차피 부르지 않을 테니까 "국가 제창 같은 것 그만두자"고 말하는 자도 없었다. 전원이 '어느 한 쪽으로 치우치지 않는' 이것도 저것도 아닌 상태를 공유하고 있었다.

국가의 상징을 앞에 두었을 때의 이 '거북함' 그리고 '견디기 어려움'이 우리의 국가와의 관계의 거짓 없는 실감이다. 그렇다고 하면 그러한 실감에 어휘를 부여하고 시민권을 부여해 그것을 국가에 대한 태도의 기본으로서 단련해가는 것이 지금 우리에게 부과되어 있는 사상적 과제는 아닐까?

전쟁론의 구조

1

'전쟁론'이라는 말은 카를 폰 클라우제비츠(1780-1831)의 동명의 책 제목이고 오랫동안 그것은 보통명사로서는 우리의 어휘에 등록되지 않았다. '전쟁론'이 고유명사에 머물러 있었다는 것은 말을 바꾸면 클라우제비츠의 '특수한' 연구를 보기 드문 예외로서 보고 전쟁의 본질에 관한 과학적 언설이 우리 사회에 유통되지 않았다는 것이다. '전쟁'에 관해 우리가 익숙한 언설은 '화재가 일어났을 때'의 언설과 비슷하다.

소화 활동의 현장에서 허용되는 언설은 두 종류밖에 없다. 하나는 지금 활활 타오르고 있는 불을 진화하기 위한 소화 활동은 어떠해야 하는가, 주변 주민의 피난은 어떻게 유도되어야 하는가와 같은 철저하게 실제적인 말이다. 또 하나는 둘도 없는 것을 잃고 심신에 상처를 입은 자에 대한 추도와 위로의 말이다. "이 화재를 막기 위해서는 어떠한 방재의 준비와 훈련이 이루어져야 했을까?"와 같은 '조건법과거' 같은 분석과 '애당초 화재라는 것은 무엇인가?'와 같은 본질적인 물음은 화재의 현장에서는 나오지 않고 나와서도 안 된다.

화재 현장에서 소화 활동을 제쳐놓고 '화재의 본질은 무엇인가?' '우리는 이 화재를 미연에 방지하기 위해서 무엇을 해야 했을까?' 하고 침사묵고하는 소방관은 유해무익한 존재이다. '현장'에서는 느긋하고 서두르지 않는 물음을 세우는 것이 허용되지 않는다. 거기서 허용되는 것은 '이미 일어난 화재에 어떻게 대처할 것인가'와 같은 한정적이고 구체적인 목적에 걸맞은 언설뿐이다.

일본에서 전쟁을 둘러싼 언설은 오랫동안 이것과 유사한 것이었다. 즉 전후 반세기 전쟁에 관한 언설은 이것을 '명목이나 주의·주장에 구애되지 않고 실질적 이익을 우선으로 하는 정책'의 기술론의 어법으로 논하는 것과 '전쟁을 앞으로 하지 않는' 것으로 하는 희구법의 어법으로 말하는 것 두 종류밖에 존재하지 않았다.

이 두 가지 언설은 물과 기름처럼 이질적인 것으로 보이지만 실은 상보적인 관계에 있다. 실익 정책의 신봉자도 반전을 기원하는 자도 '인간이 존재하는 한 반드시 전쟁은 일어난다'

는 것을(한쪽은 무감동하게 다른 한쪽은 감상적, 감동적으로라는 차이는 있지만) 전제로 하고 있기 때문이다.

이것은 국제분쟁 지역에서 진정으로 의미 있는 활동을 하는 두 개의 '국제기관'(예를 들면 '국제평화유지군'과 '국경 없는 의사회')이 어떤 의미에서는 매우 효율이 좋은 '분업'을 하고 있는 것처럼 보이는 것과 유비적이다. '위로와 치유의 서브시스템'을 포함하는 것을 통해서 '상처를 주고, 파괴하는 시스템'은 보다 효율적으로 그 일을 한다.

이 '기술론'과 '반전의 기원'의 무의식적인 결탁은 이른바 '55년체제'*가 개헌파와 호헌파, 자민당 지지층과 사민당과 공산당 지지층으로 이분화된 정치 상황과 구조적으로는 거의 동일했다. 전쟁에 관한 언설이 이러한, 어떤 의미에서 조화적이고 충족된 관계에 있었던 동안 우리 사회에서는 전쟁에 관한 '본질론'은 말해진 적이 없었다. 지금 '전쟁론'이 클라우제비츠의 책 제목이라는 것을 그만두고 보통명사가 되었다는 것은 이 사상적 상황에 변화가 일어났다는 것을 의미한다.

---

* 1955년 이후 여당인 자유민주당과 야당인 일본사회당의 양대 정당 구조가 형성된 체제를 말한다. 55년체제는 일반적으로 1993년에 자민당 내각이 붕괴되고 이후 사회당이 쇠퇴하면서 끝났다고 평가받는다. 정치학자 마스미 준노스케가 1964년에 발표한 논문 「1955년의 정치체제」(《사상思想》 1964년 4월호)에서 처음으로 사용했다.

일본의 사상 상황의 이러한 변화가 '대상황'으로서 동서냉전 구조의 종결과 연결되어 있다는 것에 이견이 있는 사람은 없을 것이다. 이 40년 동안 우리는 모든 국제분쟁을 동서냉전 구조와 연결시켜 이해하는 시점에 익숙해 있다. '제3세계'의 민족 분쟁도 종교 대립도 '그 뒤'에는 미소 냉전 구조가 깔려 있다는 말을 듣고 그 설명을 믿어왔다.

그러나 90년대에 들어와서 동서(내지는 남북) 간의 이항적 대립에 모든 모순이 집약적으로 표현된다는 국제 관계론 모델은 유효성을 잃고 우리는 국제 관계를 분석하고 예견하기 위해서 새로운 모델을 만들지 않으면 안 되게 되었다. 새뮤얼 필립스 헌팅턴은 그의 저서 『문명의 충돌』에서 세 가지 패러다임을 제시하고 있다.

① 세계에는 '국제연합가맹국수만큼(184개의)'의 국익이 존재해서 그 나라들의 상호 작용이 국제 관계를 규정하고 있다고 하는 '베스트팔렌 패러다임'

② 세계에는 '무수한' 민족, 부족, 종파가 있어서 그들의 상호 작용이 국제 관계를 규정하고 있다고 하는 '카오스 패러다임'

③ 세계에는 7개의 주요 문명이 경합적으로 존재하고 있어서 그들의 상호 작용이 국제 관계를 규정하고 있다고 하는 '문명의 충돌 패러다임'

지금까지 동서 두 개 '진영의 이해利害'라는 이원론 틀로 포괄적으로 설명되어온 국제 관계를 변수가 백 개 이상이나 되는 패러다임으로 전환하는 것은 아무리 생각해도 보통의 지성으로는 불가능하다. 그렇다고 한다면 채용될 가능성이 있는 것은 헌팅턴 자신이 추천하고 있는 '문명의 충돌 패러다임'뿐이다.

이 책에서 헌팅턴은 국제 관계의 기초를 이루는 문명 단위로서 7가지를 들고 있다. 즉 서구문명, 그리스정교회문명, 이슬람문명, 중화문명, 힌두문명, 라틴아메리카문명, 그리고 일본문명이다. 일본은 하나의 문명에 하나의 정치 단위라는 세계사적으로 예외적인 케이스로서 소개되어 있다.

헌팅턴의 논의의 옳고 그름은 잠시 제쳐두고 우리나라가 '극동에서 미국의 정치적=문화적 속국'이 아니라 독자의 문명을 가진 독자의 정치 단위'여야 한다는' 당위의 말이 다름 아닌 미국의 정치학자에 의해서 나왔다는 것은 적잖이 징후적인 사실이다. 실제로 헌팅턴의 책을 읽었다 읽지 않는다는 사실 수준과는 별도의 수준에서 ('미국'이 아니라) '일본'을 주어로

한 구문에서 국제 관계에 관해서 말해야 할 때가 왔다는 막연한 느낌이 90년대의 중반 이후 우리 사회에 천천히 퍼지기 시작했다는 것은 틀림없다.

즉 전후 반세기를 지나서 급기야 우리는 "일본은 '미국이 하는 전쟁'에 어떻게 참여해야 하는가" 하는 익숙한 물음 대신에 "일본은 '전쟁'에 어떻게 참여해야 하는가" 하는 보다 심플하고 근원적인 물음에 직면하게 된 것이다.

앞에서 말한 대로 55년체제하에서는 전쟁에 관한 언설은 두 가지 정형을 늘 기반으로 하고 있었다. 하나는 '장래의 전쟁을 어떻게 억제할 것인가?'라는 것으로 개헌파는 이것을 '미국의 세계 전략을 어떻게 지지할 것인가'라는 물음으로 호헌파는 '미국의 세계 전략을 어떻게 방해할 것인가'라는 물음으로 각자 나름 바꿔 읽고 고찰했다.

또 하나는 '과거 전쟁의 희생자를 어떻게 위로할 것인가?'를 개헌파는 이것을 '야스쿠니의 영령을 어떻게 위로할 것인가?'라는 물음으로 호헌파는 이것을 '아시아의 피침략 국민의(혹은 피해자의 혹은 오키나와 주민의) 원한과 증오를 어떻게 진정시킬 것인가?'와 같은 물음으로 각각 바꿔 읽고 고찰해왔다.

보는 바와 같이 이 두 가지 물음은 경상鏡像관계─서로가 서로를 비추고 있는 관계─에 있다. 어떤 입장을 취하든지 간에 그것은 '누군가 다른 사람에 의해서 이미 벌어진 전쟁'의 사후 처리after care라는 실무적인 업무에 관심을 한정하고 있다. 그래서 이러한 틀에서 사고하는 한 우리는 '전쟁이란 무엇인가'라는 본질적인 물음에 닿지 못하고 끝나 버린다.

그러나 90년대에 이르러서 "일본은 '전쟁'에 어떻게 주체적으로 관여를 하는가?" 하는 보다 심플하면서 근원적인 물음에 당면하게 되었다. 전쟁에의 관여를 늘 '미국 정부는 어떻게 생각할까?' '아시아 사람들은 어떻게 생각할까?'와 같은 상대의 반응을 축으로 수동적인 입장에서 고찰해온 정형적인 사고를 갖고서는 이 문제에 대응할 수가 없다. 이리하여 우리는 '전쟁은 애당초 무엇을 위한 것인가?' '전쟁의 수행 주체는 누구인가?' '전쟁 피해의 책임은 누가 져야 하는가?'와 같은 메이지 유신 이후 한 번도 제대로 세우지 못했던 물음 앞에 서게 되었다.

'전쟁론'이라고 제목이 붙은 언설이 97년 이후 엄청나게 양산된 것은 다름 아닌 이 절실한 시대적 과제에 대응하려고 했기 때문이다.

*

90년대의 '전쟁론'의 특징은 '전쟁론'이라는 제목명을 들고 나오면서 그러한 것들이 군사와 지정학에 관한 것은 거의 다루지 않고 지면의 태반을 '국민국가론'에 할애하고 있다는 것이다. 이 '국민국가'에 초점을 맞추는 것은 무엇보다도 먼저 55년체제하에서의 정형적인 전쟁론이 구조적으로 이 문제를 회피해왔다는 것에 대한 반성의 표출이라고 생각된다.

우리는 지금까지 미국의 세계전략에의 '종속'과 '저항' 영령의 '진혼'과 전쟁 피해자에 대한 '보상'에 관해서 말하면서 거기에 종속하거나 저항하거나 진혼하거나 보상하는 '주체'는 애당초 '누구'를 가리키는가와 같은 근본적인 문제를 피해왔다.

그래서 보다 근원적이 되려고 하는 90년대의 전쟁론이 '전쟁의 주체'로서의 '국민'은 어떤 자인가 하는 논의부터 시작하지 않으면 안 되었던 것은 당연한 일이다.

그러나 '전쟁을 말하는 것은 단적으로 말해서 국민국가에 관해서 말하는 것이다'고 '전쟁론'의 저자들이 예외 없이 느낀 것은 반드시 상황적인 이유만 갖고 완전히 설명할 수 있는 것이 아니다. 좀 더 원리적인 이유가 존재한다.

그것은 근대에서 국민국가의 성립과 동시에 전쟁이 크게 그 성격이 바뀌었다는 사실과 관련이 있다. 90년대의 전쟁론을 다루기 전, 먼저 예비적인 고찰로서 니시타니 오사무의『전쟁론』(1998, 이하 동일한 도서 인용의 경우 저자명과 쪽수만 표기)에 의거하여 '전쟁'과 '국민국가'의 원리적인 관련성을 밝혀보기로 하자.

*

20세기에는 두 번의 세계 전쟁이 있었다. 그 두 전쟁에만 '대전'이라는 호칭이 붙어 있다. 그것 이외의 전쟁은 '민족분쟁'과 '지역분쟁'과 '부족 간 항쟁'이라고 불려서 이른바 카테고리로 따져서 보자면 단계를 하나 내려서 다루어지고 있다. 전쟁 규모를 거기에 동원된 군인 수, 투하된 탄약, 파괴된 도시의 면적, 사상자의 수와 같은 수적인 기준으로 따지면 제2차 세계대전 이후에 이루어진 '지역분쟁' 몇몇은 두 번의 세계대전을 규모면에서 넘어서고 있을 것이다. 그럼에도 불구하고 냉전 중에도 냉전 이후의 시대에 일어난 어떤 규모의 전쟁도 '세계대전'이라고 불리지 않았다. 그런 이상, 전쟁에는 그 수량적 규모와는 다른 방식으로 그것이 '세계적'인 것인지 아니면 '국소적'인 것인지를 구별하는 기준이 있게 마련이다.

니시타니에 의하면 전쟁의 '세계성'과 '국지성'을 식별하는 지표는 전쟁이 이루어진 공간의 넓이와 참전국의 수와는 관계가 없다. 전쟁은 그것이 '전쟁의 본성'을 얼마만큼 노출하고 있느냐 아니냐 그리고 '전쟁의 절대적 형태'에 얼마만큼 가까이 갔느냐 아니냐를 기준으로 세계적인지 국소적인지로 나눠진다. '전쟁의 본성' '전쟁의 절대적 형태'라는 것은 클라우제비츠가 '전쟁론'에서 사용한 술어이다. 그 술어의 정의를 확인해 보기로 하자.

전쟁이 '정치에 내속'하고 있는 경우 전쟁은 아직 그 '본성'을 노출시키지 않고 아직 그 '절대적 형태'에 달하지 않았다고 한다. 전쟁이 정치의 제약을 벗어났을 때 즉 국익의 유지와 국위의 선양, 산업과 군대 공동체의 이익 추구와 대통령 선거를 위한 퍼포먼스와 정권의 연명 등등과 같은 '합리적인' 목적을 달성하기 위한 '수단'으로서가 아니라 '전쟁을 위한 전쟁'으로서 이루어질 때 이것을 두고 '전쟁은 그 본성을 발휘하고 그 절대적 형태에 가까워졌다'고 칭한다. 이것이 클라우제비츠의 생각이다. 그는 이런 생각을 프로이센의 군인으로서 라인 전쟁과 예나 전투에서 프랑스군과 싸워서 진 '패전의 장군' 입장에서 도출했다.

클라우제비츠가 학교에서 군사전략을 배웠을 때에 모델로 삼은 것은 중세 이래의 '왕조전쟁'이다. 그것은 왕후와 황제와 대귀족이 각각의 권리와 체면을 위해서 싸운 전쟁이다. 그 군대의 병사들의 주체는 징병 모집 사관에 채용된 용병이고 전쟁 지휘는 종종 군사훈련 경험이 없는 궁정 정치가에 맡겨졌다. 그러한 전쟁의 목적은(왕위의 계승권과 국경선의 획정 등) 구체적인 것이라서 그 목적 달성을 위해서 전쟁을 벌이는 '전쟁 주체'가 존재했다. 전쟁은 뒷거래와 허세와 아군의 배반과 타협 카드가 눈이 핑핑 돌 정도로 왔다 갔다 하는 '정치 게임'의 요인들이고 외교교섭의 과격한 형태에 지나지 않았다.

'전쟁은 정치에 내속한다'는 이 중세적 상식을 뒤엎은 것은 나폴레옹전쟁부터이다. 나폴레옹이 이끈 군대는 밥줄이 끊어진 건달과 용병의 군대가 아니라 역사상 처음으로 있었던 '국민의 군대'였기 때문이다.

> 나폴레옹의 군대는 수적인 면에서도 사기에서도 압도적인 힘을 발휘했는데 그것은 그들이 국왕을 위해서 전장에 달려 나간 종복도 아니고 타인의 전쟁에 돈으로 고용된 용병도 아니고 자기 자신의 전쟁에 스스로 참가하는 '국민'이었기 때문이다. (니시타니 오사무, p. 47)

그때까지의 병사는 '누군가 다른 사람'의 이해관계를 위해서 싸웠다. 그래서 위험한 일에 대한 대가를 요구했다. 그런데 나폴레옹이 이끈 군대는 그렇지 않았다. 그들은 프랑스 혁명의 고매한 이념을 옹호하고 그것을 유럽 전 지역에 넓게 선포해야 하는 '자기 자신의 이상을 위해서 자기 자신의 책임 아래' 싸웠다. 이 전쟁에서는 국민국가의 성원 전체가 전쟁의 주체였기 때문이다. 전장에서 싸우는 병사뿐만 아니라 총을 직접 들지 않는 가족과 생산자도 사기를 고무시키는 저널리즘도 소국민을 육성하는 교육기관도 애국의 주제가를 부르는 예술가도 프랑스 국민 전체가 각각의 장소에서 그들의 전쟁에 참여했다. 국민 한 명 한 명이 전쟁을 주체적으로 받아들여서 각각의 현장에서 각각의 책임으로 전쟁에 참여한다는 것은 말을 바꾸면 과거의 왕후처럼 전쟁을 시작하든 끝내든 그 의사에 의해서 전쟁을 컨트롤할 수 있는 단일한 전쟁 주체가 없어졌다는 것이다.

국민 한 명 한 명이 자신의 의사에 기초해서 주체적으로 전쟁의 당사자가 되겠다고 결의했을 때에 전쟁은 인간의 통제 범위를 벗어났다. 그리고 누구도 전쟁을 컨트롤하지 못하게 되었을 때에 전쟁은 비로소 그 '본성'을 드러내고 그 절대적 형태를 드러내게 된다.

국민이라는 요인이 전쟁의 '절대화'를 추동시킨다. 클라우제비츠에 의하면 전쟁 '주체'는 세 가지 구성요소로 이루어진다. '국민' '장교와 사병과 그 군' '정부' 세 가지이다. '장교와 사병과 그 군'에는 확실성과 우연성이 섞인 국면에서 늘 적절한 판단을 내리는 도박사의 '용기와 재능'이 요구되고 '정부'에는 '전쟁은 다른 수단을 갖고 하는 정치의 계속이다'는 전제를 관철하는 '타산'적 지성이 요구된다. 그런데 '국민'에게 요구되는 것은 용기도 아니고 지성도 아니다.

첫 번째로 전쟁의 본령은 원시적인 강력 행위에 있고 이 강력 행위는 거의 맹목적인 자연적 본능이라고 말할 수 있을 정도의 증오와 적의를 동반하고 있다는 것이다. 첫 번째 면은 주로 국민에게 귀속한다. (카를 폰 클라우제비츠,『전쟁론』, p. 62)

'국민'의 임무는 '증오와 적의'의 공급이다. '전쟁기계'를 군의 운전에 비유해서 말하자면 정부는 '갈 곳'을 정하고 장군들은 '운전'을 한다. 그리고 '국민'의 임무는 '증오와 적의'를 에너지원으로 해서 '전쟁기계'에 공급하는 것이다. 국민국가의 성립은 이 전쟁 주체의 구성 요소 사이의 세력균형으로부터 말하자면 '군략'과 '타산'이라는 두 가지 지적 요인에 대한 '증오와 적의'라는 정념적 요인의 우월이라는 사태를 의미하고 있다. 따라서 '국민'이 전쟁 주체의 지배적인 요인이 되었을 때에 전쟁은 그 '절대적 형태'에 도달하게 된다.

국왕과 왕가의 이해利害라는 것이 구체적이고 한정되는 것에 비해서 '국민'이라는 것이 애당초 개념적 존재일 수밖에 없어서 따라서 지금까지라고 하면 왕가의 재정 사정에 집약되어 있었던 전쟁 수단의 조달도 인적으로도 물적으로도 국가 재정의 틀까지 확대될 수 있게 되어서 원리적으로는 그 완전한 파탄에 이르기까지 전쟁은 수행할 수 있게 된다.

요컨대 '국민국가'의 성립이 전쟁의 절대화의 조건을 갖춘 것
이다. (니시타니 오사무, p. 84)

국민 전원이(겉으로 보기에는 명목상으로는) 똑같은 자격으로
국가 운영에 참가하는 민주주의적 국민국가가 성립하고 나서
야 비로소 전쟁은 국민 전원이 담당하는 '총력전'이 되고 그리
고 만인에 의해서 이루어지는 모든 사업이 그런 것처럼 그것
은 더 이상 누구의 것도 아닌 것이 된다. 그것이 전쟁이 '세계
화'가 되었다는 것의 의미다.

지금까지의 전쟁은 당사자도 장소도 한정되어 있었을 뿐만 아
니라 그 한정된 개개의 주체가 자기의 보존과 강화를 목표로 해
서 호소를 하는 행위일 수 있었다. 그런데 세계 전쟁에서는 그 한
정이 없어지고 개개의 주체는 역으로 '전쟁'화된 세계의 운동 속
에 말려들고 말았다. (니시타니 오사무, pp. 26-27)

'국민국가'의 성립과 함께 장군들과 정치가들이 맡았던 군
략적 정치적인 요인이 뒤로 후퇴하고 국민이 분비하는 '증오
와 적의'라는 비정치적 정념이 전쟁의 주체의 지위를 독점하
기에 이르렀다고 하는 니시타니의 클라우제비츠 해석을 확인
하고 이것을 전제로 해서 본 주제의 논의로 돌아가고자 한다.

"국민국가라는 것이 성립하고 국민이 주권을 가진 자로서 등록되었을 때 처음으로 국가는 '전쟁기계'가 될 수 있었다"고 다키 코지多木浩二는 썼다. 이 점에서 다키의 '전쟁과 국민국가'의 관계에 관한 이해는 니시타니와 그다지 다르지 않다.

> 20세기의 큰 전쟁은 국민국가들 사이에서 이루어져왔다. 군사적 관점에서 보자면 국민국가는 모든 국민을 전쟁에 참가시키는 장치였다. 따라서 20세기의 전쟁을 묻는 것은 '국민국가'란 무엇인가, 그리고 그것이 군사력을 갖고 언제라도 전쟁할 수 있는 태세에 있는 것은 왜일까를 묻는 것이다. (다키 코지,『전쟁론』, 1999, p. 22)

전쟁에 관한 우선적인 물음은 군사와 지정학과 국제 관계의 프레임워크가 아니라 국민국가론으로서 세워져야 한다는 점에서 다키는 니시타니와 인식을 공유하고 있다. 아마도 이러한 문제의식의 양상이야말로 '90년대의 전쟁론 언설'의 기본적인 태도이다. 다키는 '국민'이라는 것의 환상성을 베네딕트 앤더슨의 말을 빌려서 '이미지로서 마음에 그려진 상상의 정치공동체'라고 표현했다. 이 '상상의 공동체'를 통합하는 것은 적극적인 '본질'과 '동질성'이 아니라 그 존재를 위협하는 '적이 있다'는 믿음이다.

'누가 적인가?' 하는 정치적 결정이 어느새인가 모든 것에 앞서서 이루어지고 있는, 인과관계가 뒤바뀐, 전도된 방식으로 국민공동체는 만들어진다.

공동체가 이미 성립한 '후가 되어서', 경우에 따라서는 전쟁이 시작된 '후가 되어서야' 비로소 '보호해야 할 공동체가 거기에 있다는 것'이 사후적으로 회고적으로 승인되는 방식으로 우리는 공동체를 성립시킨다. 다키의 이 지적은 시사하는 바가 적지 않다. 그 프로세스가 정신분석에서 '아버지'의 성립과 거의 동일한 구조를 갖고 있다는 것을 같이 생각하면 공동체의 이러한 도착적 구성 방식에는 어떤 인류학적 필연성이 있는 것 같은데 아쉽게도 다키는 이러한 상상력의 양상을 '빈곤하다'고 부정적으로 말하고 있을 뿐 그 프로세스의 뿌리의 깊이에 관해서는 논하고 있지 않다.

그러나 전쟁이 그 나름의 합리성과 합목적성을 발견할 수 있는 요인보다도 '우리의 존재를 위협하는 적이 있다는' '경우에 따라서는 전혀 현실적 근거가 없는' 병적 망상에 의해서 구동되고 있다는 생각은 어떠한 경우에도 잊어서는 안 된다. 다키가 열거한 남경, 아우슈비츠, 히로시마, 캄보디아, 르완다, 코소보 등의 사례가 말해주는 것은, 인간은 어떠한 아주 작은 단편적인 사실로부터도 '적'에 대한 환상적 구성을 할 수 있다는 것, 어떤 우발적인 사건도 제노사이드까지 폭발적으로 증식하는 증오의 배양지가 될 수 있다는 것이다. 특히 귀를 기울여야 할 것은 현대에서는 종종 전쟁의 원인을 규명하고 전쟁의 확대를 저지하고 전쟁 책임을 규탄하고 있는 해당 '전쟁론'의 언설이 그러한 증오의 배양지가 되고 있다는 발상이다.

> 현재 세계 곳곳에서 일어나고 있는 전쟁은 직접적으로는 어떠한 국소적인 이유로부터 시작되었다고 하더라도 그 원인도 포함해서 우리가 살고 있는 글로벌화된 세계 안에서 형성된 언설로부터 일어나고 있다. 코소보 전쟁에 관한 언설은 전쟁을 설명하고 있는 것이 아니라 그 언설로부터 전쟁이 일어났다. (니시타니 오사무, p. 189)

'전쟁에 관해서 분석적으로 말하고 있는 해당 언설 자체로부터 전쟁이 일어나는 경우가 있다'는 역설이야말로 다음의 이하 논고에서 전쟁론 언설을 음미할 때 우리가 결코 잊어서는 안 되는 반성의 말이다. 전쟁이 국민국가와 동시적으로 일어나는 현상인 한 그리고 우리가 만들어내는 말과 논리가 국민국가 내부적인 언설시장을 왔다 갔다 하는 한 아무리 선의에 차 있다고 하더라도 아무리 영리하더라도 그러한 언설이 국민국가라는 '상상의 공동체'에 농밀한 리얼리티를 제공하고 '적의와 증오의 에너지'를 공급할 가능성으로부터 도망갈 수 없다.

'전쟁에 관해서 분석적으로 말하고 있다고 하는 해당 언설'은 대부분의 경우 '원인의 규명'을 목표로 하게 된다. 그러나 전쟁이든 민족분쟁이든 숙청이든 '누가' 그것을 일으켰는지를 묻는 것은 논리적으로 보이기는 하지만 실은 실천적으로는 거의 무효하다. '내가 그것을 일으켰다'고 생각하고 있는 사람이 거기에는 한 명도 없기 때문이다. 전원이 "자신은 결백하고 피해자이다"라고 믿고 그렇게 언명하는 사람들 사이에서 비로소 파괴적 폭력은 발생한다. 가장 위험한 폭력의 배양지는 상대방에 대한 악의와 적의가 아니라 자기의 무구성에 대한 맹목적 믿음이다.

'누가' 전쟁을 시작했다. '누가' 전쟁을 끝내야 한다. 문제는 그 '누가'를 특정하는 것이다. 한편에 전쟁과 제노사이드를 일으키고 있는 '사악한 주체'가 있고 다른 한편에는 전쟁과 제노사이드를 저지하기 위해서 달려온 무구하고 지적인 '정의의 주체'가 있다. 모든 것은 '주체'의 의사와 결단의 차원에서 말하여진다. 아주 알기 쉽다. 하지만 이 너무나도 알기 쉬운 도식의 치명적인 결함은 이러한 '주체'들은 절대로 나 자신이 '사악한 주체'일 가능성을 음미하지 않는다는 것이다.

이것에 전쟁에 관해서 논하려고 할 때에 우리를 기다리고 있는 가장 위험한 함정이다. 전쟁에 관해서 마치 '상공에서 비행하는' 부감적 시점으로부터 논하고 있다고 굳게 믿고 있는 바로 그때 우리는 대개의 경우 그것을 자각하지 못한 채로 '전쟁기계'인 국민국가의 구성 요소에 말려들고 있다.

작가이든 철학자이든 그 사람이 무국적이 아닌 한 아무리 사변적이든 이념적이든 다루는 주제가 전쟁인 한 '윤리성'과 '정의감'이 높아지면 높아질수록 그 정서는 '우국의 지정'과 비슷한 것이 된다. 그리고 '지정'은 반드시 '망국의 패거리'로의 '적의와 증오의 에너지'로 바뀌어서 비축되고 그것은 그대로 전쟁기계를 앞으로 전진시키는 원동력이 된다. '국민국가라는 전쟁기계'는 바로 그렇게 구조화되어 있다.

그래서 우리가 전쟁에 관해서 말할 때 분별해야 할 것은 무엇을 말하든지 간에 거기에서 말하여진 말은 '적어도 일부는' 반드시 '증오와 적의의 에너지'로 바뀌어서 전쟁기계에 수탈되어서 '재이용'된다는 것이다. 그리고 '자신은 어떤 국민국가에도 소속하지 않는'것처럼 중립성을 부당한 전제로서 말하는 자가 종종 가장 국민국가에 '수탈되고 있다는 것'에 관한 자각이 결여되어 있다.

2

'전쟁론' 언설이 90년대에 등장한 것은 '주체로서의 국민국가'라는 논쟁이 눈앞의 화급한 주제로 육박해왔기 때문이라고 나는 모두에 썼다. 그런 언설군 중에서 문제의 '호랑이 꼬리를 밟은 것'이 가토 노리히로의 『패전후론』(1997)과 고바야시 요시노리의 『신거만주의 선언 스페셜·전쟁론新ゴーマニズム宣言 SPECIAL 戦争論』(1998), 두 작품이라는 것에 이견이 있는 사람은 없을 것이다.

이 두 저작은 새로운 각도에서 전쟁과 국민국가의 문제를 새롭게 제기해 각각 뜨거운 논쟁을 불러일으켰다. 이러한 저작들의 내용이 '생산적'인 것은 '일본인이라는 것'이 무엇을 의미하는가, 라는 물음을 전면에 내세운 데 기인한다. 가토와 고바야시는 함께 국민국가를 의제로서 충분히 의식하면서 그럼에도 그 픽션을 받아들이는 역설적인 몸짓을 통해서 내셔널리즘의 새로운 방향성과 가능성을 제시하여 열광적인 지지자와 반대자를 동시에 만들어냈다.

*

가토 요시노리는 『패전후론』에서 패전 후 반세기에 걸쳐 경직된 채 머물러 있는 전쟁을 둘러싼 사고의 패러다임을 흔들어댔고 '패전 후'에 한걸음 내디디는 관점을 제시했다. 1945년 8월 15일에 시작된 '패전 후'라는 시대 구분은 이후 55년간에 걸쳐 계속되고 있고, 어떠한 경제적 번영이나 정치적 존재의 강화도 일본의 이 '패전 후'를 종결시키지 못했다. 그것은 '패전 후'라는 시대의 출발점이 두 가지 뒤틀림을 안고 있기 때문이다. 또 하나 전후의 출발점까지 돌아가서 그 뒤틀림을 푸는 것을 통해서만 우리는 '패전 후'라는 시대로부터 다음 시대로 빠져나갈 수가 있다는 것이 가토의 생각이다.

일본에서 앞의 전쟁, 제2차 세계대전도 '정의'가 없는 전쟁, 침략전쟁이었다. 이런 이유로 나라와 국민을 위해 죽은 병사들의 '죽음' '자유'를 위해 '아시아 해방'을 위해서라고 그때그때 가르침을 받았던 '정의'를 믿고 전쟁터에 나간 병사의 죽음은 무의미한 것이 된다. 그리고 그것에 의해 우리들의 것이 되어버린 '뒤틀림'은 지금도 우리에게 남아 있다. (가토 요시노리, p. 10)

이것이 첫 번째 뒤틀림이다. 정의가 없는 전쟁에서 죽은 사자는 (미국의 베트남 전쟁의 전사자들이 그런 것처럼, 혹은 나치의 지도하에 싸운 독일 병사가 그런 것처럼) 국민적인 방식으로는 추도追悼되지 않는다. 비석을 세우거나 야스쿠니 신사에 총리대신이 참배하는 것과 같은 형식적인 제사로는 결코 위령되지 않는 300만 명의 사자들이 우리 목구멍에 걸려 있는 한 '패전 후'는 끝나지 않는다.

또 하나의 뒤틀림은 전후 책임의 문제이다.

> 일본의 전후라는 시간이 지금도 지속되고 있는 또 하나의 이유
> 는 말할 필요도 없이 일본이 타국에 대해서 벌인 다양한 침략적
> 행위에 대해 책임을 지지 않고 그것에 관한 사죄를 하지 않고 있
> 기 때문이다. (상동)

전후 '우리가 오늘날 누리고 있는 자유와 민주주의와 번영'은 자국의 패배와 적국의 승리가 가져온 것이라는 패전국의 '뒤틀어진' 감각을 일본은 독일과 공유하고 있을 것이다. 그러나 독일은 이 '뒤틀림'을 중핵에 두고 끊임없이 그 뒤틀림을 의식하고 언어화하고 그것을 어떻게 처리할 것인가 고투하면서 전후를 살아온 것에 비해서 그 '뒤틀림'이 일본에서는 '뒤틀림'으로조차도 받아들여지지 않은 채로 이미 반세기가 흘렀다. '뒤틀림'을 느끼지 않고 있다는 것은 주관적으로는 깔끔하다는 것이다. '뒤틀림'은 한 명의 인간이 모순을 안고 있기 때문에 비틀어지는 것이지 모순과 대립이 두 사람 사이에서 분할

되면 거기에는 '확실히/선명히/깔끔하게' 대치하는 두 명이 인간이 있는 것이 되어서 내적인 '뒤틀림'은 소멸한다. 간단한 산술이다.

이것이 전후 일본이 채용한 '뒤틀림'의 처리 방법이다. 대립하는 두 가지 이데올로기, 두 가지 당파의 모순 안에 모든 것을 집어넣으면 되는 것이다.

미국에 대한 감정이 애매모호하다고 하면 '친미파'와 '반미파' 두 가지 입장을 준비해두고 그 사이에서 싸우게 한다. 헌법에 대한 입장이 결정되지 않는다고 하면 '호헌파'와 '개헌파'로 논쟁을 붙인다. 침략 행위에 대한 책임을 어떻게 하면 좋을지 모르면 '아시아 인민에 대한 사죄'를 연호하는 '지식인'과 '망언'을 반복하는 관료로 끝이 없는 '두 명을 무대에 세우는 연극'을 하게 한다. 이러한 대립극에서 두 명의 등장인물은 각각 '주관적으로는' 뒤틀려 있지 않다. 무구하고 윤리적이고 논리적이다.

이 양당파의 절묘한 '분업'에 의해서 일본은 자기모순으로부터도 죄책감으로부터도 자기면죄를 받고 게다가 주체적으로 판단하는 것도 행동도 하지 못한 채로 아무것도 하지 않고 반세기를 흘려보냈다. 그 결과 가토에 의하면 일본인은 일종의 '저능'이 되고 말았다.

예를 들면 걸프 전쟁 때 문학자들의 반전 성명 중에 가토는 그 퇴폐의 징후를 본다. 이 성명의 서명자들은 "전후 일본의 헌법에는 '전쟁 포기'라는 항목이 있다"는 점을 논거로 '현행헌법의 이념이야말로 가장 보편적 게다가 근원적인 것이라고 믿고' '일본이 걸프 전쟁 및 앞으로 있을 수 있는 일체의 전장에 가담하는 것에 반대'했다. 가토는 이 성명 안에서 '전후의 자기기만'의 좋은 예를 발견했다.

"이 문면은 전후 헌법의 '전쟁의 포기'조항이 패전 직후 그 것이야말로 원폭의 위력, 군사적 위압 하에서 강제적으로 결정된 사실을 책정, 보존하고 유지하는 과정을 명언하지 않는 일시적 변통의 레토릭으로 얼버무리고 마치 이 헌법을 우리가 자력으로 책정, 유지한 것으로 읽도록 작문되어 있기"(가토 요시노리, p. 16) 때문이다.

가토는 일본이 세계에 자랑하는 '평화헌법'이 군사력의 위압 하에 강권적으로 만들어진 것이라는 역사적 사실의 조직적인 망각 안에 전후 언설 공간을 관철하는 기만을 본다.

내가 전후의 원점에 있다고 생각하는 '뒤틀림' 중 하나는 이 헌법을 손에 넣는 방식과 그 내용 사이의 모순, 자가당착에서 온다. 그러나 그것뿐만이 아니다. 그 모순이 지적되지 않는다. 아니 그것보다도 그 모순 '뒤틀림' 안에 있는 '더러움/오염'이 우리에 의해서 직시되지 않고 우리에게 또한 억압되어 있다. (가토 요시노

리, p. 21)

가토는 헌법 '내용'에 이의가 있는 것이 아니다. 그것이 아니라 '우리는 이것을 (강제당하고) 그 후 이 가치관을 부정할 수 없다고 스스로 느끼게 되었다'는 굴절의 프로세스 그 자체를 어떠한 수정도 하지 않고 각색도 하지 않고 그대로 내밀고 그 것을 패전 후의 원점에 다시 놓아야 한다고 주장하고 있는 것이다.

우리의 평화헌법을 둘러싼 '뒤틀림'은 이것을 백일하에 드러내는 형태로 공공화해서 비틀어져 있긴 하지만 '좋은 것'이다라는 형태로 하지 않는 한 우리 자신에 의해서 억압되고 우리는 처음부터 이 평화헌법을 실질적으로는 스스로 필요한 것이라고 생각하든지 아니면 처음부터 이 평화헌법을 원치 않았고 지금도 원치 않는다고 생각하는 것밖에 할 수 없게 된다. (가토 요시노리, pp. 21-22)

호헌파와 개헌파는 '뒤틀림'의 억압으로부터 생긴 두 가지 색깔의 기만이고 저능의 두 가지 형태이다. 만약 현실을 직시할 마음이 있다고 하면 "우리는 '강제'당했다. 그러나 우리는 몽땅 설득당하고 이러한 편이 낫다고 생각했다"(가토 요시노리, pp. 22-23)고 있는 그대로 받아들일 수밖에 없다. "그렇다고 한다면 방법은 한 가지밖에 없다. 강제당한 것을 지금 자발적으로 다시 한 번 '고르는' 것이 그것이다"(가토 요시노리, p. 23). 그러나 헌법에 관해 그렇게 주장한 사람은 어떤 진영에도 없었다. 다양한 헌법 논의가 이루어졌지만 "이 헌법 정신을 존중하기 때문에 이 헌법을 다시 한 번 고쳐 선택해야 한다는 이 헌법의 '뒤틀림'에 입각한 주장만이 말하여지지 않았다"(가토 요시노리, p. 23).

*

패전에 의해서 불려나온 '뒤틀림'의 감각을 개인 안에 유지하고 있는지 아닌지 그것을 기준으로 가토는 전후 지식인들의 기만의 구조를 검증한다. 예를 들면 에토 준과 오에 겐자부로의 대립은 '이인일조'의 경상관계 안에서 안정되어 있어서 한 명 한 명은 뒤틀려 있지 않다.

이 이중의 언설은 하나의 점에서 본질적인 공통성을 갖고 있다. 개헌에 의한 자주헌법제정론, 호헌에 의한 평화원칙견지론은 함께 그들이 목표로 하는 이상이 그대로 실현될 수 있다고 간주하고 있는 점에서 비슷하고 두 사람에게는 어딘가 정신의 쌍생아를 연상시키는 결백한 신념에 대한 믿음이 공통적으로 보인다. 거기에 없는 것은 한마디로 하자면 역시 '뒤틀림'의 감각이다. 또 한 번 파고들어가서 말해보자면 대립자를 포함한 형태로 자신들을 대표하려고 하는 발상이 양자에게는 결여되어 있다. (가토 요시노리, p. 51)

패전 후의 '뒤틀림'은 각각 '무구'와 '순결'을 자인하는 두 가지 자기로 분열한 것에 의해 생겼다. 이것을 '대립자를 포함한 형태로' 비틀어져 있는 것을 정상으로 하는 두툼함이 있는 인격으로 재통합하는 것, 그것이 가토의 국민 주체 구상이다. 대화를 거절하고 합의 과정을 추구하지 않는 형태로 '예정 조화적 분열'을 누리고 있는 두 가지 당파를 '국민이라는 자연스러운 것' 안에 재통합하는 과정 없이는 일본은 '패전 후'의 기만과 퇴폐로부터 빠져나올 수 없다. 그리고 그 후(그것은 '자연스러운 것으로서 국민이라는 단위의 해제解除의 기획'을 멀리서 바라보는 종류의 미래이다)에도 발을 내디딜 수 없다고 가토는 주장한다.

"국민을 자연스럽게 여기는 것도 그 역에 의해 열리게 하는 것도 우리이다. 그 '우리'라는 단위가 지금 우리 손에 없다. 우리는 이 '우리'라는 단위 그것 자체를 필요로 하지 않을 때까지 이것을 통풍이 잘되는 것으로 해나갈 것을 요청받고 있다"
(가토 요시노리, pp. 51-53). 그 곤란한 기획은 먼저 '국민이라는 틀'을 세울 때야 비로소 가능한 것이다.

이러한 가토의 논리를 위장된 '내셔널리즘의 복권'이라고 단죄하는 것은 어려운 일이 아니다. 그러나 모든 내셔널리즘에 반대하는 반국가주의와 국민국가를 영원불변한 지고지순의 것이라는 환상을 가진 국가주의자는 전후 일본의 언설 편제 안에서는 예정조화적인 상보관계에 있다. 반국가주의를 표방하는 사상이 그 '분업' 체제 안에 안주하고 있는 한 가토가 말하고 있는 것처럼 지금까지도 그리고 앞으로도 상황을 극적으로 움직일 힘을 갖지 못할 것이다.

그러면 통합된(즉 분열을 내재화시킨) 새로운 '우리'의 입각은 어떠한 현실적인 방법으로 착수될 것인가? 가토는 여기서 그 후 다카하시 테츠야와의 격렬한 논쟁의 계기가 된 '상喪'의 문제를 다루게 된다.

*

제2차 세계대전은 일본 역사상 처음으로 경험하는 '정의가 없는 전쟁'이었다. 그런데 그렇다고 해서 그때까지 일본이 경험한 무수한 전쟁 모든 것에 '정의'가 있다는 의미가 아니다.

명백히 침략적 의도를 갖고 싸운 전쟁도 있었고 국지전에서 참담한 패배를 맛본 전쟁도 있었다. 그러나 "지금까지 전쟁의 사자死者라고 한다면 어떠한 전쟁의 경우라도 우리는 그들을 늘 후하게 조문해왔다. 아마도 고대 이래 어떠한 문화에서도 그러했을 터인데, 제2차 세계대전은 남겨진 자들에게 자국의 사자가 무의미한 사자가 될 수밖에 없었던 최초의 전쟁을 의미했다"(가토 요시노리, p. 54).

전후의 "바깥을 향한 정사正史"는 "일본이 먼저 사죄해야 할 사자로서 2천만의 아시아 사자를 내세우고" "3백만의 자국의 사자, 특히 병사로서 죽어간 사자들"에 관해서는 입을 다물었다. "그 결과 이 자국을 위해서 죽은 3백만의 사자는 바깥을 향한 정사 안에서 확고한 위치를 부여받지 못했다. 침략을 받은 나라들의 인민에게는 악랄한 침략자에 다름 아닌 이 자국의 사자를 이 정사는 못 본 체한다"(가토 요시노리, p. 55).

물론 "정사"가 "못 본 체"한 것을 구원해주는 기능은 존재하고 있다. 누구라도 알고 있는 대로 일본의 경우 "바깥을 향한 정사"를 고급지로서 대학 지식인이 대표하고 "안쪽을 향한 본심"을 옐로 저널리즘과 '실언' 정치가가 대변하는 '분업'이 성립하고 있기 때문이다. 정사는 무고한 사자 즉 '육친, 원폭 등의 전화의 사자, 2천만 아시아의 사자'의 죽음은 추도하지만 "침략자인 '더러운' 사자"는 무시한다.

한편 이 "더러운 사자"를 '맑은 존재' 즉 '영령'으로서 조문하는 '안쪽을 향한 본심'은 역대의 여당정치가들이 목소리 높여 말해왔다. 그런데 어느 쪽 진영에도 공통적인 것은 조문을 하는 이상 사자는 '무고의' '맑고 깨끗한' 사자가 아니면 안 된다는 전제이다.

"양자에 결여되어 있는 것은 이러한 사자는 '더럽다', 그러나 이 자신들의 사자를 자신들은 깊게 조문한다고 바깥을 향해서 말하고 안을 향해서 말한다는 지금까지 없었던 새로운 사자에 대한 태도"(가토 요시노리, p.57)이다.

만약 가토의 주장을 '바깥을 향한 정사가 못 본 체한 3백만의 사자'를 애도하는 몸짓으로 한정해서 포착한다고 하면 이 주장은 일본유족회의 주장과 거의 다를 바가 없다. 물론 가토가 목표로 하고 있는 것은 그런 것이 아니다. '더러운 사자'를 더럽혀진 자로서 그럼에도 조문하는 두터움이 있는 복잡한 국민 전체를 만들어내는 것. 그것에 의해서 이 '바깥'과 '안쪽'의 분열(이라기보다는 확신범적인 얽히고설킴)을 지양止揚하는 것을 가토는 목표로 하고 있는 것이다. '더럽혀진 사자'를 더럽혀진 자로서 어떠한 정당화도 시도하지 않고 '무의미한 채로 애도'할 것을 주장하고 있다.

그러한 '애도하는 주체'만이 자기비하하는 일도 없이 그렇다고 갑자기 태도를 바꾸어 당당하게 구는 일도 없이 담담하게 '국제사회에서 침략 전쟁을 일으킨 당사자의 책임을 지는' 것이 가능하지 않을까. 가토는 그러한 전망에 기초해서 '패전 후'로부터의 탈출의 방법을 모색하려고 하고 있는 것이다.

일본이 아시아의 여러 나라들로부터 성실하고 성숙한 정치 단위로서 존경을 받고 대우받기 위해서는 '전후 책임을 다했다'는 평가를 획득하는 수밖에 없다. 그럼에도 불구하고 일본은 그렇게 하지 않았다. "왜 일본은, 일본 정부는 신속하게 전쟁 책임을 다하려고 하지 않는가. 그 이유는 어리석고 못난 것을 포함해서 이런저런 것이 있는데 그 근원에 나는 전후 일본 사회에서 '국민의' 기체基體의 부재, 우리(전후 일본인)의 인격 분열이 있다고 생각한다"(가토 요시노리, p. 60).

그러면 이 분열을 넘는 길, 인격통합의 길은 구체적으로는 무엇을 가리키는 것일까? 그것을 가토는 '사자가 얼굴을 갖는 것'이라는 '문학적 표현'으로 그려내고 있다.

*

"3백만의 사자를 추모하는 것을 앞에 두고 그 애도를 통해서 아시아 2천만 사자의 애도, 사자에 대한 사죄에 이르는 길은 가능한가?"(가토 요시노리, p. 76)라고 묻는 가토의 문장은 그 후의 논쟁에서 비판자들에 의해 반복해서 인용되고 있지만 안타깝게도 비판자들은 여기서 가토가 추모하는 말에 구체적으로 어떠한 행위를 내포시키고 있는지를 충분히 음미하고 있지 않은 것 같다.

'추도'하는 것은 석비를 세우거나 위령제를 지내는 것이 아니다. 영령에게 제사를 지내고 사자의 더러움을 정화하는 것은 아니다. (니시오 칸지가 바라고 있는 것같이) 국민적인 행사로서 추도하거나 교과서에 실어서 그 전공戰功을 칭찬하는 것도 아니다. 그것은 장의사가 피투성이가 된 사자들을 씻기고 소독하고 화장을 해서 망자 옷을 입히고 '패키지'하는 것과 비슷하다. 물론 그렇게 하면 사자들은 다루기 쉽게 된다. 가토가 말하고 있는 것은 그런 것이 아니다. 피투성이의 사자, 사취를 풍기는 사자, 살과 뼈를 가진 채 죽은 사람들의 생생한 죽음을 장식하지 않고 있는 그대로 응시하는 것부터 시작하자는 것이 가토의 제언이다.

무명 병사 한 명 한 명의 고유의 이름과 얼굴을 돌려주는 것 그것이 가토가 말하는 '사자를 추도하는 것'이다.

무명병사라는 관념을 부수는 것은 무고한 시민이라는 관념도 아니고 전후의 새로운 가치관을 가진 젊은이라는 관념도 아니고 2천만의 아시아 사자라는 관념도 아니고 오히려 '이름'이라는 오점을 가진 개개의 병사들로 구성되는 또 하나의 '우리'라는 관념

이다. (가토 요시노리, p. 84)

추도하는 것은 "이름이라는 오점"을 사자를 위해서 돌려주는 것이다. 가토는 "사자를 추도하는 것"의 가장 정통적인 모습을 오오카 쇼헤이가 쓴 『레이테 전기』(1974)에서 보고 있다. 오오카는 필리핀의 어느 섬에서 벌어진 어떤 국지전의 전모를 가치 판단도 감상도 배제한 채 어디까지나 기록자의 시점에 철저히 해 재구성하려고 했다. 그 막대한 기록은 오오카 자신도 그중 한 명이었을 수도 있었을 '죽은 병사들'에게 바치고 있다.

나의 의도는 처음에는 레이테전을 전체로서 포착하는 것이었다. 그러나 글을 써나가다가 보니 전사한 병사 한 명 한 명에 관해서 어디서 어떻게 죽었는지를 세어보게 되었다. (오오카 쇼헤이, p. 32)

레이테 섬의 미군 상륙까지의 양국 전쟁 지도부의 움직임을 조금 '부감적'으로 개관한 후 오오카는 다음과 같이 썼다.

나는 지금부터 레이테 섬에서 벌어진 전투에 관해서 내가 사실로 판단한 것을 가능한 한 상세하게 쓸 생각이다. 75밀리 야포의 포성과 38총의 울림을 재현하고 싶다. 그것이 죽은 자의 영을 위로하는 유일한 일이라고 생각하고 있다. 그것이 내가 할 수 있는 유일한 일이기 때문이다. (오오카 쇼헤이, p. 74)

"오오카가 시도한 것은 정화되고 익명화된 '영령'에 대해서 '얼굴을 가진 병사'를 대치시키는 것이다. 오오카는 '사자'를 이름 있는 병사로 바꿈으로써 저 '영령' 같은 것의 허상을 꿰뚫고 있다. '영령' 같은 관념으로부터 한 명 한 명의 병사의 죽음을 탈회하고 있다"(가토 요시노리, p. 85)고 가토는 평가한다. 그리고 그 정밀한 기록은 하나의 결론으로서 '결국 가장 심한 일을 당한 쪽은 필리핀인이 아닐까'라는 분명한 지견에 도달한다.

일본 병사의 구체적인 싸움과 죽음을 기록하는 일은 그대로 생활의 장에 두 개의 제국이 흙발로 올라와서 '무의미한 죽음'을 강요당한 무수한 필리핀인들의 '얼굴'을 기록하는 일과도 통할 것이다. 일본 병사의 '얼굴'을 그리기 위해서는 그가 죽인 아시아의 사자의 '얼굴'도 그리지 않으면 안 된다. 일본 병사의 죽음을 추도하기 위해서 그의 고유명으로 죽음을 그리려고 하는 자는 동시에 그가 죽인 아시아 사람들의 고유명의 죽음도 그리지 않으면 안 된다. 병사를 애도한다는 것은 동시에 그가 범한 야만과 우행에 관한 치욕을 동시에 받아들이지 않으면 안 된다. 이것이 오오카가 문학자의 직관에 기초해서 실천하고 가토가 거기에 '애도와 사죄'의 지양의 가능성을 본 문학적인 애로隘路이다.

> 오오카는 다름 아닌 자신이 그 일원일 가능성도 있었던 '죽은 병사들'에 대한 애도로부터 시작함으로써 그것이 그대로 필리핀의 사자에 대한 사죄와 연결되는, 그런 길도 있다는 것을 여기에서 증명하고 있다. (가토 요시노리, p. 86)

그 '오점을 남긴 패자'의 위치를 오오카는 전후 일관되게 유지하고 있다. 『레이테 전기』의 완성을 기다리고 예술원회원에 추천된 오오카는 이것을 사퇴하는 이유로서 "나의 경력에는 전시 중 포로가 된 부끄러워해야 할 오점이 있습니다"라고 썼다. "그런 내가 예술원회원이 되어서 나라로부터 돈을 받거나 천황 앞에 나가는 일을 부끄러워서 할 수 있겠습니까?(《주고쿠 신문》 1971년 11월 28일 자)"

오오카는 이 '부끄러움'을 그의 동시대인 전체가 받아들여야 한다고 생각하고 있다. 그래서 이 '부끄러움을 알아라'는 당연히 전쟁의 사자에 관해 쓴 책에서 영예를 주려고 하고 있는 그 당사자 쇼와 천황을 향하고 있다(가토 요시노리, p. 91)고 가토는 생각한다.

*

　오오카는『레이테 전기』를 통해서 병사 한 명 한 명을 추도하고 아시아 사자들 앞에 머리를 숙이고 자기 자신의 부끄러움을 지적하고 천황의 오점을 드러내는 문학적인 역업을 달성했다. 다름 아닌 이와 같이 동시에 복수의 수준에서 말할 수 있는 '뒤틀린' 화법이야말로 문학에만 허용된 곡예이고 그 특권이다. 즉『패전후론』은 정치적인 언설로는 말할 수 없는 것을 문학은 말할 수 있다는, 어떤 의미에서는 아주 상식적인 지견을 말하고 있는 것에 지나지 않는다.

　가토가 말하는 '애도'라는 것은 요컨대 '사자에 관해서 이야기하는 것'이다. 그리고 사자의 '얼굴'이 지금 여기서 눈앞에 떠오르도록 구체적으로 사태를 이야기하는 것이야말로 정치적인 의미도 종교적인 의미도 포함해서 아마도 고대로부터 전해져온 올바른 진혼의 방법이다.

　미국의 작가 팀 오브라이언은『그들이 가지고 다닌 것들』(1998)에서 베트남 전쟁 중의 어떤 소대의 젊은 병사들의 생생한 죽음의 방식을 담담하게 리얼하게 그렸다. 그것은 그 나름의 전우에 대한 진혼의 의례였다고 생각한다. 오브라이언은 전쟁을 "진짜로 말하는 것"이 무엇인가에 관해서 다음과 같이 썼다.

> 진짜 전쟁 이야기는 전혀 교훈적이지 않다. 그것은 인간의 덕성을 좋은 방향으로 유도하지 않고 높이지도 않는다. 이렇게 저렇게 되어야 한다는 행동규범을 시사하지도 않는다. 그리고 다른 사람이 그때까지 해온 행위를 그만두게 하려고도 하지 않는다. 만약 교훈적으로 생각되는 전쟁 이야기가 있다면 그것은 믿지 않는 편이 낫다. (……) 거기에는 제대로 된 건 털끝만치도 존재하지 않는다. 거기에는 덕성의 그림자도 없다. 그래서 진실의 전쟁 이야기라는 것은 난잡한 말과 악의와는 끊으려야 끊을 수 없는 관계에 있고 그것에 의해서 그 이야기가 진짜 전쟁의 이야기인지 아닌지를 판별할 수 있다. 이것은 틀림없는 경험칙이다. (팀 오브라이언, p. 118)

그러나 미국 병사들의 '난잡한 말과 악의'를 그대로 옮겨서 기록자의 시점에 철저를 기한 그 작품은 그대로 미국이라는 나라가 아시아의 작은 나라에서 저지른 역사적 만행에 대한 조용하지만 결연한 고발이 되었다. 오브라이언은 '오점을 남긴 병사'인 자신들을 그림으로써 '미국의 추악함'과 무언중에 대치했다. '진짜 전쟁 이야기를 한다'는 것이야말로 진정한 진수이고 사죄이고 고발이고 작가 자신의 자기척결이라는 것을 이 젊은 작가는 제대로 직관했다.

팀 오브라이언 작품의 역자인 무라카미 하루키가 지하철 사린 사건 피해자에 대한 인터뷰집 『언더그라운드』(1997)에서 시도하려고 한 것도 그와 비슷한 것이라고 생각한다. 인터뷰를 한 동기를 무라카미는 다음과 같이 설명했다.

> 인터뷰의 개인적인 배경의 취재에 많은 시간과 부분을 할애한 것은 '피해자' 한 명 한 명의 얼굴들의 세부를 조금이라도 명확하고 생생하게 부상시키고 싶었기 때문이다. 거기에 있는 몸을 가진 인간을 '얼굴이 없는 많은 피해자 중 한 명'으로 끝내고 싶지 않았기 때문이다. '직업적 작가'라는 것도 이유일지 모르겠지만 나는 '종합적인 개념적인' 정보에 그다지 흥미를 가질 수 없다. 한 명 한 명의 인간의 구체적인 ― 교환 불가능한 양상밖에 관심을 가질 수 없기 때문이다. (무라카미 하루키, p. 35)

우연히 무라카미는 여기서 가토와 똑같이 '얼굴'이라는 말을 사용하고 있다. 피해자의 '얼굴'은 이 사건에 대한 대중 매체와 관계기관의 두루뭉술한 대응에 첨예하게 대립하고 있다.

이 사건을 보도하는 데 있어 대중 매체의 기본자세는 '피해자＝

무구한 자=정의'라는 '이쪽'과 '가해자=더러운 자=악'이라는 '저쪽'을 대립시키는 것이었다. (무라카미 하루키, pp. 691-692)

더러움을 전부 저쪽에 돌려놓고 이쪽을 깨끗한 것으로 하는 이원론적 해석에 안주하고 있는 한 무의미하게 죽은 자들을 추도하는 것도 다음의 사자를 방지하는 것도 가능할 수 없지 않느냐고 무라카미는 묻고 있다.

즉 옴진리교라는 '사건/현상/일'을 순전히 다른 사람의 일로서, 이해하기 어려운 기형적인 것으로서 저쪽에서 쌍안경으로 들여다봐서는 우리는 어디에도 갈 수 없는 게 아닌가 생각한다. 설령 그렇게 생각하는 것이 조금의 불쾌함을 동반한다고 하더라도 자신이라는 시스템 내에 혹은 자신을 포함한 시스템 내에 어느 정도 포함되어 있을지도 모르는 것으로서 그 '사건/현상/일'을 검증해나가는 것이 중요한 게 아닐까? (무라카미 하루키, p. 692)

'대립자'(지금 문맥에서 말하자면 '옴진리교 사람들')를 포함한 형태로 그 오점과 치욕을 스스로의 내부에 포함하고 있는 '우리'의 양상의 검증을 무라카미는 여기서 제언하고 있다. 우리는 여기에 가토가 시사하는 '대립자를 포함한 형태로 자신들을 대표하려고 하는 발상'에 가까운 것을 느낀다.

실제로 지하철 사린 사건에 관해서는 정의와 악의 이원론으로 모든 것을 정리하는 사고 정지에 빠져 있는 언론과 '그날 실제로 무엇이 일어났는가'를 (현장의 판단 미스와 위기 관리 체제의 파탄을 포함해서)구체적으로 공개하는 것에 강한 압력을 행사하고 있는 '시스템'은 공범 관계에 있다.

이 두 종류의 퇴폐에 직면해서 무라카미가 느낀 위기감은 전후의 언설 편성에 관해 가토가 느끼고 있는 위기감과 가까운 것이라고 생각이 든다. 무라카미 책에 나오는 '옴진리교'라는 말을 '제2차 세계대전'이라고 바꿔 쓰면 '더러움/추악함'을 포함한 형태로 그것을 통째로 삼킬 수 있는 거대한 이야기를 구축하지 않으면 우리는 '악몽'에서 '정말로 도망갈 수 없다'고 결론 내리는 무라카미의 생각이 가토에 아주 가깝다는 것을 알 것이다.

기묘하게도 무라카미 하루키는 이 일과 병행해서 장편소설 『태엽감는 새』(1994-1995)를 위해서 1939년의 할힌골 전투*사건을 조사했다. 그리고 "자료를 조사하면 조사할수록 그 당시 제국육군의 운영 시스템의 조잡함과 우둔함에 거의 할 말을 잃어버리고 말았다. 왜 이러한 무의미한 비극이 역사에서 헛되게 간과되고 말았던 것일까?"(무라카미 하루키, p. 720) 하고 놀라고 있다.

'어리석은 작전의 희생자가 되어 죽어간 이름도 모르는 병

사들은 성불하지 못한다 - 체면이 서지 못한다'는 무라카미의
탄식은 '이름도 없는 병사들'에게 고유명을 탈환시키려고 한
『레이테 전기』와 똑같이 '무의미한 죽음을 무의미한 채로 이야
기하는 것'에 당도했다. 그 의미에서는 『태엽감는 새』는 무라
카미의 주관적 의도가 무엇이든지간에 『레이테 전기』의 계보
를 잇는 '진혼의 이야기'이다.

그러나 팀 오브라이언과 무라카미 하루키는 결코 특이한 예
는 아니다. 애당초 '무의미한 죽음을 어떠한 정당화 유의미화
하는 언설에도 회수시키지 않고 "무의미한 것"으로서 말해 내
는 것'이야말로 아마도 문학의 고유한 사명 중 하나일 것이다.

'무의미한 죽음을 의미 지으려고 하는 시스템'에 저항해서
'무의미한 죽음은 무의미'하다고 계속 말하고 죽임을 당한 청

---

* 1939년 5월부터 8월까지 몽골과 만주국의 국경 지대인 할하 강 유역에서
소련군과 몽골군과 일본 제국의 관동군, 만주국군의 전투를 말한다. 당시
만주는 일본 관동군이 장악하고 있었는데, 노몬한 부근은 국경선이 확실
치 않아 잦은 분쟁이 일어났다. 1939년 5월 11일 몽골군 기병 70~90명이
할하 강을 건너오자 일본군은 이를 불법 월경으로 간주하여 할힌골 전투
가 일어나게 된 것이다. 이 전투에서 일본군은 소련군에게 참패하여 소련
이 요구하는 대로 할하 강을 경계로 만주국과 몽골의 국경선이 확정되었
다. 또한 양국은 소련-일본 불가침 조약을 맺게 되었고, 바르바로사 작전
이후 독일이 소련의 극동을 공격해달라는 요청을 계속했음에도 불구하고
일본이 끝까지 소련과 맺은 조약을 지킨 것도 바로 이 전투의 패배의 영
향이 컸다. 한국에서는 일본 기록의 영향으로 '노몬한 사건'으로 알려져
있다.

년의 이야기가 제2차 세계대전 후 세계적인 베스트셀러가 되었다. 주인공은 가장 사랑했던 어머니의 죽음에 눈물을 흘릴 권리를 누구에게도 주지 않는다. 엄마의 죽음이 '옳은 복상'의 몸짓에 의해서 공공적인 사건이 되고 익명화되고 그 생생한 무의미성을 상실하는 것에 저항해서 청년은 어머니의 장례식 날에 해수욕을 가고 희극 영화를 보고 웃고 여자들을 침대에 부른다. 그 비정한 모습은 급기야 그의 재판에서 그의 비인간성의 증거로서 채택되고 그를 사형대에 보내는 한 가지 원인이 된다.

'무의미한 죽음을 무의미한 채로 추도하는 것'의 곤란함 그것이 카뮈의 『이방인』의 주제이고 그것은 아마도 문학 그 자체의 주제로 통하고 있다고 우리는 생각한다. 그러한 문맥에서 본다면 가토의 『패전후론』은 '국민국가와 전쟁'이라는 정치적 논건을 새삼 문학의 틀 안에서 고쳐 다루어보려고 한 시도라고 할 수 있을 것이다.

그러나 안타깝게도 이 저작을 둘러싼 논쟁 중에서 가토가 문학적 전통의 '정통을 이어받는 계보'의 입장에서 말하고 있는 것을 자각한 자는 거의 없었다.

3

가토가 『패전후론』에서 전개한 문학적 '국민주체'론에 격렬한 반론을 제기한 것은 철학자 다카하시 테츠야이다. 이 논쟁은 '역사 주체 논쟁'으로서 그 후 많은 논자를 끌어들이게 되는데 여기서는 가장 단적인 비판 형태를 보기 위해서 다카하시 테츠야의 소론을 검토하는 것에 한정하고자 한다.

『패전후론』을 통렬히 비판한 『오욕의 기록을 둘러싸고』(1999)에서 다카하시는 명쾌하게 "사자에 대한 책임이라는 것은 무엇보다도 먼저 기억의 책임이다"(다카하시 테츠야, p. 189)라고 썼다.

다카하시는 일본군 위안부 문제에 관해서 "이 오욕의 기억의 정착은 일본의 '국민국가'의 아이덴티티의 상실로 연결될 수밖에 없는 위협이라고 느낀다고" 하는 보수파의 입장을 물리치고 오히려 이 '오욕의 기억'의 정착을 국민 주체성의 기반에 둘 것을 주장한다. "이러한 사자들에 대한 책임은 적어도 사건의 전모를 밝히고 그 법적 정치적 책임의 소재를 엄밀하게 규명하는 것 없이는 이루어 낼 수 없다"(다카하시 테츠야, p. 191).

사자들이 구체적으로 어떻게 고통을 받고 어떻게 죽어갔는지 그 '전모를 밝히는' 것 그 '전모를 밝힐 수 있을 것 같은 주체'를 만드는 것을 다카하시도 바라고 있다.

그러나 그것은 『레이테 전기』와 『언더그라운드』의 저자들이 목표로 했던 '애도'의 방식과는 미묘하게 다르다. 그것은 '애도'를 위해서라기보다는 '규명'을 위한 '진혼'을 위하기보다는 '심문'을 위한 기억의 재현이기 때문이다. 과거에 상처를 준 타자들로부터의 심문에 대해서 스스로의 유책성을 자각하고 무한히 부끄러움을 느끼는 '우리', 그것이야말로 전후 책임을 받아들이는 주체가 되어야 한다는 것이 다카하시의 주장이다.

> 오랜 망각을 거쳐서 역사의 암운으로부터 모습을 드러낸 전 위안부들, 그녀들 한 명 한 명의 얼굴과 시선은 '오욕을 버리고 영광을 추구해서 앞으로 나아가는' '국민국가'의 허위 혹은 자기기만을 가장 통렬하게 고발하는 '타자'의 얼굴, '이방인' 내지 '과부'의 시선이 아닐까? 이 오욕의 기억, 부끄러워해야 할 기억은 '영광을 추구해서' 버려져야 할 것이 아니라 오히려 이 기억을 유지하고 그것을 계속 부끄러워하는 것이 이 나라와 이 나라 시민으로서의 우리에게 결정적으로 중요한 어떤 윤리적 가능성을, 나아가 정치적 가능성을 열어주는 것이 아닐까. (다카하시 테츠야, p. 190)

다카하시는 이 '자신의 유죄성의 인식으로부터 출발하는 아이덴티티의 구성'이라는 착상을 레비나스로부터 빌려왔다.

에마뉘엘 레비나스는 역사의 비참의 한가운데서 정의를 갈구하는 타자의 얼굴 '이방인, 과부, 고아'들의 얼굴을 보고 그 얼굴에 의해서 응시되었을 때의 '치욕'의 의식 중에 홀로코스트 시대의 '윤리'의 아슬아슬한 가능성을 발견했다. 자신의 무고를 순진하게 확신하는 주체는 '타자'의 얼굴과 눈에 의해서 그 추측에 근거한 판단을 근저로부터 심문당하고 자신이 무고하기는커녕 오히려 찬탈자이고 살인자이기도 하다는 것을 비로소 발견해 자기자신에 대해 수치를 느낀다. 그 부끄러움의 의식이 윤리적 책임에 대한 각성의 첫 걸음이다. (다카하시 테츠야, pp. 189-190)

다카하시가 인용한 것은 『전체성과 무한』(1961)에서 아마도 가장 유명한 구절일 것이다. 나는 이전 다른 곳에서 이 인용이 레비나스 윤리학의 '불가피의 참고문헌'이 된 것에 관해서 조금의 불안을 말한 적이 있다. 먼저 레비나스의 해당 구절을 다시 확인하기 위해서 인용해보기로 하자.

'동일자'의 심문―그것은 결코 '동일자'의 자아 중심적인 자아발생성의 내부에서는 이루어지지 않는다. 그것은 '타자라는 것'을 매개로 해서 이루어지는 것이다. '타자'의 현전에 의한 나의 자연발생성의 이 심문을 가리켜 우리는 '윤리'라고 이름 붙인다. '타자라는 것', '타자라는 것'의 이질성은 나의 '자아'에도 나의 사고에

도 나의 소유에도 귀속할 수 없는 사실, 그것은 다름 아닌 '윤리'
로서 나의 자연 발생성의 심문으로서 성취된다.

이것에 관해서 나는 다른 글에서 다음과 같이 쓴 적이 있다.

> 레비나스의 타자성론의 핵심은 이 일절에 집약되었다고 말해
> 도 좋다. 그러나 문제가 되는 것은 이 일절에서는 레비나스는 '심
> 문'에 관해서만 말하고 '사랑'에 관해서는 언급하고 있지 않다.
> (〈월경, 타자, 언어〉, p. 246)

레비나스의 시점에 따르자면 타자는 우리를 떨도록 만드는
동시에 유혹한다. 타자는 혐오의 대상인 동시에 동경의 대상이
다. 두려움과 연민, 욕망과 살의를 동시에 느끼게 만든다. 타자
의 이 고유의 나타나는 방식을 레비나스는 '얼굴'이라는 말로
표현했다.

> 인식은 그 대상을 '나의 것'으로서 파악한다. 인식은 대상을 소
> 유한다. (……) 그에 비해서 얼굴은 불가침이다. 그 눈은 전혀 무
> 방비이고 인간의 신체 중에서도 가장 적나라하게 드러난 기관이
> 면서 소유에 대한 절대적 저항을 나타내고 있다. 그리고 그 절대
> 적 저항 안에 살해에의 유혹, 절대적 부인으로의 유혹도 또한 각

인되어 있다. 타자는 사람이 살해의 유혹을 느끼는 유일한 존재이다. 이 살해로의 유혹과 살해하는 것의 불가능성 등이 얼굴의 비전 그 자체를 형태 짓고 있다. (에마뉘엘 레비나스, 『곤란한 자유』)

얼굴은 실로 '맑고' 더불어 '더럽다' 그것은 '위협적일 만큼 강대'하고 동시에 '무너질 것 같이 무르다'. 우리는 그것을 핏기가 가실 정도로 무서워하고 동시에 그것에 피가 끓는 듯 욕망을 느낀다. 타자의 얼굴이 우리 안에 일으키는 반응은 다양하고 늘 양가적이다. 그러한 타자의 '얼굴'의 이중성이 분열시키고 있기 때문에 우리의 타자에 대한 태도는 안정적인 형태를 취할 수가 없다. 우리는 타자를 어느 때는 우러러보고 어느 때는 내려본다. 어느 때는 두려워하고 어느 때는 경멸한다. 어느 때에는 달라붙고 어느 때는 애석해한다.

그래서 "타자는 '신'이고 동시에 '고아, 과부, 이방인'"이라고 레비나스는 말한다. 결코 정형에 회수할 수 없는 '나'와 '타자' 사이의 이 관계를 한마디로 정리해놓은 동사가 있다. 그것이 '사랑'이다.

레비나스가 의거하는 '성서'의 가르침에 의하면 우리가 타자를 만났을 때 취해야 할 태도는 때로는 위협하는 신 앞에 납작 엎드린 예언자와 같이 '이해할 할 수 없는 언어에 귀 기울이고 따르는 것' 때로는 오갈 데 없어 굶주린 '고아, 과부, 이방인'을 천막 안에 맞이하는 족장처럼 '받아들이고 친절하게 돌보고 노고를 치하하고 보호하는' 둘 중 하나가 되지 않으면 안 된다. 그렇게 해서 고대의 가르침은 이 '타자'를 '신으로서 혹은 고아, 과부, 이방인으로서' 받아들이는 것의 모든 함의를 '사랑한다'는 단지 하나의 동사 안에 집어넣었다. '신을 사랑하고 이웃을 사랑하라'.

레비나스가 말하는 '타자에 의한 나의 심문'은 결코 재판에서 '사건의 전모를 구명'하는 검사와 같은 권력적인 몸짓을 의미하고 있는 것이 아니다. 왜냐하면 레비나스가 '응답책임'을 말했을 때에 그 유책성은 우리에게 '진상 규명'을 추구하고 있는 것이 아니기 때문이다. 레비나스가 "나는 책임이 있다"라고 말할 때 그것은 '내가 저지르지 않은 비행에 관한 유책성'도 나아가서는 '자신이 피해자인 박해에 관한 유책성'조차도 포함하기 때문이다.

'심문'이라는 것은 내가 저지른 과거의 비행에 관한 심문糾問(추궁의 의미가 포함된)과 고발이 아니라 '타자'로부터 나를 향해서 오는 '지금 여기서 나에 대한 당신의 태도를 결정하고 형태로 해서 제시하라'는 절박을 의미한다.

그래서 이 '심문'에 대해서 우리가 취해야 할 정통적인 회답은 '사랑하는' 것 즉 두려워하고 환대하고 듣고 따르고 위로하

는 것이다. 그리고 그러한 행동을 통해서 '사랑할 수 있는 자'
로서의 '주체'가 만들어지게 된다. 그것이 레비나스가 말하는
'유책성=응답가능성'이라는 것의 의미라고 나는 해석한다.

> 얼굴 – 그것을 통해서 타자, 절대적으로 이질적인 것이 나타나
> 는데 그것은 '동일자'를 부정하거나 '동일자'에게 폭력을 행사하
> 는 것이 아니다. (……) 이 현전의 방식은 두드러지게 비폭력적이
> 다. 얼굴은 나의 자유를 침해하기는커녕 나의 자유를 유책성으로
> 가까이 불러들여서 나의 자유를 기초 짓기 때문이다. 비-폭력이
> 기 때문에 얼굴은 '동일자'와 타자의 복수성을 유지한다. 얼굴은
> 평화를 의미한다. (에마뉘엘 레비나스, 『전체성과 무한』, 1961, p.
> 178)

왜인지 모르겠지만 대부분의 일본의 레비나스 소개자들은
레비나스가 '사랑'과 '평화'를 역설하고 있는 것에는 충분한 관
심을 기울이지 않았다. 레비나스는 마치 이단심문관처럼 관용
이 없는 '심문의 철학자'로서 그려져 있다. 그리고 '타자'의 이
름에서 '나'의 권력성을 고발하는 준엄한 심판의 장에서 그 이
름이 반복되어 인용되고 있다. 아마도 철학자들은 '사랑'에 관
해서 말하는 것보다도 '심문'에 관해서 말하는 편을 선호할 것
이다.

그러나 그 결과 '타자성의 철학'은 아주 스트레스로 가득한 사상적 풍토의 형성에 관여하게 되었다. '타자와의 만남'은 우리 자아의 권력성, 자아중심성을 심문하고 고발하고 괴란시키는 경험, 단적으로 부끄러움을 강요하는 계기로서 해석되었기 때문이다.

철학자들은 '타자의 현전에 의한 자아의 권력성의 심문'이라는 말을 반복해서 인용했다. 그리고 아마도 '심문'은 의사-사법적 술어로부터의 연상으로 그들은 심문을 받는 자가 한편에 있는 이상, 다른 한편에는 '심문하는 자'가 있을 것이라고 인습적으로 추론한 것이다. 그리고 '우리의 안일한 삶이 타자의 희생 위에 성립하고 있다는 것을 알게 하려고 하는 사람들'을 '심문자'로 정한 것이다.

물론 우리에 의해 수탈당하고, 우리의 물질적 안일의 희생자가 되어서 그 생활 기반과 환경을 빼앗긴 사람들이 우리 눈앞에 나타나면 우리는 죄책감을 느낄 수밖에 없다(과거 구식민지 사람들 앞에서 서구의 좌익지식인들이 부끄러움을 느낀 것처럼).

그때 심문을 받은 서구의 지식인들은 자신들은 지금 '유책성을 충분히 의식하고 있는지 아닌지'의 평가를 받고 있다는 식으로 생각했다. 충분히 부끄러움을 느끼고 있는 자는 '용서' 받고 부끄러움이 부족한 자는 더 반성을 촉구받는다고.

그러나 타자를 앞에 두고 나 자신의 유책성에 혼자서 부끄러움을 느끼는 것과 개전改悛의 여지가 충분히 있다는 것을 공공적으로 호소해서 이것저것 증거를 내보이는 것은 꽤 종류가 다른 행동이다. 특히 '개전'이 일종의 '특권'과 링크하고 있을 때에는 말이다.

비-서구 세계에 대한 개전을 선취하면 서구 세계 내부의 국소적인 위계에서는 불패의 포지션을 손에 넣을 수 있다는 이 사실은 1952년의 『반항적 인간』을 둘러싼 논쟁에서 장 폴 사르트르가 논적 카뮈를 무참하게 두들겨 팬 것으로 확실해졌다. 그때 사르트르는 제3세계의 피억업자들 앞에서 머리를 숙이고 침략자 찬탈자인 제국주의 프랑스의 부르주아인 자신을 부끄럽게 생각하고 그렇게 해서 손에 넣은 '개전 완료'의 특권에 기초해서 모든 부르주아 지식인 위에 군림한 것이다.

그런데 사르트르가 공리적인 동기로부터 개전한 것이 아니라고 나는 믿고 있다. 그는 순수한 마음으로 프랑스의 부르주아라는 것을 부끄러워했음에 틀림없다. 그러나 결과적으로 그는 동포보다 빨리 부끄러움을 느낌으로써 동포의 개전의 정도를 평가하는 '심문관'의 특권을 손에 넣었다. '타자의 이름으로 심문하는' 권리를 손에 넣었다. 그리고 부끄러워함으로써 그가 손에 넣은 것은 그것을 통해서 그가 '잃은 것'보다 아마도 컸을 것이다.

나는 사르트르가 틀렸다고 말하고 있는 것이 아니다. 사르트르는 옳다. 너무 옳을 정도로 옳다. 그러나 '너무 옳다'는 것은 때로는 '옳음이 부족하다'와 같은 정도로 유해할 수 있다.

*

가토에 대해서 논의하면서 다카하시가 매달렸던 것은 '자국의 3백만 사자들의 애도를 아시아의 2천만 사자에 대한 사죄의 앞에 둔다'는 전후관계이다. '아시아의 사자에 대한 책임은 당연히 가해 책임이고 일본의 죽은 병사들은 침략자인 더러운 사자였다고 인정하면서 왜 그 침략자에 대한 애도를 피해자에 대한 애도와 사죄의 앞에 둘 것을 추구하는가'(다카하시 테츠야, pp. 194-195)라고 다카하시는 묻는다. 다카하시는 그리고 다음과 같이 말한다.

> 일본의 '사자'에 대한 애도는 무엇인가? 물론 나는 설령 '침략자'였던 사자도 사자가 된 육친, 우인, 지인 등을 '애도'하고 조문하고 싶다는 남겨진 자의 욕구를 이해한다. 그러한 욕구는 이렇게 말해도 좋다면 '인간 일반의 기본욕구'이고 가토가 '나라에 의한 사자의 진혼'으로부터 구별하고 있는 것처럼 '국가'에는 회수 불가능한 욕구일 것이다. (다카하시 테츠야, p. 195)

우리가 오오카 쇼헤이와 팀 오브라이언, 무라카미 하루키의 예에서 본 것처럼 여기서 말하는 '애도'는 '인간 일반의 기본적 욕구'만큼 소박한 것이 아니다. 그것은 사자의 영을 진정시키는 것과 동시에 사자의 죄과를 백일하에 드러내서 자신의 사악함을 척결하고 정의와 사악의 이원론으로부터 과감하게 이별을 고하는, 몇 가지 곤란한 작업을 동시적으로 이룰 수 있는 구체적이고 터프한 '이야기'를 구축하는 것을 의미하고 있다.

'애도'는 '인간 일반의 기본적 욕구'라고 하는 즉흥적 정서가 아니라 고도로 지적인 긴장을 필요로 하는 시도이다. '애도'한다는 것은 뭔가를 어둠 속에 밀어 넣어서 망각하기 위한 행위가 아니라 오히려 어둠 속에 애써 밀쳐 놓아두었던 것을 애처로울 정도로 노출시키는 행위가 될 터이다.

다카하시는 그것을 빠트리고 읽고 있다. 그래서 "만약 우리가 그 전쟁은 '침략 전쟁'이었다는 판단을 자신의 판단으로서 받아들인다고 하면 당연히 '침략자'들의 책임을 묻지 않으면 안 되지만 그러한 일이 사자에 대한 '애도'와 '조문'에 의해서 애매하게 되어서는 안 된다(다카하시 테츠야, p. 195)는 말을 하고 있는 것이다.

남경의 학살자들, 731부대의 대원들, 일본군 위안부를 성노예로 삼은 병사들 그 밖의 이런 저런 침략자들의 '비극'에의 애도를 그들의 '희생'이 된 사람들의 '비극'에 대한 책임보다도 '앞에 두는 것'은 윤리적으로도 정치적으로도 할 수 없는 일이다. (다카하시 테츠야, p. 198)

가토와 문학의 가능성을 믿는 사람들이 바라고 있는 것은 다름 아닌 "남경의 학살자들, 731부대의 대원들, 일본군 위안부를 성노예로 삼은 병사들"이 구체적으로 어떠한 형태로 그 행위를 했는지를 압도적인 사악함, 그리고 그 비극적인 무의미함과 함께 '그 내부로부터' 즉 '우리의 경험'으로서 다시 한 번 처음부터 말해보는 것이 아니었을까. 그리고 그러한 '침략자'의 심성을 조직적으로 만들어내고 아마도 지금도 재생산하고 있는 이 나라의 시스템에 육박하는 것이 아니었을까.

*

다카하시는 다음과 같이 결론을 내리고 있다.

침략자인 자국의 사자를 향하는 책임이라는 것은 사자로서의 사자에 대한 필연적인 애도와 조문도 아니고 하물며 국제사회 안에서 그들을 '감싸는' 것도 아닌 무엇보다도 침략자로서의 그들의 법적 정치적 도의적 책임을 고려해서 그들과 함께 그리고 그들을 대신해서 피침략자에 대한 속죄를 즉 사죄와 보상을 실행하는 것이 아니면 되지 않는다. (다카하시 테츠야, p. 198)

다카하시는 옳은 판단을 희구한다. 엄정한 판단과 정의의 집행은 우리가 집단적으로 살아가기 위해서는 절대로 필요한 것이다. 그러나 그것만으로는 전쟁 책임론에서 노출한 '타자' 문제를 다룰 수가 없다.

한나 아렌트가 홀로코스트에서 유대인 지도자의 책임을 문책했을 때 게르숌 숄렘은 그녀의 비판은 너무나도 비극적 상황에 있었던 동포에 대한 배려가 결여되어 있다고 비난했다. 그러나 다카하시는 '동포에 대한 배려'보다도 '정의'를 우선시한 한나 아렌트의 손을 들어주었다.

이전에 한나 아렌트는 (……) 설령 '동포'에 대해서라도 하더라도 판단하는=재단하는 책임을 회피할 수 없다는 의미의 말로 대답했다. 전쟁 책임의 문제도 이 의미에서 판단의 문제이지 '자국의 사자'를 감싸는 것과 같은 '안쪽을 향한' 태도로 이것을 생각해서는 안 된다. (다카하시 테츠야, p. 196)

'재단'이라는 말에 대한 일종의 집착이 잘 보여주고 있듯이 다카하시는 '전쟁 책임을 진다'는 것을 오로지 '진상 규명'과

'죄에 대한 속죄'라는 사법적인 문제로 다루고 있다. '재단'이 정의를 목표로 이루어지는 것에 이견이 있는 사람은 없다. 그러나 타자에 대한 책임은 '정의'의 성취만으로는 이루어질 수 없다는 것은 다카하시 자신이 논거로서 반복해서 인용하는 레비나스의 주장이다. '재단'하는 것, 정의의 폭력을 행사하는 것 그것은 필요하다. 하지만 그것만으로는 부족하다. 이것은 레비나스의 유책성론의 핵심적인 주장이다.

'재단'이라는 것은 의제적으로 '무구한 자'와 '더러운 자'를 구별 짓는 것이다. '재단'하기 위해서는 사람들을 동일한 수준으로 나열해서 동일한 척도를 갖고 그 유죄성을 비교 계량하지 않으면 안 된다. '인간은 어떤 일반적인 기준에 기초해서 비교 계량하는 것이 가능하다'는 전제가 없으면 '재단'은 성립하지 않는다. 레비나스는 이런 식으로 사람들을 '동일한 종류에 귀속시키는 것'을 '그리스적 예지'라고 불렀다.

'타자를 비교하는 것'. 다카하시 앞에는 두 종류의 타자가 있다. '침략을 자행한 죽은 병사들'과 '아시아의 사자들'이다. 다카하시는 '이 양자 중 어느 한쪽을 '비非'로 하고 어느 한쪽을 '이理'로 할 것인가'와 같은 식으로 물음을 세운다. 죽인 것은 누구인가, 약탈한 것은 누구인가, 모두 불태운 건 누구인가, 저질렀던 것은 누구인가. 결론은 자명하다. 이렇게 해서 정의는 성취된다. 그러나 이럴 때 재단하는 자는 어떤 근원적인 모순과 조우하게 된다. 레비나스는 다음과 같이 썼다.

> 랍비들의 이야기를 들어보면 성서 안에 하나의 모순이 있다. 어떤 성구는 '재단을 하는 자는 개인의 얼굴을 봐서는 안 된다'라고 나와 있다. 즉 재판을 하는 사람은 자신 앞에 있는 자를 봐서는 안 되고 그 자의 개별적인 사정을 참작해서는 안 된다. 재단을 하는 사람으로부터 보면 피고는 단지 고발에 책임을 져야 할 사람 그 이상도 그 이하도 아니기 때문이다. (에마뉘엘 레비나스·프랑수아 푸아리에,『폭력과 성성聖性』)

재판을 하는 사람은 피고의 '얼굴'을 봐서는 안 된다. 피고의 얼굴을 바라보고 각각의 개별적인 사정을 알고 그 내면을 접하게 되면 준엄한 정의의 집행을 망설이게 되기 때문이다. 한 명 한 명의 병사들이 각각 다른 생각을 갖고 (그중에는 강한 저항감과 위화감을 계속 안고 있으면서) '침략'에 가담한 것을 알게 되면 단죄는 어려워진다. 그래서 재판하는 자는 '얼굴'을 봐서는 안 된다.

그러나 '재판' '재단' '정의'만으로는 타자와의 만남은 성립하지 않는다. 애당초 정의가 희구된 것은 타자의 고통에 의해서 흔들려 움직이게 된 것이 아니었던가. 상처받은 인간성에 대한 배려가 정의를 추구한 것은 아니던가?

다카하시가 정의를 희구하게 된 것은 그가 '오랜 망각을 거쳐서 역사의 어둠에서 모습을 드러낸' 얼굴을 직시하고 말았기 때문이다. 정의를 요청하고 있는 것은 다카하시의 '자애의 과잉'이다. 누구에게 강제당한 것도 아니다. 의무로서 부과된 것도 아니다. 순전히 자발적인 그 안의 '타자에 대한 사랑'이 준엄한 정의를 불러내었을 것이다.

먼저 기원에 '자애의 과잉'이 있다. 그것이 엄정한 재단과 정의의 집행을 요구한다. 그러나 피고도 또한 '대체할 수 없는 유책자'로서 누구에 의해서도 대체할 수 없는 고유의 '얼굴'을 갖고 있다. 그 '얼굴'을 봐버리면 재단을 할 수 없게 된다. 그것 때문에 '재단하는 자'는 일부러 얼굴을 보지 않는다. 그러나 일단 재단이 내려졌을 때에 사람은 다시 '자애의 과잉'으로 귀환한다. 우리는 고개를 숙이는 피고의 '얼굴'을 응시하고 '어떻게든 재단의 엄정함을 수정하려고' 고심하게 된다. 단죄를 당한 사람들을 위해서 '정의의 준엄함을 완화해서 개인적인 호소에 귀를 기울이는 것' 그것이 우리 한 명 한 명이 해야 할 다음의 일이다.

레비나스가 역설하고 있는 것은 이 '자애'와 '정의'의 끝없는 순환이다. '재단'과 '용서'의 빙빙 도는 교체이다. 그것이 레비나스의 타자 경험이다. 앞에서 나왔던 한나 아렌트의 예로 말하자면 동포의 아픔을 돌보지 않고 진상을 규명하려는 것은 옳게도 '정의'의 일이다. 그러나 정의를 추구해서 돌진한 똑같은 정신이 재단 후에 자신이 찢어 까발린 동포의 상처 부위에 붕대를 감아주기 위해서 돌아오지 않으면 즉 '용서'와 '자애'가 동반되지 않으면 아렌트는 홀로코스트의 '상처'의 경험에 정당하게 마주한 것이 되지 않는다, 라고 레비나스라면 말할 것이다. 레비나스는 결코 복잡한 논리를 전개하고 있는 것이 아니다. 어떤 의미에서는 거의 '평범한' 진리를 말하고 있는 것에 지나지 않는다. 정의가 너무 준엄하지 않도록, 용서가 사악함을 방치하지 않도록.

정의가 너무 준엄하지 않도록, 정의를 휘게 하는 시도가 이루어지지 않는 한 단죄당하고 형을 선고당하고 매장된 죄인을 위해서 '애도하는' 자가 없는 한 폴뤼네이케스의 시체를 매장하는 안티고네가 출현하지 않는 한 '사태'는 끝나지 않는다. 가토는 필시 패전 후를 끝내기 위해서는 이 마지막 '애도'가 이루어지지 않으면 안 된다는 문학자다운 직관에 이끌려서 『패전후론』을 쓴 것이다.

4

우리는 본고에서 전쟁론의 언설을 새롭게 정리하고 자신들이 직면하고 있는 문제의 소재를 가능한 한 밝혀왔다. 마지막에 고바야시 요시노리의 『전쟁론』에 관해서 한마디 덧붙이고 논고를 마치고자 한다.

'전쟁론'이라는 제목이 붙은 언설군 중에서 압도적인 발행 부수를 자랑하는 것은 클라우제비츠도 아니고 니시타니도 아니고 다키도 아니고 고바야시 요시노리이다. 사회적 영향력이라는 점에서는 정치한 논리 구성을 가진 이러한 사상가들의 책보다도 아마도 고바야시의 만화가 앞설 것이다.

자신 이외의 모든 권위에 대한 공공연한 반대자였던 고바야시의 '새로운 역사교과서를 만드는 모임' 참가에 대해서는 많은 논자들이 뭇매에 가까운 비판을 했다. 그러나 그러한 비판들은 아무리 논리적이든 정합적이든 '질서 문란자' 고바야시 요시노리가 최종적으로 '기성'의 프레임워크에 착지하고 만 것의 중대함을 충분히 의식하지 않는 것 같다.

나는 이데올로그로서의 고바야시의 소론에 별로 관심이 없다(똑같은 것을 좀 더 논리적으로 니시오 칸지나 니시베 스스무, 후지오카 노부카츠가 쓰고 있다).

그러나 에이즈 약해藥害 사건에 대한 헌신적인 참여와 옴진리교와의 장절한 투쟁을 통해서 전후의 언설 공간, 즉 언설의 자본주의적인 시장을 대중 매체부터 우익까지 모든 기성 권위에 침을 뱉은 퍼포먼스를 무기로 살아남은 한 명의 표현자가 세기말에 이르러서 '국민국가라는 공적권위의 재건'이라는 평범한 결론에 이르게 된 사실은 나를 깊은 절망을 동반한 피로감 속에 빠트리고 말았다.

결론부터 말하자면 가토가 받아들이려고 한 것이 안티고네적인 '상喪의 작업', 사자들을 영원히 편안하게 잠들게 하기 위한 진혼의 의식인데 비해서 고바야시와 그의 동료들인 네오내셔널리스트가 추구하고 있는 것은 오히려 사자를 흔들어 깨워 그들에게 '지금 여기서' 일을 시키려고 하는 '반혼反魂'의 의식이라는 생각이 든다.

예를 들면 『전쟁론』제15장은 '통쾌한 전쟁 체험'이라는 제목이 붙어 있고 어떤 육군 장교의 종군 경험을 재현한다. 그 수십 페이지와 오오카 쇼헤이의 『레이테 전기』는 똑같이 포성과 총성 속에서 쓰러진 병사들을 그리고 있다. 그러나 오오카 텍스트는 한 줄씩 읽어나가다 보면 점차 사자들의 비통한 목소리가 가라앉는 것에 비해서 고바야시의 만화에는 사자들을 무리하게 무덤으로부터 흔들어 깨워 걷게 하는 인공적인 냄새가 난다. 어디까지나 개인적인 인상에 지나지 않지만 똑같이 전장의 병사들을 그리고 있으면서 한 편의 고요함과 다른 한편의 소란스러움은 대비적이다. 이것은 단순히 문학과 만화라는 매체의 차이가 아니라 병사들의 '애도'를 위해서 무엇을 해야 하는가, 라는 물음에 대해서 고바야시가 '문학자'들과는 다른 대답을 내놓은 것에 기인한다고 생각한다.

고바야시는 사자를 편안하게 잠들게 하려고 하지 않는다. 그들에게는 '일'이 있는 것이다. 그것은 고바야시 자신의 이데올로기적 입장의 옳음의 '증인'이 되는 일이다. 문학자들이 '사자들의 증인'이 되려고 하는 것에 비해서 고바야시는 '자신의 증인'으로서 사자들을 소생시킨다.

카뮈가 『이방인』에서 시도한 '무의미한 사자를 그 무의미함 속에서 애도하는' 진혼의 의례는 사자를 우리의 '현재의' 의미 시스템 안에 회수해서는 안 된다는 강한 금욕에 동기 지워져 있었다. '얼굴'은 '의미'하지 않는다. 그래서 얼굴에 의미를 지웠을 때 그것은 더 이상 '얼굴'이 아니게 된다.

사자를 '침략자'로서 채찍질하기 위해서 불러내는 것도 사자를 '영령'으로서 그 공적을 밝혀 알리기 위해서 불러내는 것도 사자의 '얼굴'을 보지 않으려고 하는 점에서는 즉 '진짜 전쟁의 이야기'를 하지 않으려고 하는 점에서는 똑같은 몸짓을 반복하고 있다.

이 닫힌 언설 공간으로부터의 탈출을 위한 한 걸음을 내딛는 것은 가능할까? 아마도 가능하다고 나는 믿는다. 그것은 '재단'과 '용서'를 동시에 시행할 수 있는 '이야기'의 힘에 다시 한 번만 우리의 판돈을 거는 것이다. 곤란한 일이지만 지금 우리가 첫걸음을 내딛는 길은 그것밖에 없다.

유사법제에 관해서

2003년 6월 결국 유사관련법이 국회를 통과했다.

작년은 이 법제에 대한 반대론이 꽤 언론을 떠들썩하게 했는데 올해는 민주당의 대안과의 조정이 성공해서 국회의원의 90퍼센트가 찬성했기 때문에 반대 운동도 별로 기세를 얻지 못했던 것 같다.

유사법제에 관해서는 2002년 여름 무렵 다음과 같은 글을 어느 통신사에 기고한 적이 있다. 법안 그 자체에 관한 기본적인 생각은 1년 지나서도 바뀌지 않았기 때문에 여기에 다시 기록하고자 한다.

일본이 외국 무장 세력에게 국토를 유린당한 것은 가장 가까운 역사가 1945년의 오키나와전으로 그 전이 언제인가 하면 1274년과 1281년의 원구元寇*까지 거슬러 올라간다. 국소적인 것으로서는 1863년의 사츠에이전쟁**과 1864년의 시모노세키전쟁***이 있을 뿐이다.

단순 계산을 하면 우리나라가 '유사有事'를 경험한 것은 '유사有史 이래' 네 번. 평균 인터벌은 182년. 두 개의 상징적인 양이攘夷의 전투를 제외하면 평균 인터벌은 364년이 된다. 역사에 평균을 가져오는 것은 의미가 없지만 굳이 그 의미도 없는 평균을 내보면 '다음에 일본이 외국 무장세력에 본격적으로 침략당하는' 것은 2309년 무렵이다.

몽골제국은 당시 세계 최강의 무력을 자랑해서, 러시아를 물리치고 크리미아 반도까지 약탈했다. 사츠에이전쟁 상대인 영국은 아편전쟁으로 청을 굴복시키고 시모노세키에서 조슈

---

* 1274, 1281년 두 번에 걸쳐 원나라의 군대가 규슈九州를 침공했으나 실패로 끝났다.

** 1863년 7월, 나마무기生麦 사건의 책임을 추궁하기 위해 가고시마만鹿兒島湾에 진입한 영국함대와 사츠마번薩摩藩 사이에서 벌어진 전투. 같은 해 10월 화의和議가 성립하여 사츠마번이 책임을 인정했고 이후 쌍방은 우호관계에 들어갔다.

*** 시모노세키 전투는 일본 시모노세키 해안의 토착 제후세력인 조슈번長州藩과 미,영,불,화란의 4개국 연합함대간의 시모노세키 해협의 지배권을 놓고 1863년부터 1864년까지 벌어진 일련의 군사 충돌을 말한다.

번長州藩을 물리친 프랑스 육전대는 인도차이나를 식민지로 만든 기세를 보였다. 영국과 프랑스는 19세기를 대표하는 제국주의국가이다.

즉 '유사'라는 것은 엄밀하게 역사적 어의를 고려해서 말하자면 충분한 대비도 없을 때에 압도적인 군사력을 갖고 있는 '세계제국'에 의해서 영토를 침범당한 경험을 가리킨다.

그 '유사'의 정의를 고려해서 다음 질문에 대답해주길 바란다.

왜 2002년 지금 '외국의 무장 세력에 의한 국토 침범'에의 대비가 긴급히 해결해야 할 정치적 과제로서 부상했는가, 그 세계사적 국제 관계론적 필연성에 관해서 400자 이내로 진술하시오.

물론 나는 이러한 난문에 대답할 수 없다. 애당초 도대체 누가 이런 난문에 대답할 수 있을까?

지금 국회에서 논의 중인 '유사' 법안 같은 것이 막부 말기에 다카스기 신사쿠와 사카모토 료마가 제기한 것이라고 한다면 나는 그 선견성을 평가할 것이다. 그러나 지금은 막부말기의 제국주의 열강에 의한 식민지 쟁탈전이 아무렇지 않게 이루어지던 시대와는 다르다.

조금 머리를 식히고 생각해보기로 하자. 도대체 누가 무엇을 위해서 어떠한 국제 관계론적 문맥에 의해서 일본을 무장

침략한다는 것인가? 우리 시대에 '세계제국'이라는 말이 무엇을 의미하는지 모르는 사람은 없다. 그렇다고 한다면 지금 급히 처리해야 할 '유사'라는 것은 '미국군에 의한 일본 침략' 이외에는 없다. 그런데 이 유사는 유사의 가능성에 들어 있는 것인가? 주일미군의 기동부대와 공정空挺*부대가 오키나와, 이와쿠니, 자마, 타치가와 등으로부터 속속 출격해서 주요 도시를 제압한 경우의 군사적 대응에 관해서 자위대 내부에서 지금까지 진지한 전략적 시뮬레이션이 이루어진 적이 있을까?

나는 없었을 것이라고 생각한다(아마도).

그런 시뮬레이션은 '하려고 해도 불가능'하기 때문이다. 시뮬레이션을 하는 사람들 자신이 미국의 세계 군사전략의 틀 안에서만 군사를 생각하도록 허용되어 있기 때문에. 그런데 그것과 똑같이 중국에 의한 침략도 러시아에 의한 침략도 일본 정부에 계신 분들도 자위대 분들도 아무도 진심으로 생각하고 있지 않다는 것을 의미한다. 만약 중국과 러시아가 일본을 침략하는 일이 있다고 하면 '없을 거라고 생각하지만' 그것은 미국과 뒤에서 이야기가 되었을 경우 이외에는 있을 수 없기 때문이다. 일본이 정말로 위기적 상황이라는 것은 어딘가의 나라

---

* 특정 임무 수행에 필요한 전투력과 지원 장비/물자를 항공으로 이동하는 부대. 공중 강습은 전투력만 이동.

가 일본을 침략하는 것에 관해 미국이 오케이 신호를 냈을 경우와 미국 자신이 일본을 침략하는 경우 두 가지밖에 없는 이상 '유사'라고 말하면서 현재의 '유사'법제는 일본이 정말로 위기적 상황에 관한 그 가능성을 구조적으로 배제하고 있는 것이 된다.

'유사'법안은 미국군이 일본 국내에 주둔해서 일본의 안전보장을 완전히 백업해주는 것, 국제연합 주도의 사회에 의한 제재 기능이 효과적으로 기능하고 있다는 것을 의심할 수 없는 전제로 상정하고 있다. 이러한 '전제'를 염두에 두는 상황을 우리는 보통 '유사'라고 부르지 않는다. '무사無事'라고 부른다.

결론을 말하도록 하겠다.

이 유사법안에 대해서 내가 진지하게 맞서고 싶은 마음이 들지 않는 것은 이 법안을 책정한 인간도 반대하고 있는 인간도 전원이 '정말로 일본의 국가주권이 위기적 상황'(그것은 일단 '미국을 적으로 해서 싸우는' 상황 이외에는 없는)은 절대로 오지 않는다는 것을 맘 편하게 믿고 있기 때문이다. 그래서 나는 이것을 '유사'법안이 아니라 '무사'법안이라고 부르고 싶다.

이런 문장을 1년 전에 썼다. 이라크 전쟁 후 지금 다시 읽어봐도 그대로 계속 사용할 수 있을 것 같다.

'유사'법제에 반대하는 사람들은 이것을 계기로 일본이 '군국주의화'되는 것은 아닐까 하고 논하고 있는데 이 반론에는 별로 설득력이 없어 보인다. 반복해서 말하는 대로 이 '유사'법제에 해당하는 것은 '미국의 극동에서의 정치적 군사적 영향력과 미군의 일본 국내 주둔'을 전제로 하고 있다. 그리고 자위대의 군비 확충과 '유사'법제의 정비를 일본에 권하고 있는 것은 바로 미국 정부이다.

과연 미국 정부는 일본이 과거의 대일본제국과 같은 군사대국이 되는 것을 바라고 있을까. 나는 바라고 있지 않다고 생각한다. 미국이 바라고 있는 것은 일본이 앞으로도 정치적 군사적으로 막 부려먹을 수 있는 미국의 극동에서의 '약한 같은 편'으로 계속 있는 것이다.

미국에게 가장 최상의 '약한 같은 편'의 정체는 북한과 구이라크와 같은 군사 독재정권이 아니다. 왜냐하면 이란과 이라크와 아프가니스탄의 선례가 보여주고 있듯이 '친미군사독재정권'은 '반미군사독재정권'으로 언제 방침 전환을 할지 전혀 예측 불가능하기 때문이다.

그래서 미국이 '약한 같은 편'인 일본에 바라는 'second best'의 선택은 '국론이 좀처럼 통일되지는 않지만 합의에 이르는 민주적 절차는 확보되어 있고 어느 정도의 군사력은 있지만 직업군인이 정치권력에 가까이 갈 수 없도록 구성된 정체政體'이다.

적어도 내가 미국 국민이라고 하면 그렇게 바랄 것이다. 그래서 미국이 일본의 군국주의화를 '바라는' 일은 있을 수 없다고 나는 생각한다. 이번의 '유사'법제는 고이즈미 수상이 자찬하고 있듯이 '페리 제독이 일본에 발을 디딘 이후 가장 일미관계가 양호한 시기'에 기안되어서 가결되었다. 그 의미는 "우리는 영원히 당신의 '약한 같은 편'일 것입니다"는 의사 표시라고 나는 생각하고 있다.

이 의사 표시는 현재의 일본 정부가 할 수 있는 것 중에 가장 현실적인 옵션 중 하나이다. 그것을 나는 인정하지 않을 수 없다. 그것은 이 '유사'법제에 대해서는 '한심하다'고 자조하는 것 외에는 비판의 방도가 막혀 있다는 것이기도 하다(한심하게도).

이 사대주의적 '유사'법제에 반대하는 논리로서 진정 유효한 것이 있다고 한다면 그것은 일단 하나밖에 없다. 그것은 '진짜 유사법제를 기안하는 것'이다. 일미안보조약을 폐기하고 미국과 호각으로 전쟁을 할 수 있을 만큼의 핵군사력을 가진 일본의 장래 구상을 시작하는 것이다. 적어도 향후 반세기 우리나라의 모든 자원을 군사력에 집중하는 문제에 관해서 국론을 통일하는 것이다. 말을 바꾸면 'L 사이즈의 북한이 되는' 선택지이다.

그러나 이 장래 구상에 공감하는 국민은 지금의 일본에는 없을 것이다. 국제 관계를 아주 단순화하면 일본에는 네 가지 옵션이 있다.

그것은 미국의 '강한 같은 편'이 된다. / 약한 같은 편이 된다. / 약한 적이 된다. / 강한 적이 된다. 이 네 가지이다. 일본은 지금 두 번째 옵션을 취하고 있다. 여기서 노선 변경을 하는 경우 현재 현실성이 있는 것은 인접하는 두 가지뿐이다. (지금 본 바대로 '강한 적'이 되는 옵션은 현실성이 희박하다.) '강한 우군'이 되든지 '약한 적군'이 되든지 둘 중 하나이다.

이른바 '오른쪽'에 계신 분들은 '강한 우군'이 되는 것을 바라고 있고, '왼쪽'에 계신 분들은 '약한 적'이 되는 것을 바라고 있다. 그리고 그 두 가지 장력이 절충된 점이 지금 우리의 포지션 즉 '약한 우군'의 포지션이다.

이 포지션을 일본은 전후 60년간에 걸쳐서 다소 좌우로 흔들리면서 일관되게 유지해왔다. 나는 이 포지션은 국내외의 모든 요인들의 '복합적 효과'라고 생각하고 있다. 좋고 나쁘고의 문제가 아니라 모든 요인들을 감안하면 '결국 이 장소밖에 없지 않아'라는 고심 끝에 내린 결론이다.

이번 '유사'법제를 일본의 보수 정치가와 관료들은 '강強' 쪽으로 하나만 눈금이 움직였다고 평가하고 있다. 그러나 그들의 그런 움직임 그 자체가 모두 미국의 세계 전략의 전술대로라는 사실을 그들은 자각하지 못하고 있다. 일본은 '유사'법제에 의해서 (미국을 가상적국으로 한 '유사'를 상정하는 정치적 상상력을 구조적으로 잃었다는) 정책 구상력의 취약함을 세계에 드러내고 말았다. 따라서 '유사'법제의 제정은 '일본이라는 나라의 어쩔 도리가 없는—구제하기 어려운—정치적 취약성'을 만천하에 알리고 만 의미에서 미국으로 봐서는 '약弱'으로 한 칸만 눈금이 이동한 것이라고 봐도 좋다. 즉 주관적으로는 '한 눈금만큼' '강'으로 가까워졌고 객관적으로는 '한 눈금만큼' 약으로 돌아간 것이다. 그래서 플러스마이너스 해보면 '원래 있던 곳에서부터 한 발자국도 움직이지 않았다'는 것이 제대로 된 평가라고 나는 생각하고 있다.

나는 이런 정치적 퍼포먼스야말로 실은 일본의 '독특한 기예'가 아닌가 하고 최근 생각하게 되었다. 일본은 '오른쪽으로 가거나 왼쪽으로 가거나 바둥바둥함으로써 결과적으로 아무 것도 하지 않고 끝나는' 전략을 21세기의 국제사회에서 살아남는 기본전략으로 정했을지도 모르겠다. 이 태산이 떠나갈 듯 요동쳤으나 뛰어나온 것은 쥐 한 마리뿐인 전략, 즉 예고는 거창하게 했으나 결과가 보잘것없었던 이 정치 퍼포먼스는 생각하기에 따라서는 '제국' 일원지배 시대를 살아남아야 하는 소국의 '지혜'일지도 모르겠다(내 생각이 틀렸을지도 모르겠지만).

제 3 장

왜 나는

심문의 어법으로

말하지 않는가

정의와 자애

『내셔널리즘과 위안부 문제』(1998)라는 책을 읽었다.

이것은 같은 이름의 심포지엄의 기록과 그것에 대한 코멘트로 구성되어 있는 논쟁적인 책이다. 논쟁에 참가한 것은 페미니스트와 마르크스주의자와 포스트모더니스트.

우에노 치즈코는 이 논쟁에서 비판의 십자포화를 맞고 만신창이가 되었다. 역사학자로부터 논증의 날림을 지적받았다면 어쩔 수 없다고 하더라도 페미니스트들로부터 '내셔널리스트'라고 불리게 되었다고 하면 자신의 부덕함 탓이라고 할까. 스스로 판 무덤에 떨어진 꼴이라고 할까. 우에노를 가장 통렬하게 비판한 것은 오카 마리라는 젊은 페미니스트이다. 이 사람의 쾌도난마의 논리는 과거 우에노가 논적을 향해서 사용한 것과 아주 흡사하다. 우에노는 이른바 스스로 단련한 무기로 공격을 당한 셈이다.

그런데 그 오카에게 결여되어 있는 것은 자신도 또한 언젠가 보다 젊은 세대로부터 같은 논리로 공략당하는 것은 아닐까 하는 것에 관한 상상력이다. 경험적으로 말하자면 '심문의 어법'에 의해서 누군가를 고발한 자는 언젠가 반드시 똑같은 어법으로 다른 누군가로부터 고발당하게 된다. 쏜 화살은 반드시 자신에게 돌아온다.

마르크스주의자도 페미니스트도 포스트모더니스트도 각각의 방식으로 지적으로도 윤리적으로도 성실하다는 것을 나는 인정한다. 특히 그들이 자신의 권력성과 이데올로기성을 검지檢知하기 위해서 자기 심문의 논리와 어법을 단련해온 것은 제대로 평가받지 않으면 안 될 것이다. 그러나 그들은 너무 '심문'이라는 행위에 고착하고 있는 것은 아닐까? 부르주아를 남권주의자를 부권제사회를 식민지주의를 그들은 선명하게 심문한다. 그리고 그렇게 심문하는 자신의 권력성까지 제대로 심문하는 것을 잊지 않는다. 완벽하다.

그런데 '심문하다'를 궁극의 동사로 하는 언설에 나는 아무래도 '볼썽사나움'을 느끼지 않을 수 없다. 누군가를 고발하고 단죄하고 탄핵하는 것이 그렇게 훌륭한 일일까? 그렇게 숭고한 행위일까? 그것을 통해서만 우리의 미래는 열리는 것일까?

나는 아무래도 그렇게 생각할 수가 없다.

정의에 대한 희구는 '불의에 의해 고통받는 사람들'의 고통을 상상적으로 공감하는 것부터 시작한다. 그래서 '심문'이라는 공격적인 행위를 동기 짓는 것은 본래는 연민과 동정이라는 유약한 감정이었을 것이다. 이런 식으로 말하면 "피억압자와 난민과 성차별로 고통받는 여성들이야말로 '불의에 의해서 고통받는 사람들'이다. 다름 아닌 우리는 그러한 사람들을 위해서 싸우고 있는 것이다"고 심문주의자들은 대답할 것이다.

말씀하신 대로이다. 확실히 그들은 '불의에 고통받는 사람들'의 일에 관해서는 상상력을 종횡으로 발휘해왔다. 하지만 그들이 휘두른 '정의에 의해서 고통받는 사람들'에 관해서는 어떠했을까? 그 사람들의 고통에 관해서 상상력을 발휘한 적이 있었을까? 그들의 '정의의 논리'에 의해서 '적'이라고 취급받은 사람, 그들에게 '프티급진주의자' '남권주의자' '식민지주의자'라고 지명받은 사람들(내 이야기인데)의 고통에 관해서는 어떠한가?(나는 별반 상관없긴 하지만.)

여하튼 나는 심문주의자들이 '타자'라는 말을 갖고 노는 것을 별로 달갑게 생각하지 않는다. 그 이유 중 하나는 그들이 '타자'라는 말을 입에 담는 것은 거의 늘 누군가를 탄핵하는 문맥 안에서이기 때문이다('타자에 대해서 열려 있지 않다' '타자의 목소리에 귀를 기울이고 있지 않다' '타자가 보이지 않는다' 등등).

그리고 또 하나의 이유는 그럴 때 나 자신은 언제라도 '고발되는 측'에 포함되어 있지 않고 '타자' 측에는 결코 산정되어 있지 않기 때문이다.

만약 '타자'라는 것이 그 내면에 관해서 가장 상상력을 미치게 하는 것이 어려운 사람, 그 사고와 경험의 양식에 관해서 가장 상상하기 어려운 사람을 가리킨다고 하면 '프티부르주아'이고 '성차별주의자'이고 (식민주의적인 수탈의 혜택으로 물질적 안락을 누리고 있는) '제국주의자'인 사람(나와 같은 사람)이야말로 페미니스트와 포스트모더니스트의 입장에서 본다면 절대로 이해도 공감도 할 수 없는 '타자'일 것이다. 아닌가?

그것도 아니면 그러한 '악인'은 타자와 달라서 이해 가능한 것일까? '악인'의 사고회로와 감수성의 구조는 모두에게 이미 다 알려져 있어서 그것을 이해하기 위해서는 지성도 상상력도 필요하지 않을 정도로 단순히 구멍이 숭숭 나 있는 머리라는 말인가?

만약 그렇다고 한다면 심문주의자들은 자신 이외의 인간에 관해서 그것이 외경해야 할 타자인지 아니면 혐오하고 경멸해야 할 '악인'인지를 결정할 권한을 갖고 있다는 셈이 된다. 즉 '타자'와 '타자가 아닌 자'는 그들에게는 적확하게 식별 가능하다는 말이다.

그들의 입장을 위협하지 않는 사람, 그들의 의견에 반대하지 않는 사람, 그들이 휘두르는 폭력에 대의명분을 제공해 주는 사람 그런 사람만이 '타자'라고 인정된다고 하면 그런 자를 '타자'라고 불러도 되는가?(나 같으면 '우리 편'이라고 부를 텐데.)

당위와 권능의 어법

오카 마리의 『기억 서사』를 읽다

포스트모던 사상가들 고유의 '명석한 답답함' 같은 것이 있다. 쾌도난마의 말로 명석한 이설理設을 정치적으로 옳은 방식으로 제대로 서술하는데 그 '옳은' 문체는 언제나 나를 답답하게 만든다.

오카 마리의 『기억 서사』(2000)에서도 그것을 느꼈다. 이 '답답함'은 어디서부터 유래하는 것인가? 그것에 관해서 생각해보고자 한다.

오카가 이 짧은 논고에서 다루고 있는 것은 거의 고전적인 철학적=문학적 주제이다.

'사건'은 언어화되었을 때에 그 본질적인 '타자성'을 잃고 '기지既知'의 무해하고 아주 익숙하고 순치된 '경험'으로 축소

되고 감소된다. 그러나 우리는 언어에 의해서밖에 '사건/사태/일'을 전할 수가 없다. 그러면 어떻게 해서 '사건'의 '타자성'을 훼손하지 않고 그것을 언설 안에 가져올 수 있을까?

이 물음은 철학적 물음으로서는 에마뉘엘 레비나스에 의해서 문학적 물음으로서는 모리스 블랑쇼에 의해서 거의 지금 내가 쓴 말투대로 1950년대에 정식화되었다. 그 이후의 철학과 문학에 관한 이론적 고찰은 거의 이 물음을 둘러싸고 이루어져왔다고 해도 과언이 아니다. 그로부터 50년 나는 오카가 블랑쇼와 거의 같은 물음을 반복하고 있는 것을 듣고 짧은 한숨을 쉬었다. 변함없이 우리는 여기에 있는가? 처음 물음이 발화되고 난 곳에서부터 한 발자국도 앞으로 가지 못하고. 아니 앞으로 나가기는커녕 오히려 후퇴하고 있는 것은 아닐까. 물음은 똑같지만 물음 방식은 차이가 있기 때문이다.

어떻게 다른가? 좀 길지만 인용해보기로 하자.

'사건'의 기억이―사건의 기억에 매개되어서 '사건' 그것 자체가―타자에게 분유分有되지 않으면 안 된다고 한다면 그것은 어떻게든 말하여지지 않으면 안 된다. '사건'의 외부에 사는 타자들에 다다르는 길, 회로를 우리는 만들어내지 않으면 안 된다. 그것은 지금 있는 세계와는 별도의 세계를 우리가 만들고 살기 위함이다.

그런데 여기까지 내가 논의해온 것은 '사건'의 표상 가능성이라는 문제, 즉 '사건'은 언어화될 수 없다는 것일 게다. '사건'이 언어로 재현된다고 하면 반드시 재현된 '현실' 외부에 흘러넘치는 '사건'의 잉여가 있다는 것, '사건'이라는 것은 늘 그러한 어떤 과잉을 품고 있어서 그 과잉이야말로 '사건'을 '사건'으로 있게 해주는 것이 아니었을까? 그리고 '사건'의 폭력을 현재형으로 사는 자들은 그렇기 때문에 그것에 관해서 말할 말을 갖지 못한 것은 아니었을까?

 그러나 그럼에도―혹은 그렇기 때문이야말로―말할 수 없는 '사건'은 말하여지지 않으면 안 된다. '사건'의 기억이 타자와 분유되기 위해서. 그리고 그것을 위해서는 '사건'의 기억은 타자에 의해서 말하여지지 않으면 안 된다. 스스로는 말할 수 없는, 그 자들을 대신해서. (……) 타자가―'사건'의 외부에 있었던 제삼자가―증언하지 않으면 안 되는 것은 아닌가? 그런데 말할 수 없는 자를 대신해서 그 '사건'을 어떤 식으로도 표상해도 좋다는 것은 결코 아니다.

 말로는 말할 수 없는 그 '사건'에 관해서 말하려고 하는 우리가 '말할 수 있는 자'로서 행위한다고 하면 그 순간에 우리는 '사건'을 배반하게 될 것이다.

 표상 불가능한 '사건'을 표상하는 것, 말할 수 없는 '사건'에 관해서 말하는 것, 그것은 무엇보다도 먼저 '사건' 의 그 말할 수 없음을 증명하는 것이어야 하지 않을까?

그러면 그러한 '말함'이란 어떻게 하면 가능할까. (오카 마리, pp. 75-77)

오카가 여기서 말하고 싶었던 것이 무엇인지에 대해서는 잠시 옆에 두고 읽은 인상만을 느껴보기 바란다. 일종의 '답답함'을 느끼지 않았는가?

그렇게 느끼는 것이 당연하다고 생각한다. 여기에 인용한 것은 이 책의 이른바 문제의식이 집약적으로 드러난 부분이다. 그 문장이 거의 전편 '당위의 문법'으로 등장하고 있다.

이 불과 반 페이지 즉 문장의 수로 하자면 15개의 문장 말미에는 "하지 않으면 안 된다"가 3회, "였을 것이다"가 1회 "때문에"가 2회 사용되었다. 즉 이 문장의 반은 영어로 말하자면 'must' 구문으로 채워져 있다.

그 밖에 "~하지는 않았을까?"와 "~는 아닐까?"와 같은 수사적인 부정의문(이것은 본래 논쟁에서 상대를 궁지에 몰 때 자주 사용하는 '공격'의 구문이다)인데 각각 2회.

동사로 가장 반복해서 사용되고 있는 것은 "할 수 있다/없다" "그럴 가능성이 있다/없다"와 같은 'can'에 해당하는 말로. 이것이 9회. 마지막 문장의 "가능할까"도 포함하면 10회.

오카는 문학의 전문가이기 때문에 이데올로기가 '언어 운용의 표층'에 노출된다는 것에 관해서 숙지하고 있을 것이다. 그러면 그 오카에게 묻고 싶은데 'must'와 'can'으로 짜낸 담화, 즉 '당위'와 '능력'에만 초점을 맞춘 담화는 보통 어떤 '정치적 문맥'에서 이용되는 것인가?

그것은 '학교교육'의 장에서 교사가 학생을 훈육할 때 이용하는 '교화의 어법'이다. 군대의 어법, 정치당파의 어법이라고 해도 좋다. 그리고 말할 필요도 없이 '학교'와 '군대'와 '정치당파'는 '타자'의 목소리를 가장 듣기 힘든 장, '사건'이 가장 폭력적으로 은폐되는 장, 다름 아닌 우리가 거기서부터 도망가려고 하는 바로 그 장이다.

결론 부분에서 오카는 장 주네를 인용해서 '타자가 부르는 소리에 그 무능함과 수동성으로 응답하기'를 통해서 '사건의 기억을 분유'할 수 있지 않을까 하는 희망을 말하고 있다. 나는 그녀의 이 생각에는 원칙적으로 동의한다. 그러나 만약 오카가 정말로 최종적으로 우리가 사용할 수 있는 도구는 '호출'과 '응답'이라는 언어적 커뮤니케이션이고 '언어의 힘'에 '이야기하는 힘'에 최후의 판돈을 걸어도 좋다고 믿고 있다고 하면 오카 자신, 자신이 어떤 말투에 의해서 그러한 사상을 말하고 있는가에 관해서 좀 더 민감해질 필요가 있지 않을까 생각한다.

레비나스의 『전체성과 무한』은 거기서 이용되고 있는 해당 어법이 거기서 논의하려고 하고 있는 해당 주제를 계속 배반하고 있는, 아주 스트레스로 가득한 텍스트로서 알려져 있다. 어떠한 언어에 의해서도 표상할 수 없는 '타자'와 '사건'을 말하려고 하는 시도는 그것이 성공하면 '타자'는 더 이상 '타자'가 아니게 되고 '사건'은 '사건'이 아니게 된다는 배리를 각인하고 있다. "'타자'라는 것은 말이야, 이런 거야"라고 편하게 말하는 사람들도 그 행위 그 자체가 타자의 타자성을 훼손한다는 것을 '머리로는 논리로는' 곧바로 알 것이다.

그러면 어떻게 말할까? 이것은 오카의 물음과 똑같은 물음이다. 대답은 훨씬 이전에 물음과 동시에 레비나스가 했다. 그것은 "당신에게 닿도록 말하는" 것이다. 그것은 '당위'와 '능력'의 어법과는 상상할 수 있는 한 가장 멀리 있어 보이는 어법이다.

그 가장 심플한 형태는 예를 들면 커트 보니것의 『슬랩스틱』(1983/2009)에 반복된다.

하이호.

이것이 아마도 '당신에게 말을 거는' 말의 원기原基적 형태일 것이다.

'하이호'가 옮겨주는 메시지는 아주 간단하다. "이것은 메시지입니다. 들렸어?"

오카가 '사건'이라고 부르고 있는 것은 본래는 이런 말부터 시작하는 것이라고 나는 생각한다. 이중삼중의 "~하지 않으면 안 된다"는 행위에 의해 봉살된 끝에 옥죄는 듯이 해서 나온 말만이 '사건'으로서의 말은 아닌 것이다.

포스트모던의 '올바른' 사상가들에게 느끼는 '답답함'은 그들의 사고가 너무나도 '당위'와 '능력'의 문법에 매달려 있기 때문이라고 생각한다. 틀림없이 그들은 인생의 어딘가에서 '오답을 허용하지 않는 물음이 절박하게 다가온다. 그래서 그것에 대해서 제대로 답하지 않으면 안 된다'는 긴장 속에서야말로 커뮤니케이션의 생명이 있고 그것 이외의 커뮤니케이션은 모두 타성화된 것이라고 믿어버린 것일까?

포스트모더니즘은 거의 '어법'만을 중심적인 논건으로서 달려왔을 텐데 왜 자신들의 '어법'의 이러한 부자유스러움에 관해서는 구조적으로 계속 간과하고 있는 것일까? 물론 내가 지금 말한 '당신에 닿도록 말하기'와 같은 것도 일종의 수사, 하나의 이야기에 지나지 않는다. 하지만 나는 그것이 픽션이라는 것을 알고 있다.

우리는 거짓말을 통해서만 점근선漸近線적으로 '진실'에 가까이 갈 수밖에 없다. 그래서 우리는 성실하게 계속 거짓말을 한다. 거짓말을 하지 않으면 말할 수 없는 것이 거짓말을 하지 않으면 닿지 않는 말들이 산처럼 있기 때문이다. 나는 자신이 '거짓말쟁이'라는 병증이 있다는 것을 안다. 오카에게는 그러한 인식이 있을까?

덧붙임

포스트모더니스트의 험담을 쓴 것까지는 좋았는데 어쩐지 기분이 정리되지 않는다.

나는 오카 마리의 『기억 서사』를 비판하고 다음과 같이 썼다.

> 포스트모더니즘은 거의 '어법'만을 중심적인 논건으로 달려왔는데 (……) 왜 자신들의 어법의 부자유스러움에 관해서는 구조적으로 계속 간과하고 있을까? (……) 오카 자신이 어떤 어법에 의해서 그러한 사상을 말하고 있는가에 관해서 조금 더 민감해지지 않으면 안 된다고 나는 생각한다.

어떤 명제를 말하는 말투 그 자체가 명제를 부인하는 경우가 있다. 어떤 메시지를 전하는 미디어 그 자체가 메시지를 부인하는 경우가 있다(그레고리 베이트슨은 그것을 이중 구속double bind이라고 이름 붙였다). 그런데 이 나의 불만의 제기 방식은 어딘가에서 들은 적이 있다.

어디서 들었을까 하고 생각해보니 생각이 났다.

이것은 자크 데리다가 『폭력과 형이상학』(1964)이라는 장대한 '레비나스론'에서 레비나스에 치명적이라고 생각되는 비판을 퍼부었을 때의 말투를 그대로 흉내 내고 있다.

데리다의 레비나스에 대한 비판은 '레비나스의 어법 그 자체가 레비나스의 사상을 배반하고 있다'는 어법으로 이루어져 있다.

사람은 자신의 철학적 원천과 단절했다고 믿고 있는 바로 그때에 자신이 초극하려 하고 있는 해당 개념, 비유, 사고습관에 기대고 만다. 레비나스도 또한 최종적으로는 그가 폐기하려고 목표로 한 것의 옳음을 확증하고 끝나게 된다. 레비나스는 그가 가상의 적이라고 믿고 있는 헤겔과 하이데거에 아주 가깝다. 그 자신이 그렇게 있고 싶다고 바라고 있는 훨씬 멀리, 그것도 그가 헤겔과 하이데거에 일견 가장 급진적인 방식으로 대립하고 있는 것처럼 보이는 그때에 레비나스가 선구자들에게 항거해서 말하기 시작할 때 레비나스는 그것을 자각하지 못하고 그들의 말을 사용해서 말하기 시작하는 것이다.

데리다는 이렇게 레비나스를 비판했다. 이것은 반론하는 것이 아주 어려운 비판의 형태이다. 우리는 사상내용을 아무리 비판받아도 대답하지 않지만 사상을 말하는 어법 그 자체를 비판받으면 한마디도 돌려주지 못하게 된다(아마도 '문체'가 바르트가 말하고 있듯이 생물학적으로 각인된 우리의 숙명, 우리의 감옥이기 때문이다).

'어법'에 관한 비판에 반론하려고 할 때 우리는 반론 그 자체가 비판자의 옳음을 확증할 수밖에 없다는 것을 자각한다.

즉 그 패턴을 완전히 간파당한 '어법'에 의해서밖에 자신이 말할 수 없다는 것을 자각하기 때문이다.

재능이 있는 논쟁가는 이 사실을 직관적으로 알고 있다. 예를 들면 사르트르가 그렇다. 사트르트는 모리악, 메를로 퐁티, 카뮈와 논적들의 '어법'에 시비를 걸어서 그들을 계속해서 실어증으로 몰아넣었다. 데리다도 천재적인 논쟁가이다. 이 수법을 숙지하고 있는 것은 당연하다. 그리고 그 '사람의 어법에 숨어 있는 자기 부인 구조의 폭로'라는 전략 그 자체를 하나의 '체계'로 해버린 것이다. 아주 대략적으로 말하자면 그것이 70년대 이후 인문과학의 세계에서 '최강의 논쟁용 무기'가 된 탈구축 같은 것이다(아마도 그렇다고 생각한다).

나는 자신도 자각하지 못한 사이에 데리다의 '무기'를 빌려와서 다른 사람의 어법의 말꼬리를 잡고 넘어진 것이다. 이것은 치명적이다. 누구라도 다음과 같은 비판을 곧바로 떠올릴 것이기 때문이다.

'어법'만을 문제로 삼아온 포스트모더니스트가 왜 자신의 '어법'에 관해서는 이만큼이나 무반성적으로 있을 수 있을까'라는 비판의 '어법' 그 자체가 포스트모더니스트 고유의 것이라는 것에 왜 우치다는 무반성적으로 있을 수 있는가?

그리고 이 비판도 또한 '~라고 말하는 ×씨는 그렇게 말하고 있는 자기 자신이 우치다와 똑같은 비판의 논법을 반복하고 있는데 왜 무반성적으로 있을 수 있는가?'와 같은 식으로 얼마든지 계속할 수 있다. 이래서는 블랑쇼적인 무한후퇴이다.

'나는 나의 등을 보이고 있다'

'그런 너의 등을 내가 보고 있어'

'라고 말하는 너의 등을 나는······'

질렸다.

그만두자.

'당신에게 닿는 언어를 말할 수 있을까?'와 같은 협박적 구문으로 '교화와 순치'의 논법을 말하고 있던 사람은 나 자신이었을지도 모르겠다.

라캉파라는 증후

후지타 히로시의
『인간이라는 증후 – 프로이트/라캉의 논리와 윤리』를 읽다

솔직히 말해서 나는 라캉파 학자들이 쓴 글을 잘 이해할 수 없다(물론 라캉이 쓴 글도 잘 이해 못한다).

기시다 슈는 팔미에Jean-Michel Palmier의 『라캉』(1988)을 번역했는데 그 저작의 맺음말에서 "라캉이 무엇을 말하는지 모르겠다"라고 썼다.(그럼에도 『라캉』이라는 책을 번역한 것이 대단하다.) 그리고 그것을 모르는 연유를 누누이 쓰다가 보니 점점 화가 나서 마지막에는 "라캉 이론은 '의미하는 것으로서 남근'이라든지 '상상적인 것, 상징적인 것, 현실적인 것'이라든지 대문자 '타자'라든지 소문자의 '타자'라든지 여전히 잘 모르는 점도 많다. 남근이 어쨌다는 거야 하고 말하고 싶어진다(『라캉』, p. 230)라고 점점 어법이 흐트러지고 있다.

이러한 기시다를 제외하면 일본의 심리학자 중에서 "나는 라캉이 무엇을 말하고 있는지, 잘 모르겠다. 내 머리가 나빠서 그런 것일까? 아니 그럴 일이 없다……"라고 곤혹함을 솔직하게 입 밖에 내는 사람은 거의 없다.

마르크 레장제Marc Reisinger의 『라캉 현상』(1994)의 번역자들은 꽤 신랄하게 일본인 라캉파에 대한 험담을 쓰고 있는데 이것은 내가 아는 한 꽤 예외적인 사례이다.

아마도 일본의 어딘가에는 '반라캉학회' 같은 것이 있어서 거기서는 라캉을 싫어하는 심리학자와 분석의사들이 모여서 왁자지껄하게 라캉에 대한 욕과 라캉을 잘 모르겠다고 눈물 섞인 이야기를 나누고 있는 것이 아닐까 하고 나는 상상하는데 유감이지만 그런 학회지가 있다는 것을 과문한 탓으로 모른다(있으면 무조건 그 학회지를 살 텐데……).

누군가 고명한 심리학자가 『나는 라캉을 모른다』는 책을 써주지 않을까?(가와이 하야오 선생은 써주지 않을까?)

후지타 히로시의 『인간이라는 증후 - 프로이트/라캉의 논리와 윤리』는 라캉 이론의 해설서(+ 비라캉파 분석의사에 대한 험담)인데 이것도 다른 책들과 마찬가지로 내가 이해할 수 없는 것에 관해서는 역시 아무것도 설명해주지 않았다. 내가 이 책을 통해서 안 것은 라캉파가 아닌 분석의사들은 전부 바보라는 것뿐이다.

"비라캉파는 바보다. 왜냐하면 그들은 라캉파의 이론을 이해하지 못하고 있기 때문"이라고 후지타는 주장한다. 그럴지도 모른다.

그러나 만약 "라캉파의 이론을 이해하고 있지 못한 자"를 '비라캉파'의 정의라고 한다면 이것은 동어반복이다. 후지타는 '라캉의 이론을 이해하고 있지만 라캉파가 아닌 사람'이 존재할 가능성에 관해서는 상상이 미치지 않은 모양이다.

"확실히 라캉이 무슨 말을 하고 싶은지는 잘 알겠지만 그렇다고는 하더라도 예를 들어 '호메로스의 매듭'이라든지, '팔루스' 같은 어려운 말 같은 것 하지 않아도 좋지 않았을까" 하고 말하는 사람이 어딘가에 있지 않을까?

일본에서는 별로 사용되지 않지만 마르크스의 이론에 대해서 어떤 입장을 취하는가에 따라서 프랑스어에서는 '마르크시스트'와 '마르크시안'이라는 두 가지 구분이 있다.

마르크시스트는 마르크스의 이론을 자신의 사상적 입장으로 해서 그 개념, 술어를 분석의 기본적인 도구로 사용하는 사람을 가리킨다.

반면에 마르크시안은 마르크스의 사상을 이해하고 그 뜻에 경의를 품지만 그 술어와 개념을 분석을 위한 주요한 도구로서 사용하지 않는 사람을 가리킨다. 나의 스승 레비나스는 이전에 "나는 마르크시안"이라고 말한 적이 있다. 나는 그 말이 무엇을 뜻하는지 몰랐기 때문에 "그게 무슨 의미입니까?"라고 물어보니까 그렇게 가르쳐주었다.

일본의 사회과학의 용어법에는 '마르크시안'이라는 용례가 없는 것 같다. 있으면 편리할 텐데. 라캉 이론에 관해서도 '라카니안'이 있으면 참으로 고마울 텐데…… '라카니안'이라는 것은 '라캉의 통견'을 자신의 사상의 말로 바꿀 수 있는 사람을 가리킨다. 역으로 '라카니스트'는 라캉의 술어를 사용해서만 라캉의 이론을 설명할 수 있는 사람을 가리킨다. 일본의 라캉파는 대개 '라카니스트'이다.

라캉의 해설서를 '라카니스트'가 쓰게 되면 악몽과 같은 '순환참조'가 된다. 예를 들어 '팔루스'가 무엇인가 하고 보면 이렇게 설명해놓았다. '어머니의 욕망을 구조화하는 결여'. 그러면 '어머니의 욕망'이 무엇인가 하고 보면 '팔루스의 결여'라고 쓰여 있다.

음…… '팔루스의 결여를 구조화하는 결여'를 가리켜 팔루스라고 하는 것일까. 실로 논리적이다. 하지만 무슨 말인지 모르겠다.

혹은 다음과 같은 문장은 어떤가?

나르시스의 삼각三角에서 주체는 '상상적 아버지'와 '원초적 어머니' 중간에 끼어서 나르시스적인 자기동일화를 수행한다. 즉 주체는 어머니의 욕망(-Ø)에 이끌려서 상상적 아버지(Ø)와 동일화하려고 한다. 즉 아이의 욕망은 상상적 팔루스일 것이라고 보는 것이다. 그러나 이 상태가 계속되면 주체는 늘 -Ø에 흡인되는 힘(혹은 -Ø로 억눌리는 힘)을 계속 받게 될 것이다. 여기서 주체는 -Ø를 강하게 기피하고 그것을 스프링보드로 해서 상징계로 잠입한다. 시니피앙은 견디기 어려워 -Ø에 억압의 뚜껑을 준다.

이렇게 해서 '상징적 아버지'로서의 제일 첫 번째의 시니피앙(=아버지-의-이름Nom-du-pere)의 개입 즉 원原억압이 발생한다. 여기서 대상화된 어머니의 욕망(-Ø)은 팔루스의 시니피앙(Ō)에 의해 억압된다. 이 상상계로부터 상징계로의 이질적인 접합에 의해서 '어머니에게 있어서의 팔루스(Ø)이고 싶은desir d etre le phallus'이라는 '존재의 욕망'은 '아버지와 같이 팔루스(Ō)를 갖고 싶다desir d avoir le phallus'는 '소유의 욕망'으로 변환된다. (후지타 히로시, pp. 24-25)

확실히 라캉의 해설서를 읽으면 이것과 거의 똑같은 문장을 자주 만나게 된다. 그러나 같은 문장을 여기저기서 10회 정도 읽는다고 해서 뭔가를 알 수 있는 것이 아니다.

이것은 오이디푸스에 관해서 말한 라캉 이론의 기본적인 명제 부분이다. 물론 여기서 소립자가 어떻다든지 블랙홀이 어떻다든지 같은 전문적인 세계의 이야기가 아니라 오이디푸스라는 우리 자신의 '인간적 성숙'에서 사활적으로 중요한 경험에 관해서 말한 부분이다.

나에게도 절실한 경험인 이상 그것에 관해서 라캉 혹은 후지타가 무엇을 알고 있는지 꼭 가르쳐줬으면 좋겠는데. 이런 어법을 사용해서는 도무지 따라갈 수가 없다.

모종의 Jargon(어떤 직업, 집단의 내부에서만 통용되는 특수한 어법)을 사용하면 말할 수 있는데 그것을 사용하지 않으면 말할 수 없는 정보. 내가 알고 있는 말, 내가 사용하는 데 익숙한 개념으로는 절대로 바꿀 수 없는 지식. 그런 것이 있는 것일까?

그러나 왜 후지타에게는 "라캉을 읽기 이전의 후지타가 알고 있는 말과 사용하는 데 익숙한 개념으로는 절대로 번역할 수 없는 지식"으로의 '목숨을 건 도약'이 가능하고 나는 그것이 불가능한 것일까?

이 책 안에서 나도 이해할 수 있는 부분을 읽는 한 후지타는 나와 전혀 이질적인 훈련을 받은 것도 아닌 것 같고, 나의 상상이 미치지 않는 탐험을 경험한 것도 아닌 것 같다. 그럼에도 불구하고 후지타는 '라캉을 이해하기 이전의 후지타'로부터 '라캉을 이해한 후의 후지타'로의 도약을 이루었고, 나는 그것이 불가능하다.

라캉의 이러한 문장을 안광이 지배를 철하는 정도까지 읽다

보니까 어느 날 '팔루스'라든지 '오브젝트'와 같은 말이 돌연 "아, 그 말이었구나!"라고 훅 다가온 것일까? 아마도 그럴 것이다.

그러면 후지타에게 부탁하고자 한다. "아 그 말이었구나!"의 '그 말'을 가르쳐주었으면 좋겠다. '그 말'이라는 것은 '무슨 말'인가?

후지타 자신의 어떤 개인적인 경험(혹은 임상의로서의 임상경험도 좋다)과 조응해서야 비로소 이러한 Jargon은 후지타에게 빛나는 예지의 말이 되었을 것이다. 그런데 라캉 이론의 해설을 한다고 하면 그것을 말해주지 않으면 곤란하다.

회사 생활을 해본 적 있는 분은 알 것이다. 거기서 사용하는 업무용어의 대부분은 '그것이 진짜 무엇을 의미하는지'라는 근원적인 질문은 빼고 사용된다.

영리 기업에서 일하고 있는 샐러리맨의 과반은 '자본'의 의미도 '시장'의 의미도 '가치'의 의미도 '화폐'의 의미조차도 모른다("나는 알고 있다"라고 말하는 사람은 그러한 말을 정의해보세요!).

하지만 그런 말을 모두 사용하고 있고, 왠지 모르지만 사용 방식도 알고 있기 때문에 자연스럽게 사용하고 있다. 그런 말을 모두가 사용하는 방식으로 사용하다 보면 '동료'로 대접을 받고 커뮤니케이션도 문제없이 진행되니까 사용하는 것이다.

"그 말이 실은 어떤 의미야?"라는 물음을 함부로 발설하지 않는 것, '자신이 숙지하고 있는 단어와 개념으로는 말할 수 없는 현상에 관해서는(자신이 실은 그 의미를 모르는) 단어와 개념을 사용해서 말하는 것이 적절한 것 같다'고 납득하는 것 그것이 어른이 되는 것이다.

그것이라면 나도 알고 있다. 그것이 '오이디푸스'라는 과정의 중요한 열쇠라는 것도 알고 있다.

'어른이 된다는' 것은 의미의 시스템이 일종의 동어반복이라는 것을 자각하면서 자각하지 못한 것처럼 행위하는 것도 알고 있다. 그것이 Jargon을 사용해서 말하는 것의 사회적 기능이다.

어떤 직업, 집단 속에서만 통용되는 어법을 말하는 것은 '그러한 어법을 사용하지 않으면 말할 수 없는 현상'을 설명하기 위해서 어쩔 수 없이 그 어법을 사용하는 것이 아니다. '그러한 어법을 조작할 수 있는 자'와 '조작할 수 없는 자' 사이에는 결정적인 사회적 기능의 위계차가 있다는 것을 어필하기 위해서 그렇게 하는 것이다.

Jargon을 사용하는 것의 주된 목적은 'Jargon을 사용할 수 있는 것'을 타인에게 과시하는 것이다. 그것은 '핵병기'와 '명품'을 소유하는 것과 닮은 사회적 행위이다.

같은 직종의 집단 내부에서밖에 통용되지 않는 어법은 반드시 무한순환에 빠진다.

　그것은 샤넬의 핸드백의 의미가 '프라다'와 '루이비통'의 핸드백과의 차이를 통해서밖에 말할 수 없고, '안에 양배추가 쏙 들어가는' 것 같은, 그것 이외의 레벨에의 사용가치를 갖고는 결코 말할 수 없는 것과 똑같다.

　이 점에 관해서는 후지타는 나와 드물게 의견이 일치한다. 후지타는 다음과 같이 썼다.

　　예를 들어 어떤 말의 의미를 사전 속에서 찾을 때 우리는 거기서 이루어지고 있는 것이 말의 치환이라는 것을 자각할 것이다. 그러나 이 치환에 종착점은 없고, 어떤 말의 의미는 늘 다른 말에 의해서 바꾸어지니까 이 좋은 치환의 연쇄는 사전에 수록된 어휘의 내부에서 영원히 순환한다. 만약 '종착점으로서의 말'이 있다고 한다면 즉 모든 말의 의미를 총괄하는 말이 있다고 한다면 그것은 사전 속에서 모습을 드러내지 않는 형태로 사전 그 자체의 성립을 보증하고 있는 역설적인 '말'일 것이다. (후지타 히로시, p. 236)

　후지타의 이 문장 중에 나오는 '사전'을 '라캉의 저작'으로 치환하면 그것이야말로 다름 아닌 내가 주장하고 싶은 것이다. 나의 관심은 '라캉의 저작에 모습을 드러내지 않는 형태로 라캉의 저작 그 자체의 성립을 보증하고 있는 역설적인 말'이라는 게 무엇일까에 있기 때문이다.

후지타는 이어서 다음과 같이 말한다.

> 이 무한의 순환을 정지시켜서 어딘가에서 안심하기 위해서는 사람은 '스스로 믿기 위해서 스스로의 판단을 옳다고 믿는' 절차에 의해서 하나의 신앙 안으로 들어갈 수 있다. (……) 이 신앙은 이미 말한 것처럼 자아를 긍정하는 욕망에 의해서 산출되는 것이다. (후지타 히로시, p. 237)

이것은 그대로 후지타 자신과 라캉 이론과의 관계 맺기를 말하고 있는 것처럼 나에게 읽힌다. 왜냐하면 이 책에서 후지타는 라캉 이론의 과학으로서의 한도를 넘는 탁월성을 반복해서 주장하고 있기 때문이다. 예를 들면 비라캉파에 관해서는 이렇게 쓰고 있다.

> 중요한 것은 '말해진 내용'이 아니라 '말하는 주체가 무엇을 욕망하고 있는가'를 아는 것이다. 그러나 이러한 담화의 기본구조를 자각하지 못하고 욕망에 추동되어서 의미 짓기를 하지 않는 분석 대신에 해석을 실행하는 분석가가 지금도 존재한다. 심적인 원형을 가져오는 '해석학'과 특정한 발달 단계로 연결 짓는 환원주

로 착각해서 계승된 정신분석은 그 자격을 잃었다. 정신분석은 본질적으로 그러한 '의미 짓기'와 '환원'과는 인연이 없는 것이다. 정신분석이라는 것은 욕망의 실현 형식을 시니피앙의 연쇄 속에서 포착해서 '주체의 시니피앙에의 관계'를 동적 구조로서 파악하는 '정신의 과학'이다. (후지타 히로시, pp. 46-47)

'정신의 과학'인 라캉 이론은 비라캉파의 그 어느 이론보다 우월할 뿐만 아니라 결국에는 모든 과학에 군림하는 지상의 학지學知의 영예까지 거머쥔다.

종래의 과학이 '구조 내에서 지식의 편성 바꾸기'라고 한다면 정신분석은 '구조를 가능하게 하는 여러 조건의 해명'을 목표로 하는 '메타과학'이라고 할 수 있다. (후지타 히로시, p. 54)

자신이 신봉하는 학지의 탁월성을 믿고 싶은 것은 인간의 자연스러운 발로이기 때문에 후지타가 라캉 이론을 칭송하는 것은 전혀 이상할 것이 없다. 정신분석은 '메타과학'이라는 주장도 혹은 말 그대로일지도 모른다.

그런데 라캉 이론이라는 것이(후지타의 말을 믿는다고 하면) '사람은 어떻게 해서 자신이 신봉하는 학지의 탁월성을 믿게 되는 것일까?' '사람은 어떻게 해서 자신의 분석 방법의 객관성을 과대평가하게 되는가'에 관한 분석적인 지식인 이상 보통 그러한 학지의 신봉자는 자신이 신봉하는 학지의 탁월성을 자진해서 말하는 위험은 범하지 않는 법이다.

알기 쉽게 말을 바꾸어보자. "'나는 똑똑하다'라고 믿는 녀석은 바보다"라는 명제가 있다고 하자. 이 명제는 경험적으로는 꽤 많은 경우에 타당하다. 그 결과 "'나는 똑똑하다'라고 믿는 녀석은 바보다"주의主義 같은 것이 성립했다고 하자.

그리고 그 "바보다"주의자(귀찮으니까 전체를 말하는 걸 생략하겠다)가 "'바보다주의자'는 탁월한 학지"라고 말을 꺼냈을 경우 주위 사람들은 그것을 어떤 식으로 바라보게 될까? 그 말이다.

'알기 어렵게 쓰는 것'의 기쁨에 관해서

앨런 소칼과 장 브리크몽의 『지적 사기』을 읽다

『지적 사기』(2000)를 읽었다.

포스트모더니스트의 험담을 이만큼이나 철저하게 쓴 책은 없다. 『포스트모더니스트는 두 번 벨을 울린다』(길버트 아데아, 1997)라는 책도 독이 강한 책이었는데 그것과는 비교가 되지 않는다. 원제 'Fashionable Nonsense' 그대로도 좋았을 텐데.

저자는 앨런 데이비드 소칼과 장 브리크몽 두 사람. 전공은 수리물리학, 양자역학. 소칼이 1996년에 미국의 문화연구 잡지 《소셜 텍스트》에 「저명한 프랑스와 미국의 지식인들이 쓴 물리학과 수학에 관한 바보스럽지만 안타깝게도 진짜 인용을 가득 담은 패러디 논문」을 보낸 것이 이야기의 발단이다.

"경계를 침범하는 것 – 양자역학의 변형해석학에 부쳐"라는 제목이 붙은, 포스트모던의 지식인들의 저작에서 수학, 물리학에 관한 기술(소칼에 의하면 '전혀 무슨 의미인지 알 수 없는') 인용과 '모든 과학은 역사적 생성물에 지나지 않고 가상적인 관측자는 철저히 탈중심화되지 않으면 안 된다'는 포스트모던적 정형구를 콜라주한 것밖에 없는 '말도 안 되는' 논문을《소셜 텍스트》주심사자는 수리하고 게재하고 말았다.

심한 이야기이다.

이 패러디에 소칼이 콜라주한 문장은 들뢰즈, 데리다, 가타리, 이리가라이, 라캉, 라투르, 리오타르, 비릴리오로부터 인용된 것이다. 소칼은 이 '장난'을 통해서 포스트모던 지식인들의 극에 달한 난해한 텍스트를 읽고 감동을 보이고 포스트모던의 기수가 된 전문가 여러분들도 실은 무엇이 쓰여 있는지 잘 모르는 채로 '아는 척'을 하고 있는 것뿐이라는 것을 만천하에 공표한 것이다.

그것만이라고 하면 단지 미국 학자들의 유행에 대한 맹종을 놀린 것뿐인데 소칼과 그의 동료가 노리고 있는 것은 조금 사정의 폭이 넓다. 그것은 애당초 포스트모던 사상가들이 그 텍스트 안에서 구사하고 있는 수학과 물리학의 용어와 수식의 이용 방식 그 자체가 적절하지 않다는 것이다. 이유는 두 가지이다.

하나는 그것을 통해서 독자는 어떠한 이익도 얻을 수 없다는 것이다. 물론 수식을 도입함으로써 인문과학, 사회과학의 어떤 이론이 알기 쉽게 된다고 하면 얼마든지 도입해도 좋을 것이다. 그러나 예를 들면 크리스테바의 시적 언어론과 라캉의 정신분석 이론을 읽는 독자의 태반은 수학과 물리학의 전문가도 아니고 전문적 교육을 받은 적도 없다. 따라서 집중적인 전문교육을 받지 않으면 기초적인 이해조차도 할 수 없는 위상기하학과 집합론과 미분기하의 용어를 설명에 사용한 덕분에 독자의 이해가 비약적으로 진척되었다는 것은 사실상 있을 수 없다.

독자의 이해를 돕기 위함이 아니라고 하면 그들은 왜 수학과 물리학의 용어와 개념을 이용하는 것일까?

두 번째로 전문가로부터 본다면 그들은(그나마 나은 경우에는) 수학 입문 교과서 정도의 지식을 갖고 있지만 '대부분의 경우' 자신들이 이용하고 있는 개념을 정확하게 이해하지 못하고 있다. 필자 자신이 충분히 이해하지 못하고 있는 개념을 이용해서 쓰인 텍스트를 읽는 것으로부터 적어도 독자는 어떠한 이익을 얻을 수도 없다. 이러한 지적 태도는 '과학을 모르는 독자를 감복시키고 나아가 위압하려고 한다고밖에 생각할 수 없다'는 소칼의 추리는 충분히 검토할 만한 가치가 있다.

'아니, 라캉의 토폴로지라든지 크리스테바의 집합론은 단순한 메타포이다. 전문적인 의미에서 일의적으로 사용하고 있는 것이 아니기 때문에 너무 진지하게 생각하지 마'라는 사람이 있을지도 모르겠다. 음, 그럴지도 모르겠다. 그렇다고 한다면 그러한 메타포를 이용하는 목적은 무엇인가? '메타포'라는 것은 보통 '익숙하지 않은 개념을 익숙한 개념과 관련시킴으로써 설명하기' 위한 기법이지 반대의 상황에서는 사용하지 않는다. "라캉과 크리스테바에게는 틀림없이 익숙한 개념일 거야. 그 사람들은 아주 수학을 잘하기 때문에 뭔가를 설명하려고 하면 무심결에 수식이 입에서 나오는 것 아니야"와 같은 반론이 있을지도 모르겠다. 듣고 보니 그런 일이 있을지도 모르겠다. 그런데 그 정도까지 수학을 잘하는 사람들이 실은 자신이 사용하고 있는 수학 용어의 개념을 이해하지 못하고 있었다는 일이 있어도 좋은 것인가?

실은 라캉이 구사하는 수학에 관해서 소칼과 공저자는 그러한 기술의 대부분은 수학적으로는 난센스이고 몇몇 중요한 개념은 정의가 틀렸다고 지적하고 있다. 라캉은 수학 선생도 아니고 독자도 수학 수업을 듣는 것이 아니기 때문에 정의 같은 것 굳이 무엇이든지 상관없어도 좋을지 모르겠다. 그러나 이러한 수학적 개념과 라캉의 정신분석 이론 사이의 '유추'가 왜 성립하는가에 관해서 적어도 한마디 정도의 설명이 없으면 곤란하다고 저자들은 말한다.

음, 듣고 보니 그럴지도 모르겠다. 그런데 사실을 말하자면 나는 라캉의 수식 때문에 곤란했던 경험이 없다. 나는 옛날부터 수식이 나오면 어떤 종류의 책이라도 그 부분을 건너뛰고 읽는 것으로 방침을 정해놨기 때문이다. 그런데 소칼과 그의 공저자는 마지막에 라캉에게 구원의 손길을 뻗고 있다. '그가 말하고 있는 것은 의미가 통할 때는 무조건 엉망진창인 것은 아니다.'

들뢰즈에 대해서도 엄격하다.

어느 프랑스인 물리학도가 대학 졸업 후 철학으로 전향해서 '심오'하다고 평판이 난 들뢰즈를 전공하게 되었다. 그런데 『차이와 반복』 안에 있는 해석학에 관한 기술을 전혀 이해할 수 없었다. '그와 같이 해석학을 몇 년이나 전문적으로 공부해온 사람이 해석학에 관해서 쓰인 텍스트를 이해할 수 없는' 경우 그 이유로서 가장 개연성이 높은 것은 '아마도 그 텍스트는 큰 의미가 없다'는 것이다. 어떤 주제에 관해서 의미가 없는 것을 쓰는 사람은 그것 이외의 주제에 관해서도 의미가 없는 것을 썼을 가능성이(그렇지 않은 경우보다도) 높은 것은 아닐까 하고 저자들은 추리하고 있다.

과연 일리가 있다.

사상가가 뭔가를 전하려고 하는 경우 '독자가 잘 이해할 수 있는 말'과 '자신이 잘 이해하고 있는 개념'을 조합해서 사용하는 것이 '독자가 잘 이해하지 못하는 말'과 '자신이 잘 이해할

수 없는 개념'을 조합해서 사용하는 것보다도 자신이 말하고
싶은 것을 전하는 데에는 꽤 유리한 것은 아닐까 하고 소칼과
공저자는 추측하고 있다.

말 그대로라고 생각한다. 소칼과 공저자의 결론은 다음과
같이 매우 상식적인 것이다.

(1) 자신이 무엇을 말하고 있는지 알고 있는 것은 좋은 것이
다

(2) 불명료한 모든 것이 심원한 것은 아니다.

나는 이 두 가지 점에 관해서는 100퍼센트 동의한다.

단 한마디만 해두고 싶다.

하나는 '불명료한 상태에서 심원한 사상'이라는 것은 확실
히 존재한다(물론 소칼과 공저자도 그것을 부정하고 있지 않다). 또
하나는 '자신이 말하고 있는 것을 모르고 있을 때에 이상하게
도 재미있는 것을 말하는 사람이 있다'는 것.

인간은 엉뚱한 일을 하는 생물이다. 그리고 그 엉뚱한 일 중
에는 뭔가 사람을 감동시키는 종류의 일이 포함되어 있다(포함
되는 경우가 있다). 어디까지 엉뚱한 말을 계속 주장할 수 있을
까, 하는 것은 인간 스케일을 재는 하나의 척도이고 인간의 가
능성의 하나의 형태라고 나는 믿고 있다. 그래서 소칼과 공저

자의 결론에는 약간의 수정을 하고 싶다.

나의 결론. (1)의 수정안은 '자신이 무엇을 말하는지 모르는 사람이 있어도 나는 별로 상관없다'는 것이다.

확실히 라캉과 데리다는 결코 알기 쉬운 사상가는 아니고 알기 쉽게 쓰는 것에는 전혀 흥미를 보이지 않지만 '의미가 통하는 곳에는 때때로 무엇을 말하는지 알 수 있는 경우도 있기 때문에' 나는 비교적 좋아한다.

소칼과 공저자가 걱정하고 있는 만큼 독자는 그렇게 순진하지 않다고 생각한다.

모두 "모르겠다. 모르겠다" 하고 말하면서 꽤 그런 상황을 즐기고 있는 것은 아닐까?

(내가《소셜 텍스트》의 주심이라면 소칼의 논문을 게재하는 쪽에 한 표를 던지겠다. '잘 모르겠지만 왠지 재미있어' 보인다. 소칼과 공저자의 패러디 논문은.)

현대사상의 세인트 버나드견

　내가 경외하는 철학자 레비나스 선생은 매우 어려운 책을 쓰시는 분으로 나는 아직까지 선생이 정말로 무엇을 말씀하고 싶은지 잘 모르겠다.

　자크 라캉도 장절하다고 해도 좋을 만큼 알기 어렵게 글을 쓰는 사람이다. 그 밖에도 미셸 푸코라든지 자크 데리다라든지 모리스 블랑쇼라든지 현대 프랑스 사상은 무엇을 말하고 있는지 잘 모르는 사상가들의 그들만의 향연인 것 같다.

　이러한 사상가들의 저서를 무심코 읽고 그대로 '혼이 빠진' 상태로 남겨진 사람들이 있다.

　'현대사상의 깊은 숲'에 발을 들여 놓고 단지 그냥 엄청난 현기증과 자신의 독해 능력의 절망적인 부족을 경험하고 끝나버린 이 젊은 지적 야심에 가득한 세대 중에는 '현대사상의 PTSD'라고 불러도 될 심적 스트레스를 경험한 사람이 적지 않다.

〈황야의 7인〉의 율 브리너의 명언을 반복하자면 현대사상의 묘지도 또한 '젊고 야심이 가득한 자들로 꽉 찬' 것이다.

나는 이 사람들을 '현대사상의 조난자들'이라고 부르고 싶다.

'현대사상의 조난자들'에게는 공통적인 증세를 볼 수 있다. 이러한 사상가들의 이름이 언급이 되면 등줄기에 오한이 생긴다. 자신의 집 책꽂이에 있는 책의 겉면만 봐도 그만 주눅이 든다. 그리고 새삼 페이지를 넘길 용기도 없고 헌책방에 책을 팔 결의는 더더군다나 없다.

나도 또한 젊었을 때에 '현대사상의 깊은 숲'에서 숨이 끊어질 뻔한 적이 있었다. 다행히 마지막 남은 사력을 다해서 '숲'으로부터 빠져나오긴 했지만 '조난'의 고통을 사무치게 느꼈다. 지천명을 지난 어느 날 나는 문득 이 나 자신의 '조난 경험'과 거기서부터의 '탈출 경험'을 젊은 독서인들에게 내레이터로서 전하는 것이 혹여 가능하지 않을까라고 생각했다.

그 일을 통해서 새로운 '조난자'의 출현을 미연에 방지하는 것과 동시에 '현대사상의 PTSD' 고통받는 30, 40대의 독서인들에 대한 구호 활동이 가능하지 않을까 하고 생각했다.

'현대사상의 조난 구조 활동'. 우와 이거 멋지다.

그런데 안타깝지만 나에게는 조난자를 등에 업고 하산할 만큼의 체력은 없다. 그래서 일단 나의 임무를 그들을 '격려'하는 것에 한정하기로 했다. 눈 덮인 산을 달려서 여기저기 쓰러져 있는 '조난자'들의 콧등을 핥고 브랜디를 먹이고 '그다음은 자력으로 일어서기를'이라고 말하며 그 자리를 떠난다. '현대사상의 세인트버나드견'. 이거라면 나도 할 수 있을 것 같다. 개도 좋아하고.

문제는 '브랜디'에 상응하는 '어떠한 조난자도 한 모금만 마시면 일단은 숨통이 트이는' '구조의 논리'를 세우는 것이다. 조금 생각한 후에 나는 묘수를 생각해냈다. 그것은 '모른다'는 것은 조금도 부끄러운 것이 아니라 오히려 '좋은 것이다'라는 역전의 발상이다.

예를 들면 자크 라캉의 『에크리』의 모두를 보기로 하자. 이것을 일독하고 이해하는 사람이 과연 이 세상에 몇 명 있을까?

우리는 지금까지의 연구에 의해서 반복강박 Wiederholungs-zwang은 우리가 이전에 기호표현(시니피앙)의 연쇄적 자기주장 l'insistance이라고 이름 붙인 것 안에 근거를 두고 있다는 것을 알았습니다. 이 관념 그 자체는, l'ex-sistance(그러니까, 중심에서 벗어난 장소)와 상관적인 관계에 있는 것으로서 밝혀진 셈입니다. 그런데 이 장소는 프로이트의 발견을 중시하지 않으면 안 되는 경우에는 무의식의 주체를 여기에 위치 지을 필요가 있습니다. 알려진바대로 상징계le symbolique가 영향력을 행사하는 이 장소의 기능이 상상계l'imaginaire의 어떠한 경로를 통해서 인간이라는 생체의 가장 깊은 곳에서 그 힘을 발휘하게 되는가. 이것은 정신분석에 의해서 시작된 실제 경험 안에서 비로소 이해되는 것입니다. (자크 라캉, 『에크리 Ⅰ』, 1972, p. 7)

이 문장은 '처음으로 라캉을 읽는 사람'이 알아주기를 바라는 의도로 쓰인 것이 아니라는 것은 곧바로 알 수 있을 것이다. 여하튼 '지금까지의 경험'이라든지 '이전'이라든지 '알려진 바대로'와 같은 독자가 알 수 없는 그리고 경험을 한 적도 없는 것을 '이미 알고 있는 지식'으로 상정해서 이야기기 진행되고 있기 때문에 이것은 '멤버스 온리' 어법으로 쓰인 것이다.

그것을 초심자가 '알려고' 하는 것이 애당초 단추를 잘못 끼우는 것과 같은 것이다. 독자에게 '알게 하려는 마음이 없는' 문장을 '알려고' 해본들 무리다. 무리를 해서는 안 됩니다. 이것은 '그런 식으로' 읽어서는 안 되는 텍스트이다. 그러면 어떻게 읽으면 되는가?

라캉에 관해서 아무것도 모르는 독자에게 이 텍스트는 어의 수준에서는 완전히 무의미하다. 그래서 술어의 의미를 찾아서

『정신분석용어사전』을 아무리 읽어도 아무것도 알 수가 없다. 그게 아니라 물어야 할 것은 어느 사상사가 '초심자가 읽은 경우 어의의 수준에서 전혀 의미 불명의 텍스트를 굳이 간행한 것' 그것 자체의 수행적 의미이다.

그래서 라캉에게는 이렇게 묻지 않으면 안 된다.

"당신은 그렇게 말함으로써 무엇을 말하고 싶은 건가?"(So what?)

이것은 라캉 자신이 '아이의 담화discours'라고 이름 붙인 것이다. 그것은 화자의 욕망에 조준한다. 어렵게 쓰는 사람은 읽는 이가 '어의의 수준'으로부터 '욕망의 수준'으로 독해 수준을 올리기 위해서 일부러 어렵게 쓰는 것이다.

라캉의 말을 쉽게 풀어보기로 하자.

"내가 여기서 쓰고 있는 것을 술술 이해할 수 있는 인간은 별로 없을 것이다. 하지만 내가 쓰는 것은 독자제군이 몇 년 걸리든지 몇십 년 걸리든 이해하기를 바라는, 세계의 성립과 인간의 존재 양상에 관한 매우 근원적 그리고 사활적으로 중요한 생각이다. 어려운 것은 읽고 싶지 않다고 하는 사람은 곧바로 책을 덮고 사라지면 된다."

즉 라캉은 여기서 단호하게 '라캉을 읽어라' '라캉을 욕망해

라'라고 독자를 다그치고 있는 것이다. 그것이 이 문장의 '수행
적 의미'이다. 이 경우 독자의 결단은 페이지를 넘길까 책을 덮
을까 둘 중의 하나이다. 여기서 '모르는 채로' 페이지를 넘겨
버린 사람은 그 순간에 '라캉을 욕망'하는 코스에 발을 들여놓
는 셈이다. 그래서 그다음에 쓰인 라캉의 문언을 이해할 수 있
든지 없든지 관계없이 어떤 의미에서는 '이미 라캉파'인 것이
다.

　독자가 '텍스트의 의미를 모른다'는 것은 대부분의 경우 그
것이 독자에게 이해되지 않도록 쓰여 있기 때문이다. 대개 위
대한 사상가라는 것은 보통 사람은 쉽게 생각하지 못하는 것
을 생각하고 있다. 따라서 그들은 반드시 '명함 대신에' 저서의
모두에서 '이것은 아주 어렵기 때문에'라고 난이도를 고지한
다. 그래서 그것은 그대로 명함으로서 받고 '예'라고 대답만 하
면 된다. 위대한 사상가의 생각을 음미하기 위해서는 오랜 시
간에 걸친 집중적인 독서가 필요하다. 그런데 그 행위를 지원
하는 것에 필요한 것은 독해력보다는 오히려 충성심이다. 지식
보다는 오히려 신앙심이다.

　'위대한 사상가'라는 것은 그를 '이해할 수 있는 것'보다도
'이해할 수 없는 것'으로부터 독자가 큰 이익을 얻을 수 있는
사람을 의미한다. 그래서 처음에 받은 명함을 책상 앞에 붙여
놓고 '모르겠지만 오늘도 읽는다'라는 것이 위대한 사상가에

대한 정통적인 독해 방식이다.

'모른다'는 것은 패배의 선언이 아니라 지자智者에 대한 욕망이 기동하고 있는 징후이다. 그것이야말로 독자의 지적인 돌파의 징조이다. 그래서 모른다는 것은 조금도 부끄러운 일이 아니다. 오히려 그 조심스러움이야 말로 위대한 사상가에 대한 경의의 표명이다.

이것이 다름 아닌 나의 구명용 '브랜디'이다.

'몰라도 괜찮아'라는 이 논리를 목에 걸고 나는 오늘도 '현대사상의 조난자들'의 지적 소생을 위해서 눈 덮인 산을 질주하고 있다. 멍멍.

제 **4** 장

그러면
어떻게 이야기하는가 -
망설임의 윤리학

'모순矛盾'을 못 쓰는 대학생

　"최근 대학생들은 바보가 된 것일까요?"라는 질문을 자주 받는다. 대답하기가 곤란한 질문이다. 어떤 의미에서는 "예스"이다. 확실히 학력은 떨어지고 있다. '처절할 정도'까지라고 말씀드려도 좋을 정도이다. 그런데 그 원인을 학생들 측에 돌리는 것에 나는 일말의 양심의 가책을 느낀다.

　약 3년 전에 학생이 제출한 과제에 '정심精心'이라는 글자를 발견했을 때에 강한 충격을 받았다. 그런데 이 글자는 그래도 '정신精神'이라는 단어의 오자라는 것을 금방 알 수 있는 정도의 오자였다. 작년 학생들의 과제에 '무순無純'이라는 글자를 봤을 때에는 잠시 동안 동요를 감출 수가 없었다. 그것이 '정심精心'과는 다른 의미에서의 지적인 '지각변동'의 징조라고 생각했기 때문이다. 문맥을 더듬어 보는 한 '무순無純'이라는 글자를 이 학생은 다름 아닌 '모순矛盾'의 의미로 사용했다. '무순無純'이라는 말의 의미를 이 학생은 이해하고 있다. '무순無純'이라는 글자도 '대립자를 포함하고 있기 때문에 순수하지 않다'라는 해석에 의한 것일 터이니 완전히 얼토당토않은 것은 아니다. 오히려 '무순'이라는 음과 문맥으로부터 '無純'이라는 글자를 추리한 지적 능력은 꽤 높다고 해도 좋을 정도이다.

그래서 문제는 오히려 어의를 이해하고 조어할 능력까지 갖춘 학생이 그럼에도 '모순矛盾'이라는 문자(한자)를 몰랐다는 점에 있는 것이다. 물론 지금까지도 '矛盾'이라는 글자를 쓰지 못했던 학생은 얼마든지 있었다. 지금도 '豫盾'이라고 쓰거나 '豫循'이라고 쓰는 예는 드물지 않다. 하지만 이러한 오자는 '矛盾'이라는 글자 형태를 '정확하게 재현할 수 없다'는 것뿐이지 그 문자를 모른다는 것과는 다르다.

실제로 우리는 매일 "정확하게는 재현할 수 없지만 읽을 수 있는" 문자를 사용해서 커뮤니케이션하고 있다. '빈축嚬蹙을 사다'라는 말은 일상적으로 사용하고 있지만 '빈축'를 옳게 한자로 쓸 수 있는 사람은 별로 없다(나는 못 쓴다). 어휘語彙의 '휘'라는 글자와 '범주範疇'의 '주'라는 글자를 "어떻게 쓰지?"라고 갑자기 질문 받으면 곤란을 경험하는 사람은 적지 않을 것이다.

그러나 '무순無純'이 암시하는 것은 그런 종류의 '지식의 부정확함'과는 다른 종류의 '지식의 결여'가 만연하고 있다는 현실이다. 왜 '모순矛盾'이라는 글자를 못 쓰는 것일까?

"책과 신문을 읽지 않아서 그래"라고 말하고 끝내는 사람이 있다. 그런데 과연 그럴까? 실제로는 그들은 꽤 문자를 읽고 있다. 그들이 애독하는 '만화'는 그림과 문자의 하이브리드 미디어이고, 막대한 양의 문자정보도 동시에 발신하고 있다(그래서 식자율이 낮은 나라에서는 아이들이 만화조차 읽지 않는 현상이 일어나고 있다). 게다가 그들이 평소에 탐독하고 있는 정보지와 패션지도 또한 적지 않은 문자정보를 포함하고 있다.

왜 이 정도로 문자를 많이 접하면서 '문자를 읽지 못하는' 일이 일어나는 것일까?

나의 가설은 다음과 같은 것이다.

그것은 그들이 '건너뛰기 읽기'와 같은 습관을 과잉으로 신체화시켰기 때문이다. 우리 인간의 지성에는 애당초 '의미가 없는 노이즈'를 무시하고 자신에게 의미가 있는 것만을 선택적으로 주워 담는 '건너뛰기 읽기'가 갖추어져 있다. 그런데 기계는 이런 일을 할 수 없다.

역설적인 표현이 될 터인데 인간이 기계보다 우수한 것은 기계가 주울 수 없는 정보를 검출하는 것이 가능한 점이 아니라 기계가 일일이 주워 담는 쓰레기 정보를 무시할 수 있는 점에 있다. 그 점에서는 '문자를 읽을 수 없는' 대학생들의 지적 구조는 아주 '인간적'이라고 나는 생각한다. 그들의 지성에는 '모르는 문자는 곧바로 건너뛰고 굳이 그것을 읽지 못해도 신경 쓰지 않는' '잊어버리는 기능'이 초기 설정되어 있다.

왜 그렇게 되고 말았는가? 개인적인 의견을 말하고자 한다.

통상 우리는 '자기 정도의 지적 수준의 독자를 대상으로 하고 있다'고 상정되어 있는 미디어에서 자신이 "읽지 못하는 문자"와 "의미를 모르는 단어"를 만난 경우 '움찔'한다. 문맥으로부터 가늠이 안 되는 경우는 다른 사람에게 물어보거나 '나중에 몰래' 사전을 찾아서 어의를 확정하려고 한다. 그러한 '의미의 결여'에 반응하는 불쾌함과 결여감에 담보되어서 우리의 어휘는 확대된다.

여기까지는 괜찮죠?

그런데 오늘날의 젊은이들의 경우는 '자신들의 지적 수준에 맞는' 미디어에 일상적으로 접하면서 '의미의 결여'를 메우려고 하는 의욕이 거의 발생하지 않는다. 못 읽는 글자가 있어도 마음에 두지 않는다. 왜 그런 일이 일어나는 것일까?

실물에 기초해서 설명을 드리도록 하겠다. 다음 문장은 간사이의 어떤 정보지의 음악정보 칼럼 모두의 한 구절이다.

11월이다. 이언 싱클레어의 최신작 〈런던 오피털〉의 출판에 맞추어서 런던의 '파비칸'에서 조금 특이한 이벤트가 개최된다. 그 란타에서 출판되는 이 책은 M25―필자가 수도를 둘러싼 펜스라고 간주하는 간선도로―에 헌정되는 것이다. 이 이벤트에서는 와이어("어번 웨이브/포스트가르드 펑크스 ― 그들을 기억하고 있을까?") 마음에 새겨둔 KFL(기억하는가?), 빌 드러먼드(100만 파운드를 불지른 남자!), 눈뜨자마자 가득 스카치를 마시는 것으로 유명한 SF 작가 J. G. 발라드, 그리고 최근에서는 피진pidgin 영어를 세계적인 언어로서 넓히려는 프로젝트와 복화술 워크숍으로 알려진 신사, 켄 캠벨이라고 하는 말도 안 되는 출연진이 모이고 있다. (폴 브래드쇼Paul Bradshaw, 런던 콜링London Calling, 『Meets Regional』, 2003년 1월호)

내가 이 문단 안에서 의미를 이해한 것은 고유명사인 '런던'과 'J. G. 발라드'뿐이었다. 작금의 젊은이들이 어느 정도 월드 뮤직 신에 관해서 깊은 조예를 자랑하고 있는지 나는 상상할 수 없지만 이 문단을 '술술' 읽고 그 의미의 모든 것을 이해할 수 있는 것은 『Meets Regional』 독자들 중에서 결코 많지 않았을 것이다.

이 인용은 좀 지나치게 특수하지만 그럼에도 이러한 문장을 샤워하듯이 계속 읽은 경우 인간은 문자정보에 대해서 어떠한 반응을 하게 될까? 와 같은 생각은 쉽게 상상이 된다.

그것은 '의미를 모르는 말이 있어도 굳이 신경 쓰지 않는'다는 반응이다.

"기억하고 있을까?"와 같은 폴 브래드쇼의 친근감 느끼게 하는 말이 암시하고 있듯이 이 문장이 독자에게 바라고 있는 것은 마치 영어의 히트송을 (가사의 의미를 몰라도) 즐기는 것과 똑같이 '리듬감이 좋은 문장을 읽고 기분이 좋아지는 것'이다.

'단어 하나의 의미 같은 것 굳이 몰라도 상관없지 않은가' 하고 글쓴이도 그렇게 생각하고 쓰고 있다. 쓰는 사람과 읽는 사람 사이에 공유되어 있는 이러한 '텍스트=음악'적인 수용 태도가 '작금의 젊은이의 리터러시에 초기 설정으로서 인스톨되어 있는 '건너뛰면서 읽기' 기능을 형성하는 심리적 토양을 이루고 있다고 나는 생각한다.

똑같은 일은 영어가 섞인 디제이 방송과 출연진 사이에서만 통하는 의미 불명의 '그들만의 개그'를 아무렇지도 않은 듯이 방송하는 버라이어티 방송에 관해서도 말할 수 있을 것이다. 이른바 미디어는 거의 의도적으로 빈칸 채우기식 계산 문제와 같은 형태로 정보를 공급하고 있다. 그리고 메시지의 수신자가 그 '의미의 빈칸 채우기식 계산 문제'에 관해서 '응? 지금 뭐라고 한거야?' '뭐라고? 그게 뭐야?'와 같은 식으로 글자 하나하나의 뜻을 충실히 새기는 식으로 반응하는 것은 '꼴불견이다'는 취급을 받는 것이다.

작금의 일본 젊은이들이 눈으로 보고 귀로 듣는 일본어 문장은 너무나도 많은 '의미 불명의 말'을 포함하고 있다. 그리고 독자와 시청자들에게 기대하고 있는 것은 글자 하나하나의 뜻을 충실히 새기는 식으로 이해하는 것이 아니라 문장이 갖고 있는 리듬감과 긴장감에 동조해서 반응하는 것이다.

아마도 그렇게 해서 '무순無純'이라고 쓰는 대학생은 탄생한 것이라고 나는 생각한다.

그녀는 '모순矛盾'이라는 문자를 신문과 잡지와 소설에서 읽을 때는 그것을 무의미한 '얼룩과 같은 것'으로 건너뛰고 읽고 '무순'이라는 음의 어의에 관해서는 문맥과 리듬으로부터 추리를 했을 것이다.

요전에 입시의 영문일역 채점을 했다. '굉장한' 답안이 속출해서 몇 번이나 빨간 연필을 탁 하고 놓쳐버렸다. 그 답을 보고 내가 깜짝 놀란 것은 그녀들이 영어를 못하기 때문이 아니다. 일본어를 못하는 것 때문도 아니다. (더 이상 그런 수준의 문제가 아니다)

전혀 무의미한 문장을 갖고 태연히 말을 만들었기 때문이다.

그녀들은 누가 읽어도 의미 불명인 문장을 쓰고 그것에 대해 스스로 심리적 저항을 별로 느끼지 않는다. 그렇다고 한다면 이 사태를 설명할 수 있는 논리는 하나밖에 없다. 그것은 세계는 '실제로 그녀들이 지금 쓰고 있는 것 같은 텍스트'로서 읽히고 있다는 것이다. 아마도 '세계'는 그녀들이 쓴 답안과 비슷한 '의미의 벌레 먹은 상태'로서 그녀들의 의식 앞에 현전하고 있는 것이다. 정보와 지식의 결여가 '결여'로서 전경화되지 않고 오히려 세계의 '땅'으로서 배경에 녹아들어 있는 상태, '의미의 결여'가 불쾌와 부족함으로서 감지되지 않는 상태 그러한 지적 상황에 21세기의 젊은이들은 놓여 있다.

그리고 그들을 이러한 지적 궁핍 상태에 몰아넣는 책임은 연장자들 세대 전체(교육자도 미디어 업계인도 지식인들도 포함해서)에 있다고 나는 생각한다. 글자 하나하나의 뜻을 충실히 새기는 식으로 읽어도 명석판명하고 그것이 세계에 딱 조리가 맞는 질서 잡힌 말로 쓰고 말하는 노력을 우리는 너무나 오랫동안 게을리해오지는 않았는지?

학생들의 어휘의 부족을 탓하기 전에 우리는 먼저 자신들의 '말'에 대한 점검부터 시작해야 하지 않을까 생각한다(라고 쓰고 있는 이 문장은 괜찮은가?).

사악함에 관해서

나는 '사악한' 인간이다. 자신을 '사악한 인간이다'라고 뼈저리게 생각하는 경우가 자주 있다. 타인이 고통으로 인해 일그러지는 얼굴을 보고 있을 때에 통쾌함을 느끼는 경우가 있다. 싫어하는 인간에 관해서는 그 사람이 고통스럽게 죽는 모습을 상상하고 즐거워한 적이 있다. 자신을 신뢰하고 있는 사람을 "지금 여기서 배반하면 얼마만큼 괴로워할까?" 하고 상상하면 기분이 고양되는 경우가 있다, 등등

이런 말을 공언하면 마음이 착한 사람들은 어두운 얼굴을 하고 곤란한 표정을 짓고 나를 본다. 그러나 이것은 중요한 정보라고 나는 생각한다. '여기서 더 가면 위험, 커브 있음'이라든지 '여기서 더 가면 곰이 나옵니다'와 같은 표지판과 똑같이

"이 사람은 사악한 구석이 있습니다. 이 이상 접근하는 것에 주의를 요합니다"라는 간판을 나는 이마에 붙이고 있다. 이것은 야쿠자가 '어떻게 보더라도 야쿠자 같은 모습'을 하고 거리를 활보하고 있는 것과 똑같이 어떤 의미에서 매우 속을 잘 털어놓는 태도라고 말할 수 있지 않을까?

내가 말하고 싶은 것은 혹여 '사악함'의 정도와 성질이 적절하게 표시되고 있다고 하면 주위 사람들은 '사악함'의 피해를 최소한도로 줄일 수 있다는 것이다. 이것은 역의 경우 '자신은 선량하다고 믿고 있는 사람'이 가져올 폐해에 비하면 훨씬 관리하기 쉽다.

경험적으로 말할 수 있는 것은 자신의 사악함에 관해서 적정한 평가를 하는 사람은 자신의 '사악함'을 자각하지 못하는 사람보다도 사회적으로 끼치는 피해가 적다는 것이다.

그렇다고 하면 만약 '사악함'이라는 것을 '타인에게 끼치는 피해'라는 외형적 데이터에 기초해서 계량하게 되면 여기에 '사악한 인간은 별로 사악하지 않다'는 패러독스가 발생한다.

과연 '사악함'이라는 것은 '인간의 일종의 본성'인가 그렇지 않으면 '그것이 만들어내는 사회적 효과'인가? '사악함'이라는 것은 내가 자기 자신에 관해서 만들어내는 이야기의 키워드 중 하나이다. 그 이야기를 해보자. 먼저 내가 마츠시타 마사키松下正己와 함께 쓴 『영화는 죽었다』라는 책의 다음의 한 구절을 읽어보면 좋겠다.

라캉의 지견에 따른다고 하면 인간의 무력함은 근원적으로는 '자신이 무력하다'는 사실 그것 자체를 받아들일 수 없다는 형태를 취한다. 그때 사람은 자신의 무력을 자신의 '외부세계'에 있고 '자신보다 강대한 것'의 간섭의 결과로서 설명하려고 한다. '나의 외부'에 있는 '나보다 강대한 것'이 나의 완전한 자기인식과 자기실현을 방해하고 있다는 '이야기'를 만들어내는 것이다. '나'가 약한 것이 아니라 '강대한 자'가 너무 강한 것이다.

그렇게 해서 나의 외부에 신화적으로 만들어진 '나의 완전한 자기인식과 자기실현을 억지하는 강대한 것'을 가리켜 정신분석은 '아버지'라고 부른다. '아버지'는 그렇게 해서 '나'의 약함을 포함해서 '나'를 통째로 설명하고 근거 지워주는 신화적인 기능이다. 그것을 우리는 경우에 따라서 '신'이라고 부르거나 '절대정신'이라고 부르거나 '초재超在'라고 부르거나 '역사를 관통하는 철칙'이라고 부른다. 물론 그것을 '어머니(근원인) 초자아'라고 부를 수도 있다.

우리의 '약함'은 '보다 강한 것'이 선행하는 이야기를 요청한다. 그렇게 해서 사후적으로 등장한 '기원에 관한 이야기'가 우리의 '약함'을 설명하고 그것에 근거를 부여하고 그것을 정당화하고 그것을 면죄해주는 것이다. 텍스트를 읽을 때에는 '바닥'을 찾아서는 안 된다고 롤랑 바르트는 우리에게 충고한다. 그것은 우리가 이야기를 할 때 거의 늘 '우리가 입회할 수 없을 정도의 과거'에 '내가 언급할 수 없을 정도의 거대한 윤곽을 가진 존재'를 만들어내서 그것에 의해서 '나의 지금'을 설명하려고 하는 것을 바르트가 알고 있었기 때문이다. 위조된 기억을 말하는 것, 즉 '경력 사칭'이야말로 이야기의 본성이다. 그래서 무심코 이야기에 발을 들여놓으면 반드시 우리는 '기원 찾기' 프로세스에 말려들게 된다.

'증식하는 이야기'라고 제목을 붙인 이 짧은 텍스트에서 내가 하고 싶었던 말은 이야기를 하는 것은 거의 숙명적으로 자신의 기원에 관해서 거짓말을 하는 것이다. 그러나 그것은 '진실 이야기'가 어딘가에 따로 있다는 의미가 아니다. 거짓말을 하는 것, 경력을 사칭하는 것, 이야기를 그것이라고 모르고 말하는 것, 그것은 '뭔가를 전하기' 위한 행위가 아니라 뭔가를 알기 위한 행위이기 때문이다.

우리는 뭔가를 알려고 한다면 그것에 관한 '이야기'를 하는 것부터 시작할 수밖에 없다. '자신'에 관해서 알려고 하면 '자신'에 관한 '이야기'를 하지 않고는 한 걸음도 움직일 수가 없다. '나의 진실'을 알기 위해서는 '나에 관한 이야기'를 직조하는 작업부터 시작하지 않으면 안 된다. '진실'은 '이야기'를 경유해서만 주제화될 수 있다.

어느 날 나는 '사악함'이라는 키워드로 자신에 관한 '이야기'를 편제해보려는 생각이 들었다. 그렇게 함으로써 '나는 선량하다'는 '이야기'에 의해서 편제된 자기사의 문맥에는 제대로 들어맞지 않는 사실과 설명할 수 없는 경험을 설명하고 합리화할 수 있을지도 모르겠다고 생각했기 때문이다.

이것은 순수이 '지적'인 탐구에 관련된 일이다. 나는 자신이 사악한 인간이라고 '생각하고 있는' 것이 아니다. 그런 가정으로 구축한 '이야기'의 범위는 어느 정도 넓고 어느 정도 깊은가. 나에 관해서 설명할 수 없는 채로 남아 있던 '가시'와 같은 경험의 얼마만큼을 설명할 수 있고 얼마만큼이 설명할 수 없는 채로 남는지를 '알려고' 나는 거짓말을 하고 있는 것이다.

'진실'이라는 것은 내가 갖고 있는 '이야기' 중에 가장 범위가 넓은 것이다.

별로 알려져 있지 않은 사실인데 나는 철저히 지적인 인간이다(여기서 말하는 지적이라는 것은 'intelligent'의 의미가 아니라 'knowledge-oriented'라는 의미다). 철저하게 지적인 인간은 자신이 '전혀 지적이지 않은 인간'일 수 있는 가능성에 관해서 생각하는 것을 '자신이 매우 지적이라는 것을 타인에게 과시' 하는 것보다 좋아하는 유형의 인간을 가리킨다.

나는 그런 드문 유형 중의 한 사람이다. 그것은 어릴 때부터

"우치다가 말하는 것은 이상하다"고 너무나도 빈번하게 주위 사람들로부터 들어왔기 때문에 자신이 '바보'가 아닐까 하는 가능성에 관해서 음미할 기회가 다른 사람들보다 배는 많았기 때문이다.

이야기에 관해서

자신이 쓴 것을 곰곰이 다시 읽어보고 어딘가에서 들어본 듯한 설교가 아닌가 하고 생각하고 있다 보니 역시 내가 전에 쓴 것(앞의 글 「사악함에 관해서」)은 통째로 레비나스 선생님의 지론이었다. 사용하고 있는 어휘가 전혀 다르기 때문에 일견 전혀 철학적이지도 윤리적이지도 않은 것을 말하고 있다고 생각할지 모르겠지만(쓴 본인도 자각하지 못했지만) 이것은 다름 아닌 레비나스 철학의 기본적 시점 중 하나를 간추린 말이다.

레비나스 선생님은 '지해知解'를 철학의 본의로 하는 서양형 이상학의 철저한 비판자로서 등장해서 '윤리'라는 낡은 말에 참신한 의미를 부여하는 일을 했기 때문에 선생님이 '철저히 지적인 사람'이라는 것을 많은 사람들은 잊고 있다. 선생님은 철저히 지적으로 생각한 끝에 인간은 '이야기 없이는 살 수 없다'는 비통하고 평범한 진리에 도달했다.

철저히 지적인 사람은 지성의 철저성에 관한 근원적인 의혹에 사로잡힌다. 그것은 플라톤부터 데카르트, 훗설까지 모두 똑같다. 철학자들은 그래서 '필당연적명증성必當然的明證性(결코 의심할 수 없는 것)'을 어떻게든 찾아내서 여하튼 지知의 신분보증을 하려고 했다(데카르트의 '코기토cogito'와 훗설의 '초월론적 자아'와 같은 것은 그런 공작물이다).

그런데 레비나스 선생님은 그런 길을 택하지 않았다. 선생님은 지의 철저성에 관한 철저한 의혹으로부터 선인들이 어떻게 해서 도망갔는가를 고찰했다. 그리고 다음과 같은 통찰을 얻었다. 지의 철저성에 대한 의혹으로부터 도망가는 방식은 언제나 똑같다. 그것은 필당연적증명성이라는 '이야기'를 하나 만들어내는 것이다. 철학자는 그 반성의 궁극에서 '이야기'를 발견하는데 발견한 순간에 그것이 자신이 만들어낸 '이야기' 그 이상도 그 이하도 아니라는 것을 구조적으로 망각한다.

그래서 철학의 이 한계를 넘어서기 위해서는 단지 하나의 행위가 있으면 충분하다. 그것은 자신이 '지의 극한'에서 만나는 것은 자신이 만들어낸 환영이라는 경험적 사실'로부터' 출발하는 것이다. '지의 극한'에 그다음은 없다. 그래서 출발한다는 것은 돌아온다는 것에 다름 아니다. 철저히 지적인 사람은 철저히 구체적인 생활자가 된다. 그것 외에 인간이 사는 권역은 없다는 것을 알고 있기 때문이다. 철학자는 '이야기'가 소용돌이치는 속세에 다른 '이야기'를 지니고 돌아온다. 하지만 그것은 "어딘가에 '진리'라는 종점이 있을 것"이라는 덧없는 희망을 완전히 버린, 깊은, 바닥이 없는 끝이 없는 '이야기'이다.

월경 · 타자 · 언어

경계 없음과 타자

고전적인 의미에서의 경계borderline는 지금 확실히 소멸 혹은 변화를 거듭하고 있다. '경계 없음borderless'은 모든 분야에서 진행하고 있는 것 같다.

정치적인 영역에서는 소련 붕괴, 동서 독일의 통합 이후 고전적인 정치적 이데올로기에 의한 '진영'의 식별은 거의 무효화되었다. EU에서는 재화 서비스 인적 교류의 장벽인 국경 기능의 사실상의 폐절이 시야에 들어와 있다. 일본에서도 기업의 해외 유출에 의한 산업구조의 공동화와 수십만에 이르는 외국인 노동자의 등장 등의 형태로 경제적 경계가 붕괴되고 있다. 인터넷상에서는 막대한 양의 정보가 국경 통제를 넘어서 왔다

갔다 하고 있다.

그러면, 그래서 '민족국가'라는 근대적인 틀 그 자체가 소멸했냐 하면 결코 그렇다고는 할 수 없다. '외적'인 경계의 소멸은 '내적'인 경계, 보다 협량하고 보다 배타적이고 보다 폭력적인 게마인샤프트의 증식과 직결되기 때문이다.

구사회주의권에서 볼 수 있듯이 통합 축으로서의 정치 이데올로기가 실효한 사회에서는 인종, 종교, 경제 격차, 지역성과 같은 별종의 차별화 지표에 기초해서 배타적인 세분화가 진행되고 있다. 유럽에서는 경제적인 통합과 역행하는 형태로 이민 배척과 유대인 차별을 공공연하게 내세우는 극우 정치운동이 급속하게 정치적 존재감을 높이고 있다.

그 사정은 일본에서도 다르지 않다. 급증하는 외국인 노동자를 우리와 같은 격의 시민으로서 받아들여서 일본을 '단일민족 단일문화형'의 사회로부터 '이종공생형'의 사회로 개조하려고 하는 움직임은 현재 국민적인 합의를 획득할 전망은 없다.

고도 정보사회의 형세를 점치는 것은 불가능하지만 인터넷 커뮤니케이션이 지역적으로 격절된 '동족의 사람들'의 결합을 이루는 것은 확실할 것이다. 이러한 다양한 수준의 사태에 공통적인 것은 '동일성으로의 고착' 혹은 '타자에 대한 알레르기'와 같은 증후이다. '타자'라는 개념에 관해서 레비나스의 타자성의 철학을 근거로 내 생각을 좀 써볼까 한다.

'타자'. 그것은 원리적으로 우리의 통제와 지배가 미치지 않는 우리의 이해와 공감이 되지 않는 자를 가리킨다. '타자'는 이름 붙일 수 없고 분류하지 못하고 우리의 지적 사정의 한계로서 우리 눈앞에 압도적인 구체성을 동반하고 나타난다.

'타자'에 대해서 우리는 '중립적' 혹은 '학술적'인 시선으로 맞이할 수 없다. '중립적'이거나 '학술적'이기 위해서는 '나'와 '타자'를 동시에 포섭하는 패러다임의 존재가 전제가 되기 때문이다. 그러한 포괄적인 시좌를 상정하고 나서야 비로소 '중립성'이라는 생각은 성립하는데, 타자의 '타자'를 구성하는 것은 "타자는 '나'와 똑같은 패러다임에 속하지 않는다"는 사실이다. '나'와 타자 사이에는 공통분모가 없다.

'중립적'이지 않다는 것은 말을 바꾸면 처음부터 '나'는 타자에 대해서 당파적이라는 것이다. '나'가 타자에 향하는 시선은 그때그때마다 내가 분비하는 '정동성情動性'을 띠고 있고 그때그때마다 이미 '나'의 예단에 의해서 왜곡되어 있다. 이른바 우리는 '접속법'의 모드로 타자를 기술하지 그 대상을 '직설법'으로는 기술할 수 없는 것이다. '접속법'에 놓여 있는 동사가 그런 것처럼 타자는 우리 안에 상반하는 두 가지 정동성을 동시에 불러일으킨다.

우리를 두렵게 만들고 내치는 척력의 정동과 우리를 매혹시키고 끌어당기는 인력의 정동이다. 타자는 혐오의 대상인 동시에 갈망의 대상이다. 타자는 외경과 연민, 살의와 욕망을 동시에 북돋운다. 고도의 메타포를 가져와서 말해보자면 타자는 늘 '상위자'이든지 혹은 '하위자'여서 결코 우리와 동일 수준에 서지 않는다. 타자와 우리는 등격의 존재가 아니다.

타자와 나 사이의 이러한 비등격성, 비대칭성을 레비나스는 '얼굴'이라는 독자적인 술어로 설명했다.

> '인식'은 그 대상을 나의 것으로서 파지한다. 인식은 대상을 소유한다. (……) 그에 비해서 얼굴은 불가침이다. 그 눈은 완전히 무방비이고 인간의 신체 중 가장 노출된 기관이면서 소유에 대한 절대적 저항을 보인다. 그리고 그 절대적 저항 안에 살해에의 유혹, 절대적 부인에의 유혹도 또한 새겨져 있다. 타자는 사람이 살해의 유혹을 느끼는 유일한 존재이다. 이 살해에의 유혹과 살해하는 것의 불가능성이 얼굴의 비전 그 자체를 형태 짓는다. (에마뉘엘 레비나스, 『곤란한 자유』, p. 17)

타자의 얼굴의 비전의 이 이중성에 대응해서 우리가 타자를 대하는 태도 또한 이중적인 것이 된다. 나는 타자를 올려보는 동시에 내려다본다. 레비나스가 타자는 '신'인 동시에 '고아, 과부, 이방인'이라고 썼을 때 말하려고 한 것은 이것이다. 우리는 마치 신을 우러러보는 것처럼 우리의 이해를 넘어선 타자의 말에 귀를 기울이고 마치 의지할 데 없는 고아, 과부 그리고 이방인을 우리 집에 맞아들이는 것처럼 그들을 받아들이고 돌보고 위로하고 지키지 않으면 안 된다.

'신을 사랑하고 이웃을 사랑하라'는 신약성서의 말도 아마도 이것과 통할 것이다. 타자는 '신'이고 '이웃'이다. 그래서 타자를 향해서 우리가 보이는 '사랑'의 행위는 '나 자신의 이해를 넘어선 자를 받아들이는' 것과 '나 자신의 소유물을 보답을 바라지 않고 제공하는 것'을 동시에 함의하는 것이 된다.

타자는 '받아들이자' '제공하자'와 같은 이중의 윤리적 사명을 동반하며 출현한다. 즉 타자는 '타자가 출현한다'는 사실 그 자체에 의해서 이미 우리를 윤리적인(혹은 좀 더 적극적으로 표현하자면, '종교적인') 실천 안으로 끌어들인다.

사랑과 심문

고대의 가르침은 타자와의 커뮤니케이션에서 우리가 취해야 할 두 가지 행위('받아들인다' '제공한다')를 '사랑한다'라는 간명한 동사로 말했다. 그러나 20세기의 '타자성의 사상'은 타자의 효과를 '사랑'에서가 아니라 '심문'에서 구했다. 양자 간의 결정적 차이와 그것이 가져온 재액에 관해서 지금부터 말하지 않으면 안 된다.

레비나스는 타자와 윤리의 관계를 다음과 같이 정식화했다. 이 레비나스의 정식화는 그것 이후 타자성에 관련된 철학적 언설에 있어 불가피한 참고문헌이 되었다.

　　　'동일자'의 심문－그것은 결코 '동일자'의 자기중심적인 자연발생성의 내부에서는 이루어지지 않는다. 그것은 '외부적인 것'을 매개로 해서 이루어진다. '타자'의 현전現前에 의한 나의 자연발생성의 이 심문을 우리는 윤리라고 이름 붙인다. '외부적인 것'의 이질성 '외부적인 것'은 나의 '자아'에도 나의 사고에도 나의 소유에도 환원될 수 없는 사실, 그것은 다름 아닌 윤리로서 나의 자연발생성의 심문으로서 성취된다. (에마뉘엘 레비나스, 『전체성과 무한』, 1961, p. 13)

　　레비나스의 타자성론의 핵심은 이 한 구절에 집약되어 있다고 말해도 좋다. 그러나 문제가 되는 것은 이 일절에서는 레비나스는 '심문'에 관해서만 말하고 '사랑'에 관해서는 언급을 하고 있지 않다. 불행하게도 철학자들은 '사랑'에 관해서 말하기보다도 '심문'에 관해서 말하는 것을 선호한다. 그 대상이 설령 자기 자신일 때조차도 그들은 '사랑하는 것'보다도 '고발하는 것'을 선호한다.

　　철학자들은 '타자의 현전에 의한 자아의 권력성의 심문'이라는 말에 편애를 보였다. '심문'이라는 의사疑似 – 사법적인 술어로부터 연상할 수 있듯이 그들은 '심문당하는 자'가 한편에 있는 이상 다른 한편에는 '심문하는 자'가 있을 것이라고 인습적으로 발상했다. 레비나스는 용의주도하게도 '심문이 이루어지고 있다'라고 할 때에 'se faire'라는 '대명동사'를 이용해서 심문에는 주체가 없다는 것을 강조하고 있었음에도 불구하고 그들은 그것을 간과한 것이다.

'타자성의 철학자들'은 '타자에 의한 자아의 심문'을 이런 식으로 해석했다.

'타자'에 대한 윤리적인 책무와 죄책감을 느낄 수 있는 자아가 있다. 이것은 '윤리적 주체'이다. 한편으로 타자를 단순한 이해 지배 소유의 대상으로 간주하고 윤리적 유책성을 받아들일 수 없는 자아가 있다. 전자는 '좋은 자아'이고 후자는 '나쁜 자아'이다. 윤리적으로 '좋은 자아'는 자기 성찰적이고 지적으로 성실하고 사상적으로 전위적이다. 반면에 자기중심적인 '나쁜 자아'는 무반성적이고 지적으로 불성실하고 사상적으로 반동적이다.

철학자들은 타자의 현전에 의한 자아의 심문이라는 경험을 '심문을 받아들일 수 있는/받아들일 수 없는' 능력의 어법으로 이해했다. 어떤 지적 행위를 '할 수 있다/할 수 없다'는 능력을 지표로 자아는 분류되었다.

'자기 심문의 주체'라는 입장이 지적 위계상에서 매우 유리하다는 것은 이해에 어려움이 없다. '자기 심문'은 단순한 유책성의 고백과 무능성의 인지라는 것에 머무르지 않고 '그렇게 해서 엄격하게 스스로의 윤리적 유책성을 고발하고 스스로의 지적 빈곤을 인식할 수 있을 정도로 윤리적으로 성실하고 지적으로 탁월하다'는 '한 번 비튼' 자기 긍정을 논리적으로 귀결하기 때문이다.

그들은 이 위신을 '자기 심문이라는 고역'에 대한 지적 보상이라고 이해했다. '타자'의 현전에 굴복하고 '타자'에 무릎을 꿇고 엎드려 예의를 갖춘 자는 그 대가로서 '동료들'을 위압하는 카드를 손에 넣는다.

이러한 사상적 곡예는 확실히 평범한 사람이 착상할 수 있는 것은 아니다. '내 안에 있는 억압자를 심문하는' 것을 논쟁적 무기로서 최대한 공리적으로 활용한 것은 내가 아는 한 사르트르이다. 1952년에 그는 이 전술을 갖고 카뮈에 대한 사상전에서 완승을 거두었다. 사르트르가 논쟁가로서의 본능으로부터 고른 이 전술은 그 후 포스트모던기의 '정치적으로 옳은' 운동 안에서 크게 활용되게 되었다.

'나는 스스로의 폭력성을 계속 심문하면서 약자에 공감한다' '나는 나의 자기동일성을 계속 찢어가면서 이질적인 것을 받아들인다'와 같은 유약의 어법이 윤리적인 고결함과 지적인 우월성의 지표로서 공공적으로 인지되고 그 한편 '타자의 고통에 대한 상상력의 결여' '나 자신의 권력성에 관한 무자각'과 같은 클리셰가 논쟁할 때의 '히든카드'가 되었다. 피차별자, 피억압자, 인종적 소수파, 장애자, 모든 종류의 사회적 '약자'를 나 자신의 증인으로서 소환해서 "그들은 '나의 타자'이다. 그들의 현전은 내가 무반성적으로 '나'에 안주하고 있는 것을 허용하지 않는다"고 선언함으로써 '자기 심문자'는 순조롭게 개전改悛을 성취한다.

"나는 차별자다. 나는 억압자다. 나는 다수파다. 나는 정상인이다. 나는 강자다" 이 선언은 곧바로 '면죄부'로서 기능하기 시작한다. 그리고 '개전된 자기중심자'라는 특권적 입장으로부터 개전을 망설이는 모든 동류에 대해서 가열한 심문을 할 권리를 그들은 손에 넣는다.

커뮤니케이션·브레이크다운

그런데 '타자'라는 풍부한 사상적 논건은 이것을 공리적으로 활용하는 방도를 찾아낸 협량한 사상가들에 의해서 현저하게 그 다산성과 확장성을 잃었다고 생각한다. 혹여 현재가 두드러지게 '동질성 지향'의 시대라고 한다면 그것은 이렇게 해서 정식화된 '타자의 논리'에 우리 시대가 진절머리를 내기 시작한 것의 징후이다. 현재 '타자'라는 말을 누군가가 입에 담을 때 그것은 반드시 '심문'이라는 행위와 세트가 되었다. '타자'라는 말을 입에 담을 때 그들은 반드시 누군가를 날카롭게 따져 묻고 들볶고 단죄하기 위해서 그 말을 이용하고 있다.

'타자' 문제라는 것은 본래 '타자와 나 사이에는 어떠한 '사랑'의 관계가 성립할 수 있는가?'와 같은 아주 개인적인 물음이었을 것이다. 그러나 지금은 '사랑'에 관해서 철학의 어법으로 철저하게 말하는 사람은 별로 없다.

지금 사람들은 일제히 이렇게 주장하기 시작했다.

"나는 나다. 나는 내가 말하고 싶은 것을 말하고, 하고 싶은 것을 한다. 나는 나와 공감할 수 있는 사람하고만 말을 교환한다. 내가 '나라는' 것에 나는 어떠한 죄책감도 양심의 가책도 느끼지 않는다."

현재 세계적 규모로 진행되고 있는 배외주의적인 내셔널리스트들과 원리주의자들의 프로파간다는 '나는 나이고 타자는 타자이다. 그 사이에 다리를 놓는 것은 불가능하다'는 오래되고 새로운 명제에 수렴된다. 이 명제는 고대적인 다른 종족 배제의 논리와 동형이면서 현재의 타자론의 틀을 일부 계승하고 있다. '타자성의 철학자'들은 타자와의 커뮤니케이션을 '일단 단념하는 것'부터 시작하기 때문이다. 그들은 커뮤니케이션 불가능한 타자를 '외부'에 설정하고 그것을 그대로 '괄호 안에 넣고'(타자에 대한 성실한 대응으로서 '괄호 안에 넣기' 이외의 어떠한 태도가 있을 수 있을까?) 그러한 '외부'를 구상할 수 있는 자신의 지적 위신을 '내부'를 향해서 행사하는 것에 전적으로 노력해 왔다.

그러나 자신의 커뮤니케이션 능력을 처음부터 과도하게 낮 게 설정하는 것은 자신의 커뮤니케이션 능력을 과대평가하는 것과 똑같이 유해하다. 커뮤니케이션이 불가능한 상대와 이런 저런 궁리를 다해서 커뮤니케이션을 시도하는 '나'의 시스템 의 삐걱거림으로부터 '사랑'은 기동하는 것이 아닌가? 타자와 의 만남의 의미는 '나의 이해를 넘어서고 나의 공감을 거부하 는 자'를 '외부'에 구상하는 관상觀想적인 행위로는 달성되지 않고 그러한 '외부'를 향해서 어떠한 보증자도 준거 틀도 없는 채로 그럼에도 몸을 던지는 '나'의 탐험적 실천 속에서 구축되 어야 할 것이 아닌가? 타자와의 만남이라는 것은 커뮤니케이 션하는 것의 불가능성의 자각이 오히려 한층 커뮤니케이션의 욕망을 기동하는 역설적인 사태를 가리키는 것이 아닐까?

그러나 아프리카와 발칸반도에서의 내전이 보여주듯이 조 금 전까지만 해도 공생하고 이럭저럭 커뮤니케이션을 성립시 키고 있던 사람들이 돌연 자신의 절대 불변 환원 불능의 본질 을 발견하고 '이쪽'과의 커뮤니케이션의 불가능성을 안 것처 럼 사태는 진행되고 있다.

베르나르앙리 레비가 그 우울한 책『위험한 순수함』에서 쓰

310

고 있듯이 '순수함에의 의지'라고 해야 할 것이 그러한 유혈의
장을 점령하고 있다.

르완다와 러시아, 보스니아와 캄보디아와 알제리에서도 싸
움의 목적은 '공동체 간의 혼혈, 공생을 전하는 모든 것들을 말
소하는 것'에 있었다. '원리주의에는 순수함에 대한 강박관념
이 있다'는 레비의 정의를 나는 옳다고 생각한다.

'무구한 상태로 순수한 기원으로의 귀환' '민족 특유의 본질
의 완전한 발현'이라는 동일한 화법을 모방한 정치적 신화가
'타자 알레르기'로 구동되어서 지금 지구상에 만연하고 있다.
그것의 책임의 일단은 '타자'라는 사상적인 난문을 최저 능선
으로 넘어선 우리 시대의 지적 태만에 있다고 나는 생각하고
있다. 이러한 사상적인 현상을 접하고 '월경'의 의미를 새롭게
묻지 않으면 안 된다.

월경과 순력

궁극적으로 보자면 서구 세계는 우주를 자신 안에서 찾는다.
그것은 오디세이의 세계일주가 고향으로의 귀환 여행의 도상의
사건에 지나지 않았다는 것과 유비적이다. 오디세이는 그 의미에
서 문학을 지배하고 있다. (에마뉘엘 레비나스, 『곤란한 자유』, p
23)

어떠한 전대미문의 모험도 그것이 언젠가는 '고향의 섬'에 돌아왔을 때 사람들에게 들려주기 위한 모험담으로서 '모험에 관한 이야기'로서 기존의 화법에 기초해서 경험되는 한 그 모험은 '월경越境'이라고 불리지 않는다. 그것은 '순력巡歷'이다.

'순력'과 '월경'은 다르다.

'순력'은 아무리 그것이 위험한 것이라도 '고향의 섬'의 질서에 자그마한 혼란도 가져오지 않기 때문이다. 오히려 오디세이가 그런 것처럼 경탄해야 할 모험의 여행으로부터 돌아왔을 때에 '고향의 섬'이 출발할 때와 똑같은 채로 있는 것이야말로 '순력자'의 절실한 바람이다.

'순력자'는 경험을 쌓음으로써 견문을 늘리고 교양을 깊게 하고 심신의 능력을 높이고 재화를 갖고 고향의 섬에 돌아온다.

그러나 '월경자'는 돌아오지 않는다. 그 발걸음은 자신의 기원 그 자체로부터의 일탈로서 살게 된다. "너는 너의 고향, 너의 아버지의 집을 나와서 내가 지시하는 땅으로 가라"(창세기)라는 '신'의 명령에 아브라함이 따른 것처럼. '월경'이라는 것은 아브라함이 한 것처럼 '절대적 타자로부터 도래하는 말'에 따라서 '집과 고향'을 버리는 것이다. 아마도 철학적 주제로서의 '월경'은 '사랑'의 문제로, 말을 바꾸면 커뮤니케이션의 문제로 집약된다.

'월경'이라는 것은 '한 번도 들어본 적 없는 타자의 말에 따르는' 것이다. 마치 아브라함이 신의 목소리에 따라서 외동아들 이삭을 모리야의 언덕에서 제물로 바치려고 한 것처럼 '타자'의 말은 나의 이해를 넘어서서 어떠한 감정이입도 안 되고 불가해하고 이질적이고 기괴한 명령으로서 '우리 집'에 침입해 들어온다.

타자는 '우리 집'에 혼란과 불화와 분쟁과 확집을 불러일으킨다. 타자와의 만남이라는 것은 '우리 집'이라는 안정적인 지해知解의 시스템이 해체되고 내가 절대적인 '단독자'로서 고립되는 듯한 경험이다. 바깥에서 온 자의 말은 나의 이해와 공감을 넘어서고 있음에도 불구하고 그 이해할 수 없는 말을 나는 그럼에도 한 개의 '주체'로서 받아들이고 듣지 않으면 안 되기 때문이다. 이 배리적 책임을 떠맡는 것을 통해서 비로소 '주체'는 성립한다.

'주체'라는 것은 자신의 이해를 넘어선 이질적 언어를 '자신의 책임하에서' 듣고 그 의미를 '자신의 책임하에서' 해석하는 자를 가리킨다. 그러한 방식으로 '책임을 질 수 있는' 자만이 '주체'로서 설 수 있는 것이다. 아브라함은 '단독자'이다. 왜냐하면 '신은 나의 아들을 제물로 받치라고 나에게 말하고 있는 것처럼 나에게 들렸습니다만 그렇게 해석해도 좋습니까?"라고 확인을 구하는 상대가 어디에도 없는 상황에서 그는 결단을 내리지 않으면 안 되었기 때문이다.

아브라함은 절대적 단독이다. 신의 말조차도 아브라함의 판단의 옳음을 보증해 주지 못한다. 신의 말의 해석을 신에게 물을 수 없기 때문이다. 설령 "미안합니다. 지금 말씀하신 것의 의미는 '이삭을 죽여라'라는 식으로 이해해도 좋습니까?"라고 아브라함이 반문하고 거기에 신이 대답을 했다고 해도 신의 '대답'을 아브라함은 다시 한 번 자신의 책임하에서 해석하지 않으면 안 된다. 그리고 그의 해석이 옳다는 것을 보증하는 자는 여전히 이 세상에는 한 명밖에 없다.

'단독자'라는 것은 "나의 판단의 '옳음'을 객관적으로 평가할 수 있는 자가 한 명도 없는 국면에서도 '옳다'고 믿는 행동을 실천하는" 자를 가리킨다.

아브라함이 신과의 대화에 참가한 것은 아들에 대한 아버지의 애정보다도 신앙을 우선시한 것이기 때문이 아니다(그래서는 아들에 대한 애정보다도 황제에 대한 충성을 우선시해서 아들을 찜으로 만들어 황제의 식탁에 올린 진의 시황제의 요리사와 다르지 않다).

여기서 물음의 대상으로 부각한 것은 해석의 '옳음'이 아니라 '무엇이 옳은지를 결정할 심급이 존재하지 않는 곳에서 그럼에도 결단할 수 있는 자'가 출현하는 것이다. 아브라함은 '자신의 책임하에서' 타자의 말을 해석하고 그 책임을 받아들임으로써, '주체'로서 자신을 세움으로써 타자와의 대화자의 지위에 한 걸음을 나아간 것이다.

그렇게 해서 구축된 주체만이 '집과 고향을 버릴' 수 있다. 반복해서 말하는 대로 그것은 단지 지리적으로 멀리 간다는 의미가 아니다. 자신의 경험을 '집과 고향의 어법'으로 말하여진 '순력자의 모험담'에 회수하지 않는 것이다. 자신의 것이 아닌 어법으로 자신의 발걸음을 말할 수 있는 언어운동의 생성의 장을 만들어내는 것이다. 그 행위를 위해 우리에게 필요한 것은 철학적 명찰보다도 윤리적인 결백보다도 종교적 열광보다도 무엇보다도 먼저 '언어의 힘'이라고 나는 생각한다.

'나'의 생각과 '나'의 감각에 격하게 저항하는 것을 '나의 말'로 받아들일 수 있을 때까지 '나'의 언어적 용량을 확대해나가는 것. '나'의 것이 아닌 문법과 '나'의 것이 아닌 어휘를 이용해서 그럼에도 '나의 말'을 말할 수 있는 것. 그러한 언어의 연마를 통해서 끊임없이 '나'를 세우고 무너뜨리고 변화시키고 파괴하고 창조하는 것.

이것은 '타자와의 만남을 통해서 자기동일성이 심문받는' 것 같은 형식적인 철학적 화법으로 간단하게 마무리할 수 있는 것이 아니다. 어떤 강령을 신봉하거나 어떤 신앙 조례를 실천하는 것을 통해서 하룻밤에 '회심回心'이 되어 모든 것이 아름다운 정서整序 안에서 현현하는 것 같은 맘 편한 사태는 월경에서는 일어나지 않는다. 왜냐하면 그것은 '힘을 필요로 하는 일'이기 때문이다. 매일매일 신체를 움직여서 땀을 흘리고 누구도 대신해줄 수 없는 일을 자신의 책무를 다하듯이, 성실하게 자신의 말을 단련하는 것이다. 그것은 비유적으로 말하자면 '커뮤니케이션의 수행'이라는 것이다.

예도藝道에서 달인의 영역에 도달하는 것은 극히 어려운 일이다. 많은 수행자들이 그 영역에 도달하지 못한 채 생애를 마친다. 그러나 그 지예至藝의 영역에 달했을 때의 자신의 체험을 리얼하게 상상할 수 없는 자는 초심의 수행도 오래 견딜 수가 없다. 그것과 똑같이 타자와의 커뮤니케이션은 불가능한 꿈에 가깝다. 그러나 그것을 격렬하게 꿈꿀 수 없는 자는 결국 커뮤니케이션의 부재를 견딜 수 없을 것이다.

'아이고'주의란 무엇인가?

　'세부 스스무西部邁도 절찬'이라는 책의 띠지를 보고 마음이
동해서 미야자키 테츠야가 쓴 『정의의 관점』(1996)이라는 평
론집을 사고 말았다. 그렇다고 해서 내가 세부 스스무의 평가
의 객관성을 높게 사고 있는 것은 아니다. 나는 그를 신용하지
않는다. 정직하게 말하자면 애당초 세부라는 사람이 쓴 것을
읽지 않기 때문에 잘 모른다. 옛날에 세부의 책을 사서 다 읽고
그대로 쓰레기통에 버린 적도 있다. 다 읽고 나서 그대로 책을
버린 적은 지금까지 두 번밖에 없는데 그중 한 번이니까 나는
세부하고는 잘 안 맞을지도 모르겠다.

　여하튼 '무서운 것을 도리어 보고 싶은 마음'이라고 해야 할
까, '맛없는 것을 도리어 먹고 싶은 마음'이랄까. 그런 부정적

인 호기심이 이끄는 대로 미야자키 테츠야의 책을 사서 주뼛 주뼛 읽어보았다. 읽어보니까 문장력은 훌륭하고 젊은데도 박학다식하고 논리도 명쾌하고 험담을 말하는 솜씨도 경지에 이르렀고, 싫어하는 것—우에노 치즈코라든지—도 나와 똑같다. 그러나 그럼에도 불구하고 재미가 없다.

왜 재미가 없는 걸까?

곰곰이 생각해봤는데 모르겠다. 몰라서 내가 재미있다고 생각하는 시평집을 꺼내서 그것과 같이 비교해서 읽어보았다. 참고로 비교해서 읽은 것은 다카하시 겐이치로의 『이것으로 일본은 괜찮다』(1995)와 오다지마 타카시의 『일본문제외론』(1998). 그러자 금방 알 수 있었다. 미야자키에는 '아이고, 이걸 어쩌나 감각'이 없다.

그렇다면 '아이고, 이걸 어쩌나 감각'이란 무엇인가?

그것은 요컨대 '종범從犯 감각'이다.

예를 들면 '종범 감각'을 갖고 있는 사람은 일본의 정치 시스템을 비판할 때 저자세가 된다. 그것은 비판하고 있는 당사자가 오랫동안 정치와 관련된 언론의 자유, 집회결사의 자유를 보장받고 선거권과 피선거권을 행사해온 결과 지금의 정치 시스템을 만들어낸 사람들 중 한 명이라는 것을 절실히 알고 있기 때문이다.

우리의 노력도 태만도 참가도 무관심도 전부 포함해서 그것의 합계로서 지금의 정치체제가 존재하고 있는 이상 한 발짝 물러서서 혹은 객관적으로 일본의 정치시스템이 이렇다 저렇다라고 말할 수 없는 것이다. "대체로 일본의 정치 시스템은" 같은 말을 외국인과 같은 입장에서 말하는 것이 허용되지 않는다. 아니 허용되고 있을지도 모르겠지만 그렇게 하는 것이 부끄러운 것이다.

일본의 정치 시스템과 관료제도가 허접하다는 것은 잘 알고 있다. 잘 알고 있지만 '허접하다'고 말할 때에는 '그 허접한 제도의 성립에 나도 한몫 거들었다'는 내심 갖고 있는 부끄러움과 가책이 우리의 말꼬리를 흐리게 만든다.

다카하시 겐이치로가 문학과 문단에 관해서 말할 때, 오다지마 다카시가 하이테크와 컴퓨터 업계에 관해서 말할 때 거기에는 '집단 내부의 수치'를 말하는 것에 대한 '부끄러움'이 있다. 그러한 현상의 출현을 막지 못했거나 때로는 그것을 알고 가담해온 자신을 추궁하는 마음이 있고 그 다른 한편으로는 "결국 이것이 우리에게는 어울린다"라는 자포자기의 자세가 있다. 이 '죄책감'과 '자기면책'이 서로 섞여서 결국 '어정쩡한 자세'야말로 내가 '아이고, 이걸 어쩌나' 감각이라고 부르는 것이다. 일본의 중년 남성 중에 이 '아이고, 이걸 어쩌나' 감각으로부터 완전히 자유로운 사람은 없을 것이다.

나츠메 소세키 이래 이 '아이고, 이걸 어쩌나 감각'의 취약성이 다른 의미에서는 일본 아저씨들의 '자아의 갑옷'이 되고 있다는 것을 나는 모르는 바가 아니다. 곧바로 손을 비비며 사과하는 녀석이 가장 반성하지 않는다는 것을 나는 모르는 바가 아니다(실제로 내가 그렇다).

미야자키에 결정적으로 결여되어 있는 것은 이런 '아이고, 이걸 어쩌나' 감각이 아닐까 싶다. 그들이 일본의 상황이라는 함수식에 계산으로 넣는 것은 '자신의 무구함(혹은 무력함)'이라는 데이터이다. 청정무구하고 무력한 자로서 스스로의 정체성을 결정하는 것은 '자신이 포함되어 있는 여러 제도들'을 심문하는 데 있어서 아주 유리한 전략이다. 그렇다고 한다면 현상이 아무리 나빠도 자신들에게 책임이 있을 리가 없다(이것은 미야자키가 비판하고 있는 페미니즘의 자기정당화와 똑같은 논리다). 이것은 안 된다고 나는 생각한다.

경험적으로 알 수 있는 것 중 하나가 우리는 자신이 '무력'하다는 사실을 '자신이 약하고 어리석다'는 것의 결과로 생각하려고 하지 않는다. 따라서 이 '무력'을 우리보다 훨씬 강력한 것에 의한 '외부로부터의 금지'의 결과라고 해석하려고 한다.

이 '합법적인 자기 인식을 외부로부터 금지하는 존재'를 가리켜 정신분석은 '아버지'라고 부른다. 자신이 무력하다는 사실로부터 곧바로 '외부에 내가 이해할 수 없는 논리를 가진 세계를 구축하고 있는 강력한 상위자가 있다'는 결론을 끌어낼 수는 없다. 거기에는 논리적인 '가교'가 필요하다. '아버지'라든지 '신'이라든지 '귀신' 같은 것은 요컨대 그러한 논리적인 가교 기능으로서 만들어진 '이야기'이다.

"강력한 악이 존재해서 그것이 '나'의 자기실현과 자기해방을 저해하고 있다"는 어법은 따라서 부권제사회에 고유한 것이고, 부권제사회 재생산의 프로세스 그 자체라고 생각한다. 이러한 어법에 의존하는 한 그것이 어떠한 이데올로기적인 색채를 띠고 있다고 하더라도(마르크스주의이든, 페미니즘이든 자유주의사관이든) 그것은 '부권제 이데올로기'라고 나는 간주한다.

나는 이러한 동형적 이데올로기의 끝없는 반복에 완전히 질려 있다.

여기로부터 벗어날 길은 없는 것일까?

일단 나는 "나는 무력하지만 그것은 나의 외부에 '아버지'가 있어서 내가 힘을 갖는 것을 금지하고 있기 때문이 아니라, 단지 내가 무력하기 때문이다"라는 자기 인식으로부터 출발하려고 생각하고 있다.

자신의 약함과 어리석음을 계속 근거로 삼으면서도 그것을 부권제의 어법으로 말하지 않는 결의가 필요하다. 나는 그 결의를 '아이고, 이걸 어쩌나' 감각에 의탁하려고 한다. 그리고 자신의 어리석음, 자신의 약함, 자신의 사악함이 세계에 어떠한 재액을 가져오지는 않을까를 우선적으로 배려하는 지성,

그 리스크를 제어함으로써 자신이 세계에 어떠한 공헌을 할 수 있을 것인가를 계량할 수 있는지의 양태를 '아이고주의'라고 명명하고자 한다. 그것은 '선善을 이룬다'는 것보다도 '나쁜 일'을 이 이상 하지 않는 것을 우선적인 과제로서 자기 성찰하는 일종의 윤리적 태도이다.

이러한 에토스는 막부 말기부터 메이지 말기에 걸쳐서 성립한 것이 아닌가 하고 나는 생각하고 있다. 그 계보는 나루시마 류호쿠成島柳北와 나츠메 소세키夏目漱石를 원조로 해서 우치다 햣켄內田百閒, 후카자와 시치로深澤七郎, 다나카 코미마사田中小實昌, 아카세가와 겐페이赤瀨川原平, 오다지마 다카시小田嶋隆, 라는 식으로 면면히 이어져 내려오는 것은 아닐까(바란다고 하면 이 리스트는 얼마든지 늘일 수 있다). 이 사람들에게 공통적으로 엿볼 수 있는 것은 아마도 '아버지가 되는 것'에 실패한 일일 것이다(그런데 그것은 그들이 개인적으로 권위 있는 아버지이거나 아이들에게 사랑받는 아버지라는 사실과 모순되지 않는다. 여기서 내가 말하고 있는 것은 '시스템이 악이고 나는 무구하다'라는 부권제 이데올로기에 기대어 세계의 성립을 설명하는 것을 자제한 사람들이라는 의미이다).

그런 의미에서 나도 '아버지가 되는 일'에 보기 좋게 실패했다(다른 의미에서도 실패했지만). 그래서 이 계보의 마지막 좌석에 꼭 넣어주었으면 하는 바람이다.

망설임의 윤리학

1

　많은 사람들에게 알려져 있다는 이유로 누구도 문제로 삼지 않는 논건이 있다. 예를 들면 『이방인』의 간행과 카뮈의 레지스탕스 참가가 거의 같은 시기라는 것도 그중 하나이다.

　『이방인』은 1940년 봄, 파리에서 완성되었다. 이 책의 원고는 1941년 4월에 오랑에서 파스칼 피어에게 전달되어 9월에는 갈리마르의 기획심사위원회에서 장 폴란의 강력한 추천에 힘입어 다음 해인 1942년 6월 15일에 출판되었다. 카뮈의 레지스탕스 활동 참가 시기는 운동의 성질상 특정하는 것이 곤란하지만 1943년 가을에는 〈콩바Combat〉의 편집에 참여하기 시작했다는 것은 알려져 있다.

　그러나 시간적인 근접에도 불구하고 이윽고 작가의 이름을 세계에 알리게 된 소설의 완성과 마찬가지로 저항의 사상가로서의 이름을 전설화하게 되는 정치 활동에의 참여라는 두 가지 사건 사이에 어떠한 내재적 관련이 있는가를 주요 테마로 삼고 고찰한 연구는 내가 아는 한 거의 존재하지 않는다.

『이방인』 완성 후 카뮈가 레지스탕스에 본격적으로 참가했다고 하면 『이방인』 안에 카뮈의 그 이후의 정치적 활동을 예견케 하는 어떤 생각이 쓰여 있을 가능성은 충분히 있다. 이것은 음미해볼 만한 가치가 있는 논건이 아닐까?

『이방인』은 "우리는 사람을 죽일 수 있을까?"라는 절실한 물음을 다루고 있다. 이 물음에 작가는 '몇몇 조건을 부여하면서' 긍정형으로 답하고 있다. "때로는 조건만 갖추어져 있으면 우리는 사람을 죽일 수 있다"는 것이 『이방인』이 채택하는 입장이다. 우리는 이러한 입장을 임시로 '이방인의 모럴'이라고 이름 붙이고자 한다. 이 '이방인의 모럴'이 레지스탕스의 이데올로기와 친화적이라는 것, 이것이 본 논고가 다루고자 하는 첫 번째 논건이다. 우리는 이것을 「독일 친구에게 보내는 편지」와 『이방인』을 견주어 읽어봄으로 증명하고자 한다.

그러나 해방 후 대독 협력자의 숙청이라는 일을 눈앞에 둔 카뮈는 '조건만 갖추어져 있으면 우리는 사람을 죽일 수 있다'는 그때까지의 입장을 버리고 변호의 여지가 없는 죄인인 대독 협력자들의 감형 탄원에 동의한다.

물론 그것은 카뮈가 '어떠한 폭력에 대해서도 반대하는' 평범한 비폭력주의자로 변신한 것을 의미하는 것은 아니다. 그는 단지 '폭력은 불가피하다는 것과 폭력은 정당화할 수 있다는 것은 다르다'는 화법으로 '정의의 망설임'을 말하는 것에 지나지 않았다. 그 '망설임'의 호흡과 숨결이 『페스트』부터 『반항적 인간』에 이르는 시기의 텍스트에 살아 있다.

그러나 카뮈의 동시대인들은 이 '정의의 망설임'이라는 정치적 사상의 깊이를 결국 이해할 수가 없었다. 1952년의 사르트르·카뮈 논쟁에 의해서 '망설이는 사상가' 카뮈는 파리의 지적 써클로부터 치명적인 방법으로 배제되었다. 그 이후 카뮈의 폭력론—그것을 우리는 '망설임의 윤리학'이라고 이름 붙이고자 한다—은 관심의 대상으로부터 멀어지고 나서 꽤 많은 시간이 흘렀다. 본 논고에서는 주로 『페스트』와 『반항적 인간』에 기초해서 카뮈의 '망설임의 윤리학'의 발상과 그 성립 과정에 관해서 사견을 조금 진술하고자 한다. 이것이 본고가 다루고자 하는 두 번째 논건이다.

2

『이방인』이라는 소설을 오로지 폭력의 문제에 의거해서 읽으면 '독특한 모럴을 가진 한 명의 청년이 어떤 빼도 박도 못할 상황에서 살인을 저질렀는데 그것을 반성하는 일 없이 사형에 처해지는 이야기'라는 식으로 요약할 수 있다.

지금까지 '부조리'라는 과도하게 문학적인 말에 끌려 다니면서 논의되어왔던 뫼르소의 행동이 실은 어떤 수미일관된 행동준칙에 기초해서 실행되었다는 것. 뫼르소는 하나의 모럴에 철저히 의거했다는 것. 이것이 우리의 『이방인』 독해의 출발점이 되는 인식이다. 뫼르소가 자기 한 몸을 던져서 관철해낸 모럴은 어떤 것일까? 이 문제를 생각하기 위해서 『이방인』의 철학적 주제라는 다소 닳고 닳은 주제를 다시 한 번 문제 삼지 않으면 안 된다.

『이방인』의 주인공인 뫼르소는 "그것은 나에게 어떻게 되든 상관없는 일이다Cela m'est égal"는 문장을 강박적으로 반복한다. '그것은 어떻게 되든 상관없는 일이다'라는 것은 개개의 사상에 관해서 그때그때마다 가치 부여를 가능하게 해주는 범용적 준거틀, 즉 '큰 이야기'를 잃어버린 상태를 주체가 표명한 말이다.

세계대전 기간 동안 카뮈뿐만 아니라 많은 동시대의 사상가들이 각각 고유의 방식으로 유사한 경험을 말하려고 했다. 하이데거의 '세계의 적소 전체성의 붕괴'도 야스퍼스의 '한계체험'도 사르트르의 '구토'도 바타이유의 '내적 체험'도 레비나스의 '있음il y a'도 말은 달라도 모두 세계의 질서를 지탱하는 '성스러운 옥좌'가 붕괴하고 몰락해서 옳고 그름과 사악함과 정의의 판단을 위탁해야 할 곳을 잃어버린 대전 기간의 지식인의 불안을 표명하고 있다.

카뮈는 이 세계의 '무無-저底(an-archie)'의 경험을 '등격等格, égal'이라는 말로 표현했다. 이 말은 단지 준거틀로서의 상위심급(신, 절대정신, 혹은 역사를 관철하는 철칙)이 사라졌기 때문에 선과 옳고 그름과 사악함과 정의의 판단이 불가능하게 된 사태를 가리키고 있는 것뿐만이 아니다. '등격'은 '두 가지 것 사이에 차이가 없고 등가적이다'라는 문자 그대로의 상태도 의미하고 있다.

카뮈는 다른 실존주의자들처럼 세계의 '무-저'를 단순한 '질서의 결여'로서 즉 극복해야 할 부정적 상황으로서 보지 않았다. 오히려 다양한 요소가 정위치와 윤곽선을 잃어버리고 미정형적 공존 안에 말려들어서 위태롭게 균형을 유지하고 있는 사물의 양상을 카뮈는 일종의 '이상'으로서 말하려고 한 것이다. 구별 짓기(차이 만들기)를 거부하고 가치를 평준화하고 등격자들로부터 구성되는 비-위계적인 공동체를 지상에 현현시키려고 하는 욕망. 그것은 『이방인』뿐만 아니라 「표리」와 「결혼」 등 카뮈의 초기 작품에 흐르고 있다.

'차이화하기différencier'는 아날로그적이고 카오스인 세계에

디지털 경계선을 그려 넣고 대상을 기호적으로 가동케 해서 명명하고 분류하고 이해하고 소유하고 보존하는 동작 일반을 가리킨다. 그렇게 말하고 싶으면 '기호 작용'이라고 불러도 좋고 '원억압'이라고 불러도 좋다. 여하튼 우리의 문명은 그러한 차이화의 조작 위에서 비로소 성립하고 있다. '등격이다' '차이가 없다'는 것은 이 '차이화 조작' 그 자체에 대한 이의 제기이다. 초기 카뮈의 철학적인 중요한 발상의 하나는 이러한 '차이화에 기초해서 세계를 질서 짓는 것'에 '차이화되지 않는 세계의 향수享受'라는 유열愉悅한 경험을 대치시키는 것에 있었다.

모든 것을 집어 삼키는 알제리의 태양과 바다라는 특권적인 이미지를 통해서 그가 그려내려고 한 이 유열의 경험은 '말하지 못하는 어머니'와의 융합憑合, '검찰관=아버지'와의 확집, '경상적–거울적–동포들'과의 합일이라는 정신분석적인 문제군과도 당연히 깊게 관련되어 있다. 그러나 이 논건에 관해서는 이미 수차례 논했기 때문에 여기서는 다루지 않겠다. 우리의 관심의 대상이 되는 것은 이 '등격'과 '무차이'가 모럴의 수준에서는 어떠한 행동으로 귀결되는가라는 물음이다. 이것에 관해서 카뮈는 알제리의 노동자 거리인 벨쿠르 남자들의 모럴로서 다음과 같은 인상 깊은 일절을 썼다.

이 남자들은 그들 나름의 원칙에 따르고 있다. 그들에게는 그들 나름의 모럴이 있다. 남자는 어머니에게 등을 돌려서는 안 된다. 바깥에서는 아내의 체면을 존중하지 않으면 안 된다. 임산부에게는 배려의 마음을 보여주지 않으면 안 된다. 한 명의 싸움상대에 두 명이 달려들어서는 안 된다. 비겁하기 때문이다. 이러한 기본적 계율을 지키지 않는 자는 남자가 아니다. 그것으로 한 건 해결이다.(Albert Camus, l'Été à Alger)

알제리 거리의 남자들이 지키는 계율은 불과 네 가지뿐이다. 그중 세 가지는 '어머니'에 대한 친밀함과 충성에 관한 것이고 나머지 한 가지는 '폭력에 대한 평등성'에 관한 계율이다. 여기서 폭력적인 항쟁의 해결책으로서 제시되어 있는 것은 조건을 똑같이 한 결투duel이다. 폭력적인 항쟁에 옳은 해결책이 있다고 하면 그것은 전투 조건의 '평등성'을 유지하는 것에 다름 아니다. 분쟁 해결을 위해서 당국의 개입을 추구하는 것은 벨쿠르 남자들에게는 논외이다. 분쟁에 개입해서 법을 참조하면서 시시비비를 재단하고 제재를 집행하는 '제삼자'는 비겁한 자로서 벨쿠르 남자들의 모럴로부터 철저하게 배제되었다.

이 '벨쿠르 남자들의 모럴'에 비추어 보면 해안에서 뫼르소의 살인이 이 모럴에 충실에 따르고 있다는 것을 알 수 있다. 나중에 카뮈가 '균형의 원리'라고 부르게 되는 이 원칙이 『이방인』 전반의 클라이맥스인 해안에서의 항쟁 사건을 시종일

관 지배하고 있다. 그것을 확인하기 위해서 뫼르소와 뫼르소의
동료 그리고 뫼르소의 상대역들이 경험한 폭력적 만남을 다시
읽어보기로 하자.

뫼르소는 레몽 및 마송과 해안에서 아랍인 두 명과 싸우게
된다. 백인 세 명은 모두 똑같은 모럴을 믿고 있는 '벨쿠르의
남자'들이다. 따라서 그들이 폭력적 장면에 조우하면 그때 행
동준칙이 되는 것은 '평등성' 즉 '똑같은 조건으로 싸우는 것'
이다.

처음 싸움에서는 아랍인이 두 명이었기 때문에 뫼르소는 전
투요원에서 제외된다. 이때 레몽은 뫼르소에게 이렇게 말한다.

> "만약 싸움이 벌어지면 마송 너는 두 번째 녀석을 상대해줘. 나
> 는 내가 상대할 녀석을 처리할게. 뫼르소, 너는 세 번째가 나오면
> 그 녀석을 맡는 거야."

뫼르소는 그 지시에 묵묵히 따른다. 이때의 싸움에서 맨손
으로 이루어진 싸움은 일방적으로 레몽 측이 압승을 거두는데
아랍인이 칼을 꺼내서 레몽의 팔과 입을 찌르고 도주한다.

두 번째 싸움에서는 레몽과 뫼르소 두 명이 아랍인 두 명과
만난다. 인원수 면에서 균형을 이루고 있었기 때문에 싸움은
피할 수 없는 노릇이다. 그러나 뫼르소는 격분하고 있는 레몽

을 말리고 열심히 세세한 조정을 시도한다. 뫼르소는 총으로 쏘려고 하는 레몽을 제지하고 이렇게 말한다.

　　"저 녀석은 아직 너에게 아무것도 말하지 않았어. 이럴 때 쏘는 것은 비겁해."

'비겁'이라는 한마디가 효력을 발휘해서 레몽은 일단 총을 거두고 싸움 시작의 조건을 뫼르소에게 확인한다.

　　"그러면 먼저 내가 저 녀석에서 뭔가 말하고 그 후에 저 녀석이 뭔가 말대답을 하면 쏘겠어."

뫼르소는 일단 거기에 동의하면서 실질적인 조건을 제시한다. "그러면 되겠네. 그런데 저 녀석이 만약 칼을 뽑지 않는다면 쏘아서는 안 돼"

전투 조건의 평등이 확보되어 있지 않을 때에 총을 사용하는 것은 '비겁'하기 때문이다. 뫼르소의 거듭되는 제지에 의해서 레몽이 인내의 한계에 도달한 것을 알아차린 뫼르소는 어쩔 수 없이 마지막 조건을 제시하고 행동 신호를 낸다.

　　"정면으로 승부를 하고 총은 나한테 줘. 또 한 놈이 나오거나 저 녀석이 칼을 뽑으면 그때는 내가 쏘겠어."

뫼르소는 여기서 자신은 어떤 조건만 갖추어지면 살인을 감행할 용의가 있다고 선언한다. 다행히도 이 두 번째 조우에서는 최악의 사태는 피했다. 그러나 이 대치 동안 뫼르소는 상대방이 어떻게 나오느냐에 따라 '방아쇠를 당길지도 모르고 당기지 않을지도 모른다'고 생각하고 있었다.

세 번째 조우에 이르게 되어서 두 번째 조우에서 레몽을 상대로 뫼르소 자신이 설정한 조건이 전부 채워지게 된다. 사람 수는 일대일. 무기는 칼과 총. 그리고 이번에는 아랍인이 뫼르소를 향해서 공격 의사를 보인다. 뫼르소는 자신이 정한 조건에 스스로 구속된다. 이때 뫼르소가 적에게 등을 보이고 도망간다고 하면 그것은 그가 그 직전의 조우에서 레몽에게 약속하고 그 약속의 무게를 대가로 폭력 행사를 억제한 '조건이 갖추어지면 내가 쏠게'와 같은 말이 거짓말이 되고 만다. "조건만 갖추어지면 나는 사람을 죽일 용의가 있다"는 뫼르소의 말은 확실히 한 번은 브레이크로서 기능했다. 그러나 그것이 브레이크로서 기능할 수 있었던 것은 그 말을 입에 담은 뫼르소가 조건이 갖추어진 경우에는 그 말을 실행에 옮기는 것을 주저하지 않는 경우뿐이다.

해안에서의 살인 사건은 '벨쿠르의 남자들'이 지키고 있는

'평등성의 모럴'의 논리적 귀결이다. 우리는 이 장면에 전형적으로 등장한 폭력 행사에서 평등성의 확보의 원칙을 '이방인의 모럴'이라고 부른다. 그것은 평등성만 확보되어 있으면 폭력은 면책된다는 것이고 한 걸음 더 들어가서 이야기 하자면 스스로 죽음의 위험을 감수할 용의가 있는 자에게는 '인간을 죽일 권리가 있다'는 말이다.

3

카뮈는 독일 점령하에 지하 출판된 레지스탕스 문서 「독일 친구에게 보내는 편지」의 첫 번째 편지 중에 이것과 거의 똑같은 내용을 썼다.

우리에게는 긴 우회가 필요했다. 우리에게는 오랜 지연이 필요했다. 그것은 진리에의 염려가 강제하고 우정에의 염려가 강제한 우회였다. 이 우회가 정의를 유지하고 스스로에게 계속 물음을 던져온 측 사람들에게 일리가 있게 했다. 이 우회는 비싸게 먹혔다. 우리는 그것을 굴욕으로서 침묵으로서 고통으로서 감옥으로서 처형의 아침으로서 단념으로서 이별으로서 매일의 기아로서 말라빠진 아이들로서 그리고 무엇보다도 강제당한 뉘우침으로서 지불했다. 그것은 순서로서 옳았다.

　그러한 시간이 있었기 때문에 우리는 어떤 종류의 인간들을 죽일 권리가 자신들에게 있는지 아닌지 이 세계의 폭거에 더한 폭거를 행사하는 것이 우리에게 허용되어 있는지 아닌지를 알 수 있었다. 잃어버린 그리고 다시 발견된 이 시간이 받아들여지고 그리고 극복된 이 패배가 피에 의해서 속죄된 이 양심의 가책이 우리 프랑스인에게 지금 이렇게 생각하는 권리를 제공해준 것이다. 우리는 희생자와 피희생자에 의해서 깨끗해진 더럽혀지지 않은 손을 갖고 전쟁에 참여했다. 그리고 이번에는 부정에 대해서 우리 자신의 생각에 반해서 손에 넣은 승리에 의해서 깨끗해진, 더럽혀지지 않은 손을 갖고 전쟁을 끝내게 될 것이라고.

　희생자와 피정복자의 고통은 '어떤 종류의 사람들을 죽일 권리'를 갖는다고 카뮈는 여기서 언명하고 있다. 이 전쟁은 프랑스인의 '의도에 반해서' 독일인이 시작한 것이다. 그래서 그 승리도 또한 프랑스인의 '의도에 반해서' 이루어질 것이다. 프랑스인이 시행할 보복의 폭력은 그들이 선택한 것이 아니라 이른바 이런 흐름에 강요당한 것이었다.

　이러한 전쟁에 대한 이해는 '이방인의 모럴'과 동형적이다. 그것은 폭력의 상호성, 평등성을 원리로 하는 '동죄형법'의 논리이다. 먼저 상처를 입은 사람은 가해자에 대해서 똑같은 양의 고통을 청구할 권리가(혹은 의무가) 있다. 저울의 눈금은 균등하게 유지되지 않으면 안 된다.

이 '첫 번째 편지'가 쓰여진 것은 카뮈가 르파늘리에서 요양을 하고 있을 시기로 로트만의 평전에 의하면 카뮈는 아직 레지스탕스 활동에 참가하지 않았다. 그래서 정치적인 텍스트이긴 하지만 이것은 레지스탕스의 실제 경험으로부터 도출된 경험적 생각이라기보다도 카뮈의 문학적 상상과 철학적 사변의 산물이라는 것에 가깝다. 카뮈는 이 편지에 의해서 자신에게는 사람을 죽일 권리가 있는지 여부의 사상적 검증을 하고 긍정적인 대답을 이끌어내었다고 우리는 생각한다.

똑같은 주장은 같은 시기의 텍스트에 반복된다. 1944년 7월의(파리 해방 전야) '네 번째 편지'에서는 지금 막 집행되려 하고 있는 정의가 독일인의 죽음을 계기로 실현될 것이라고, 그리고 그 판결은 어떠한 '상위자'의 개입에도 의존하지 않는다는 것이 자랑스럽게 선언되고 있다.

너희들의 부당한 승리에 무관심했던 하늘은 너희들의 당연한 패배에 대해서도 똑같이 무관심할 것이라고 나는 생각한다. 지금도 나는 하늘에 아무것도 기대하지 않는다. 그러나 우리는 너희들이 피조물을 거기에 몰아넣으려고 한 고독으로부터 그들을 구해내는 데 자그마한 공헌을 한 것 같다. 인간에 대한 이러한 충성을 가볍게 본 것 때문에 너희들은 수천 명 단위로 고독 속에서 죽어 가게 될 것이다.

파리 해방 당일 〈콩바〉의 사설에서도 카뮈는 같은 주장을 반복한다.

시간이 증명한 것은 프랑스인은 죽이는 것을 바라지 않았다. 그래서 프랑스인은 자신들이 선택도 하지 않은 전쟁에 오염되지 않은 손을 갖고 참전하게 되었다는 것이다.

4

먼저 피해를 입은 자는 '오염되지 않은 손'을 갖고 타자를 죽일 권리를 유보한다는 이방인의 모럴은 해방 후 대독 협력자의 숙청 문제에 직면했을 때에 엄격한 시련을 경험하게 되었다. 독일 점령군=비시 정부와 레지스탕스 사이의 정치적 군사적 밸런스가 무너지자마자 이 '평등성 모럴'은 그 무시무시한 구체적인 모습을 드러내게 되었기 때문이다.

전후의 프랑스에서 이루어진 대독 협력자, 전쟁 책임자의 숙청에 관해서는 불행하게도 거의 공식적인 자료가 존재하지 않는다. 적어도 수천 명의 프랑스 시민이 재판 없이 처형당했다고 알려져 있다. 그러나 숙청은 '눈에는 눈을'이라는 동죄형법적인 의미에서는 확실히 평등성의 모럴에 따르고 있었다.

파리 해방 후의 1944년 가을(전투는 아직 프랑스 국내에서는 진행 중이었다), 카뮈는 전쟁 책임의 추급에 대해서 준엄한 태도를 취하고 있었다. 〈콩바〉의 사설에서 카뮈는 프랑스 국내에서의 '이물異物'의 적발을 강하게 주장했다.

자신의 뜻에 반해서 마음의 평안을 희생으로 삼지 않으면 안되는 때가 있다. 지금이 그런 때이다. 그 반론의 여지 없는 준엄한 규정은 우리나라의 혼을 구하기 위해서는 이 나라에 아직 살아남아 있는 일부분을 파괴하지 않으면 안 된다는 것이다. (〈콩바〉, 1944. 10. 20)

"프랑스 내에는 이물처럼 극소수의 사람들이 아직 존재하고 있다. 그들은 어제 프랑스에 불행을 가져왔고 지금도 아직 불행을 계속 가져오고 있다. 그들은 배반자와 부정한 사람들이다(〈콩바〉, 1944. 10. 25). 그들은 아직 살아 있다. '그들을 파괴하는 것'은 '정의의 문제'이다.

국가 내에 그 순량純良을 더럽히는 '이물'이 있다는 메타포는 에두아르 드뤼몽과 샤를 모라스가 애용한 고전적 내셔널리즘의 어법이다. 이 시기의 카뮈가 그러한 위험한 어법을(그 이후 그는 결코 그러한 어법을 스스로에게 허락한 적이 없었지만) 무심코 입에 담는 절박한 상황 속에 있었다는 것을 이 짧은 문장은 우리에게 가르쳐 준다.

앙리 베로라는 우익 저널리스트가 전시 중의 대독협력 죄로 사형선고를 받았을 때 자비를 호소하는 프랑수아 모리악과 정의를 외치는 카뮈는 격한 논쟁을 전개했다. "숙청이 화제로 등장할 때마다 나는 정의에 관해서 말하고 모리악씨는 자비에 관해서 말한다"는 문장으로 시작하는 1945년 1월의 〈콩바〉 사설에서 카뮈는 다음과 같이 격한 선고를 적었다.

우리나라가 죽음에 이르는 것에는 두 가지 길이 있다. (……) 증오의 길과 용서의 길이다. 나는 양자 모두 똑같이 유해하다고 생각한다. 나는 증오를 좋아하는 것은 아니다. 적이 있다고 생각하는 것만으로도 나는 마음 깊은 곳에서부터 침울해진다. 그럼에도 불구하고 우리나라의 동료들과 나는 최대한의 노력에 기초해서 적을 갖는 것을 참지 않으면 안 되었다. 그러나 용서가 그것보다도 마음을 편안하게 해주는 것이라고 나는 생각할 수 없다. 지금 용서를 말하는 것은 모욕하는 것과 똑같다. 여하튼 내가 확언할 수 있는 것은 적어도 나에게는 용서할 권리가 없다는 것이다.

(〈콩바〉, 1945. 1. 11)

그러나 이 숙청에 대한 원칙적 지지는 오래가지 않았다. 그렇게 쓰고 곧바로 2주일 후 변호의 여지가 없는 대독 협력자였던 로베르 브라지야크의 구명 탄원서에 카뮈는 주저한 끝에 서명을 했기 때문이다. 카뮈에게 구명 탄원서의 서명을 의뢰하러 온 마르셀 에메에게 카뮈는 자신의 망설이는 심정을 다음과 같이 솔직하게 고백했다.

당신 덕분에 나는 잠 못 이루는 하룻밤을 보내게 되었습니다. 결국 나는 당신이 요청해온 서명을 오늘 보내기로 결심했습니다. (……) 나는 지금까지 쭉 사형선고 같은 것을 격하게 증오해왔습니다. 그러므로 나는 적어도 한 명의 개인으로서는 사형선고에는 기권을 통해서라도 가담하지 않겠다고 결의했습니다. (Oliver Todd, *Albert Camus, une vie*, 1996, p. 374)

확실히 카뮈는 그때까지 쭉 계속해서 사형제도에 대해 반대하는 입장을 취해왔다. 그러기 직전까지 카뮈가 (신중하게 '죽인다'는 동사를 피하고 '파괴한다'는 말을 사용하고는 있었지만) 전쟁범죄자에 대한 강력한 처단을 요구했던 것을 생각해보면 역시 여기에는 사상적인 '어긋남' 혹은 '단절'이 있다고 보는 것이 자연스러울 것이다. 똑같이 악명이 높았던 대독 협력자였던 뤼시엥 르바테의 감형 탄원에 카뮈는 동의하며 이렇게 썼다.

> 나는 지금까지 그와 같은 인간과 철저하게 싸워왔습니다. 그러나 지금 나는 그것보다도 더 강한 충동으로부터 사형선고를 받은 그의 감형을 요구합니다. 한 명의 인간을 죽이는 것보다도 그에게 자신의 과오를 성찰할 기회를 주는 것이 더 긴급의 과제이고 범례적이라고 생각하기 때문입니다. 간단히 말하자면 내가 이러한 탄원을 당신에게 보내는 이유는 그것입니다. 하지만 그것이 나에게 결코 쉬운 결단이지는 않았다는 것을 이해해 주기 바랍니다.
> (Oliver Todd, p. 375)

'쉽지 않은 결단'과 함께 카뮈는 '한 명의 독일인 친구에게 보내는 편지'에서 정식화한 '평등성의 모럴'을 여기서 포기한다. 도대체 왜 레지스탕스의 폭력을 인정한 카뮈가 숙청재판의 폭력은 인정할 수 없었는가? 정의의 요구를 들면서 게다가 정의의 요구를 침묵시키면서까지 사형에 반대할 수밖에 없었던 '더 강한 충동'이란 무엇이었는가?

5

전쟁에는 『이방인』의 '판사'에 해당하는 상위의 재정裁定자는 존재하지 않는다. 아니 이렇게 말하는 것이 옳을 것이다. 그런 재정자가 부재하든지 혹은 효과적으로 기능할 수 없는 상황을 가리켜 사람들은 전쟁이라고 부른다. 상위에 옳고 그름을 결정하는 재정자가 부재한 이상 전쟁에서 당사자끼리는 논리적으로는 '평등'한 관계에 있게 된다. 죽이는 측은 늘 죽임을 당하는 리스크에 노출되어 있기 때문이다.

독일군에 저항하는 레지스탕스 활동은 '벨쿠르 남자들의 모럴' 즉 평등성의 모럴과 삐걱거리지 않았다. 자기 자신의 생명을 판돈으로 내거는 이상, 적의 생명을 빼앗을 권리가 부여된다. 그렇다고 하면 전쟁은 어떤 의미에서 카뮈의 모럴에 위화감 없이 정합하게 된다.

그러나 대독 협력자의 숙청은 이 모럴과 좀 맞지 않았다. 전쟁범죄자의 처단은 일대일의 '결투'가 아니라 다수 대 일의 '처형'이기 때문이다.

〈알제 레퓌블리캥Alger républicain〉 이래의 오랜 사법 저널리스트의 경험은 카뮈에게 재판에 관한 하나의 식견을 가져다주었다. 그것은 '판결을 내리는 것은 반드시 피해자를 위장하는 것'이다. 검찰관은 마치 상처당하고 잃어버린 정의의 회복을 추구하는 것처럼 준엄한 재판을 추구한다. 그러나 그것은 일종의 경력 사칭이다. '사회는 속죄를 추구하고 있다'는 정형구를 그들이 입에 담을 때 속죄를 추구하는 '피해자'는 거기에 존재하지 않기 때문이다. 여기서 말하는 '사회'라는 것은 자신은 상처를 입어도 뭔가를 잃을 것이 없는 사람이 높은 곳에서 재판의 폭력을 내릴 때에 사용하는 전략적인 수사에 지나지 않는다.

사실 뫼르소는 '사회가 속죄를 요구하고 있다'는 말의 의미를 이해하는 것을 마지막까지 거절한다. 그는 '제삼자=사직司直'을 배제하고 '이항적=결투적 관계'를 통해서 '정의'를 집행하는 것에 관해서 고발을 받는다. 그러나 그는 그것이 왜 처벌받아야 하는 일인지 모른다. 옥중에서 뫼르소는 다음과 같이 회상한다.

> 신문은 종종 사회에 대한 빚에 관해서 말하고 있다. 신문에 의하면 그 빚은 갚지 않으면 안 되는 것이라고 한다. 그런데 이것이 무엇을 의미하는지 나는 전혀 이해할 수가 없다.

뫼르소가 '사회에 대한 빚'이라는 수사를 받아들이지 않는 것은 부채와 그에 대한 정산을 마칠 수 있는 것은 평등의 입장에 서 있는 자들 사이에서뿐이라고 그가 믿고 있기 때문이다.

똑같이 '독일의 한 친구'(독일인들이 아니라)는 한 명의 프랑스인으로서의 카뮈에게 '개인적으로' 빚이 있다. 그래서 그 속죄를 위해서 판결의 폭력을 카뮈는 스스로에게 허용할 수 있다. 그러나 그것은 어디까지나 고유명을 가진 한 명의 인간과 한 명의 인간 사이의 사건에 지나지 않는다. 그 폭력이 허용되는 것은 그것이 이념적으로는 어디까지나 일대일의 싸움이고 제삼자가 개입하지 않는 경우에 한한다.

그러나 '사회가 추구하는 속죄'라는 것은 제삼자가 상위의 심급으로부터 내리는 권력 행사이다. 제삼자가 당사자를 대신해서 판결을 내리고 형을 집행하는 것은 공정을 기하기 위함이 아니라 실은 옳고 그름과 정의와 사악함을 결정할 권리와 제재할 권리를 독점하기 위함이다. 그것은 벨쿠르의 모럴에 비추어 보면 '비겁'한 행위가 된다.

대독 협력자들이 고유명을 가진 개인으로서 카뮈와 그의 동지들과 대적했을 때 카뮈는 그것을 벌할 권리를 자신에게 허용했다. 그러나 국가 권력이 이 일대일의 싸움에 개입해서 '그들을 대신해서' '사회의 이름으로' 제재를 가한다고 하면 그것은 허용할 수 없다. 제삼자에게 판결을 위양하는 것에 대한 본능적인 기피, '벨쿠르 남자'에 특유한 이 '삼항 관계'에 대한 반감이 숙청을 앞둔 카뮈를 표변하게 만든 '뒤틀림'의 실상이었다고 우리는 생각한다.

숙청재판에 직면한 카뮈는 '이방인의 모럴'의 예기치 못한 취약성을 알게 되었다. 그것은 '평등성의 확보' '균형의 원리'를 외치는 것만으로는 모럴의 기초 짓기는 불충분하다는 것이다. 게다가 엄밀한 조건 짓기를 하지 않으면 이 모럴은 '수난자 흉내를 내는 강권자' '약자의 편에 서는 흉내를 내는 검사' 혹은 '동포의 얼굴을 한 아버지'에 의해서 아주 쉽게 탈환되고 말 것이다.

어떻게 '상처받은 동포'와 '상처받은 동포의 흉내를 내는 아버지'를 판별하는가. 이 물음은 그 이후 카뮈에게 피할 수 없는 본질적인 숙제로서 무겁게 다가왔다. 폭력 집행의 정당한 권리는 누구에게 속하는가? 전후의 카뮈는 이 물음 앞에 무르춤했다. 우리가 '정의의 망설임'이라고 부르는 것은 카뮈가 빠져들게 된 이 사상적 아포리아를 의미한다.

6

1950년대 이후 프랑스의 급진적 지식인들은 '희생을 강제당하는 자에게는 보복의 권리가 있다'는 평명한 논리에 의지해서 전원이 모두 '계급투쟁 민족해방투쟁'에 지지와 연대를 표명했다. 그 와중에 테러의 정당성에 대해서 회의적인 태도를 보인 카뮈는 어쩔 수 없이 고립을 강제 당했다. 제3세계의 민족해방투쟁 과정에서 '역사의 심판'을 보려고 하는 레탕 모데른Les Temps modernes파가 정의는 언젠가는 올 것이라고 본 것은 자명한 일이었다. 그러나 카뮈는 피억압자의 반항이 억압자와의 일대일 관계의 대치의 구도를 떠나서 보편적인 '대의'의 문맥에서 집행될 때 그것이 과거의 숙청의 경우와 똑같이 '재판하는 자'로서의 '아버지의 심급'을 세우는 것이 아닌가 하는 어두운 예감에 사로잡히게 되었다. 그런데 이 카뮈의 회의와 불안의 사상적인 깊이를 이해한 동시대의 프랑스 지식인은 거의 존재하지 않았다.

동서냉전, 남북대립을 축으로 '정의'의 패권 투쟁이 격화된 것은 1951년, 카뮈는 '정의의 이름으로 사람을 죽이는 것은 허용되는가'라는 비판적인 주제로 장대한 저작 『반항적 인간』을 출간했다. 이 책을 구동시킨 힘은 숙청과 소련의 강제수용소와 알제리의 독립 투쟁 등에 나타난 '정의의 폭력'에 대한 카뮈의 '망설임' 그 자체였다.

죄 지은 사람을 앞에 두더라도 게다가 그것을 단죄할 자격이 자신에게 있다고 단언할 수 없는 주체의 망설임. 정의를 명쾌한 논리로 요구하면서도 막상 정의의 폭력이 집행되게 될 때가 되면 정의가 너무나도 가혹하고 격렬한 것을 견디지 못하게 되는 유약함. 자신이 손이 더럽지 않다고 단언하기에는 너무나도 깊게 현실에 손을 담그고 있지 않은가에 대한 양심의 가책.

나는 '재판관의 존대함'을 갖고 말할 수 없다고 카뮈는 솔직하게 고백하고 있다. "자신이 모든 고발로부터 벗어나 있다고 믿기에는 너무나도 시대 전체에 얽혀 있는 자신의 공범관계를 숙지하고 있는 것의 불안"(Reponse a E.D'Astier, p. 361)을 갖고 카뮈는 말한다. 그러한 카뮈의 애매한 입장은 어떤 의미에서는 윤리적으로도 지적으로도 아주 성실한 것이라고 나는 생각한다. 그러나 시대는 그러한 '이도 저도 아닌 애매함'을 허용하지 않았다.

이 고립무원의 사상의 싸움에서 카뮈는 두 종류의 적과 싸웠다. 한쪽은 '역사'의 이름으로 스스로의 혁명적 폭력을 정당화하는 자들(마르크스주의자), 다른 한쪽은 '모든 것은 허용된다'는 것을 슬로건으로 '전적인 자유'를 요구하는 자들(이반 카라마조프적인 니힐리스트들)이 있다. 전자는 '역사의 심급'에 의거해서 후자는 모든 상위 심급의 부재를 논거로 해서 각각 스스로 집행하는 폭력을 '정당화'한 것이다. 그들에 대한 카뮈의 반론은 다음과 같이(맥 빠질 정도로) 상식적인 것이었다.

보편적인 행동의 준칙은 존재하지 않는다. 그렇다고 해서 무엇을 해도 좋다는 말은 아니다. 폭력은 불가피하다. 그렇다고 해서 폭력을 정당화할 수는 없다.

교의상의 정합성과 혼의 안식을 추구하는 자는 이러한 이것도 저것도 아니게 보이는 인식에 머무를 수 없다. '평범한 사람들'은 비폭력을 외치든지 혹은 '어떤 종류의 폭력은 정당화될 수 있다'고 주장하든지 어느 한쪽 '수미일관된 사상'을 선택하고 거기에 안주하려고 한다. 그런데 카뮈는 '수미일관된 사상', 어떠한 상황에도 적용 가능한 마스터키와 같은 단순한 논리에 기대는 것을 거절한다.

카뮈는 비폭력주의자가 아니다.

> 나는 비폭력을 외친 적은 한 번도 없다. (……) 공격에 대해서 축복으로 응해야 한다고 나는 생각하지 않는다. 폭력은 불가피하다. 점령하의 매일매일 나는 그것을 배웠다. (……) 모든 폭력을 폐절해야 한다고 말할 생각은 없다. 그것은 맞는 말이긴 하지만 몽상에 지나지 않는다. (L' Homme revolté, p. 355)

동시에 카뮈는 어떠한 폭력의 정당성에도 반대한다.

> 나는 어떠한 것이든 폭력의 정당성을 거부한다. 폭력의 정당화는 절대적인 국가적 이유이든가, 혹은 어떤 전체주의적인 철학으로부터 유래하기 때문이다.

폭력에 대한 '부르주아적인' 평범함과 '혁명주의적' 평범함의 두 가지 색깔의 퇴폐를 카뮈는 물리친다. 카뮈가 선택하는 것은 어떠한 위로에도 정합적인 이설에도 달하지 않는 철저한 '이것도 아니고 저것도 아닌 것'이다. 그것을 그는 다음과 같은 말로 표현하고 있다.

무구성과 유죄성의 중간, 이성과 착란의 중간, 역사와 영원성의 중간에 위치하는 하나의 인간적 가치.

『반항적 인간』에서 카뮈는 두 개의 적과 싸웠다고 우리는 썼다. 그러나 카뮈는 부정적인 어법만으로 말한 것이 아니다. 거기에는 확실히 긍정적으로 그려진 인물들도 있다. 로마의 폭정에 반기를 든 검투사이면서 반란의 지도자인 스파르타쿠스와 19세기 러시아의 '마음이 여린 테러리스트들'이 그것이다. 그들에게 공통적인 것은 인간 대 인간 일대일의 구체적인 살과 뼈의 삐걱거림 속에서 폭력의 문제를 생각하고 자신의 목숨을 겺으로써 자신이 빼앗는 타인의 목숨을 속죄하려고 하는 어떤 종류의 윤리성이다. 스파르타쿠스는 '목숨에는 목숨을'이라는 '등가원리'에, 즉 '이방인의 모럴'에 충실한 인물로서 그려져 있다.

스파르타쿠스는 죽는 것을 바라고 있다. 단지 그것은 그 시점에서 로마의 지배자들을 상징하고 있는 한 명의 인간과의 직접 마주하는 싸움을 통해서이다.

'남자끼리의 일대일' 싸움. 여기서 우리는 『이방인』의 해안 장면에서 뫼르소가 레몽을 향해서 충고한 말이 반복되는 것을 듣게 된다. 이것과 똑같은 긍정적 평가는 '역사상 최후의 진짜 반역자'인 러시아의 테러리스트들에 관해서도 내려진다. 그들 또한 일대일의 생명의 교환을 테러의 원리로 삼았기 때문이다. 그들 이후에 등장한 혁명가들은 더 이상 자신들의 목숨을 일대일이라는 비효율적인 방법으로는 교환하지 않는다.

　　20세기 혁명가들은 혁명의 성공을 위해서는 가능한 한 오래 사는 것이 유용하다고 생각해서 타인은 죽이지만 자신은 죽지 않는 길을 선택했기 때문이다. 그래서 뫼르소는 그 사상적 계보에서는 멀리는 스파르타쿠스의 가깝게는 제정 러시아의 '마음이 여린 테러리스트들의' 후손이다.

7

　　그러나 『반항적 인간』은 '이방인의 모럴'을 추인하기 위해서 쓰인 것이 아니다. 카뮈는 거기에 '반항révolte'이라는 새로운 윤리적 계기를 추가했다. '반항'이라는 개념은 '부조리'와 똑같이 지금까지 그 번역어의 문학적 어감에 휘둘려서 낭만적 행동원리처럼 착각되어왔지만 '반항'은 오히려 유약하고 우유부단한, '뭔가를 하기' 위해서라기보다는 오히려 '뭔가를 하지 않기 위해서' 발동하는 내적인 저항감을 의미한다.

극한적인 자유, 즉 죽일 자유는 반항의 준칙과는 양립할 수 없다. 반항이라는 것은 전적인 자유의 청구 같은 것이 아니다. 반대로 반항은 바로 전적인 자유를 심문하고 있다. 반항은 무제한의 권력에 정면으로 이의를 제기한다. 인간 존재가 있는 곳은 어디든지 간에 자유에는 그 나름의 한계가 있다는 것, 한계야말로 이 존재의 반항의 힘 그 자체라고 인정받기를 반항은 바라고 있다.

'반항'은 전적 자유를 스스로에게 허용하는 것에 대한 이의신청이다. 한계를 모르고 자기 확대하는 힘에 '한계'를 설정하는 그 무엇이다. '반항자'는 하고 싶은 대로 자유를 구가하고 한도 끝도 없이 자기 확대하는 자에 대해서 '그것을 한계 짓고 저지하기' 위해서 단지 '얼굴을 향하는' 것밖에 할 수 없는 사람을 가리킨다.

반항자란 억압자에게 얼굴을 향하고dresse face à l'opresseur 단지 그 하나의 동작에 의해서 생명을 옹호하고 복종과 허위와 테러에 대한 싸움에 몸을 던지는 자이다.

'반항'과 '전적 자유'를 서로 적대시하는 두 개의 진영 사이의 싸움(예를 들면 식민지주의국가와 민족해방운동)이라는 인습적인 메타포에 기초해서 구상하는 자에게는 카뮈의 진의는 전달되지 않을 것이다. '반항'이 왜 '혁명'이어서는 안 되는가와 같은 사르트르의 힐문이 카뮈의 진의를 포착하지 못한 이유도 모를 것이다.

'반항'이라는 것은 '반항의 논리'를 대의로 내걸고 '억압자'에 대해서 당당한 반권력투쟁을 수행하는 것이 아니다. 그것이 아니라 '반항'의 진정한 의미는 오히려 'se révolte의 어의의 하나 '뭔가에 안절부절못하고 뭔가 싫은 느낌이 들어서 어쩔 수가 없다'에 가깝다.

어떤 '전체적인' 진리나 이론의 여지가 없는 정의라는 명목하에 테러가 집행될 때 테러에 조리가 있다는 것을 인정하고 있는 경우조차도 이제 막 그것이 현실의 것이 될 때 '진리의 폭력성'과 '정의의 과잉의 준엄함'에 '뭔가 싫은 느낌이 들어서 어쩔 수가 없는' 인간의 마음의 미묘한 움직임을 카뮈는 '반항'이라는 말에 혹은 '얼굴'이라는 말에 위탁했다.

이 '싫은 느낌'은 타자가 '나'를 향해서 행하는 억압적인 테러에 직면했을 때 느껴지는 것뿐만이 아니다. 그것은 '나 자신'이 '정의의 테러'의 집행자일 때에 절실하게 감지되는 것이다.

전쟁이든 혁명이든 피비린내 나는 폭력적 저항의 현장에서 최종적으로 드러나는 것은 '나와 적'의 대립이 아니라 '전체적인 것과 개별적인 것' '얼굴을 갖지 않은 자와 얼굴을 가진 자'의 아슬아슬한 확집이다. 그 확집은 종종 '나'자신의 내부에 발생해서 '나'를 찢어놓게 된다.

예를 들면 스스로의 싸움에 '대의'가 있고 '일리'가 있다고 생각해서 폭력적 투쟁에 몸을 던진 자가 결연한 자세로 정의의 테러를 집행하려고 할 때 무심코 적의 '얼굴'을 보고서, 그 순간에 어찌할 수 없는 약함에 사로잡히게 되는 경험. 그것이 '반항'의 전형적인 형태이다.

오오카 쇼헤이가 쓴 『포로기』(1967)에서는 필리핀의 최전선에서 무방비한 상태의 미국 병사와 조우한 '나'가 결국 총을 쏠 수 없게 된 경험을 다음과 같이 묘사하고 있다.

그러나 그가 계곡 저쪽의 병사에게 대답하고 내가 그 장미빛의 뺨을 봤을 때 내 마음에서 움직이는 것이 있었다. 그것은 일단 그의 얼굴이 가진 일종의 미에 대한 감탄이었다.

왜 나는 쏘지 못했을까? 그것은 논리적으로 설명할 수 없다.

인류애로부터 뭔가가 생겨나서 쏘지 않겠다고 마음먹었다는 것을 나는 믿지 않는다. 그러나 내가 이 젊은 병사를 보고 나의 개인적 자유에 의해서 그를 사랑했기 때문에 쏘고 싶지 않다고 느낀 이것을 믿는다.

'나'가 적군인 젊은 병사의 '얼굴'을 보았을 때 '나의 마음'에서 '뭔가'가 움직였다. 테러의 임계에서 징조가 보인 '폭력을 행사하는 것을 억제하고' '전적인 자유의 행사를 억지하는 어떤 것' 그것을 우리는 '반항'이라고 부르고 싶다.

지금 다름 아닌 '나'가 죽이려고 하고 있는 상대방과 똑바로 얼굴과 얼굴을 맞대고 있을 때 '나'에게 죽임을 당하려고 하고 있는 자의 '얼굴'으로부터 나오는 그 순간의 마지막 말은 무엇인가? 그것은 '죽이지 마!'라는 호소이다. 그것이 '나'의 폭력 장치를 해제하고 만다. 그것이 '나'를 어떤 종류의 '불능' 상태로 끌고 들어간다. '반항'이라는 것은 다름 아닌 "너, 죽이지 말지어다"라는 계율의 말을 두르고 도래하는 것이다. 그러나 이 '계율'은 신이 내린 명령도 아니고 입법자로부터 유래하는 명령도 아니다. 그 '계율'은 지금 다름 아닌 죽임을 당하려고 하고 있는 자의 '얼굴'로부터 곧바로 발현되어서 지금 다름 아닌 죽이려고 하고 있는 '나'를 관통하는 것이다.

레비나스에 의하면 ""너, 죽이지 말지어다"라는 계율의 말은 지금 다름 아닌 죽임을 당하려고 하고 있는 인간의 '죽이려고 하는 인간'을 응시하는 시선으로부터 '스스로를 포기하지 않는 자, 몸을 맡기는 자, 직시하는 자'의 시선으로부터 호소로서 부탁으로서 명령으로서 '억압자'에게 도래한다.

이처럼 '반항'은 '얼굴'을 매개로 해서 정의의 테러에 대한 아슬아슬한 한계로서 기능하게 된다. '이방인의 모럴'은 '평등성'이라는 개념을 축으로 구성되어 있었다. 그것이 '균형에의 집착'이라는 방식으로 표현된 것은 지금까지 봐왔던 대로이다. 그것과 비교해보면 '반항'은 이른바 좀 더 역동적인 개념이 될 것이다. 물론 거기에도 '일대일'이라는 수량적인 평등성에의 집착은 농후하게 배어들어 있다. 그러나 거기서 문제가 되고 있는 것은 인간끼리가 자유와 자유가 의지와 의지가 노골적인 방식으로 '얼굴과 얼굴이 마주하고 있는' 숨 막히는 국면이 가져오는 긴장감과 운동성이다.

뫼르소적 모럴에 비추어 본다면 일대일, 목숨 대 목숨이라는 수량적인 균형이 확보되었을 때 인간은 죽일 수가 있다(그리고 실제로 뫼르소는 사람을 죽인다). 그러나 '반항'의 모럴은 여기에 더 엄격한 조건을 부과한다. 당신이 죽이려고 하는 자는 곧바로 당신을 쳐다볼 것이다. 목소리로 내지 못한 채 '죽이지

마'라는 호소를 보낼 것이다. 당신을 응시하는 시선을 보면서 '죽이지 마'라는 호소를 들으면서 그럼에도 당신은 사람을 죽일 수 있는가?

　반복해서 말하지만 이것은 비폭력의 모럴이 아니다. '그래서 죽여서는 안 된다'는 포괄적인 결론을 이끌기 위해서 카뮈는 그렇게 논하고 있는 것이 아니다. 폭력은 때로는 불가피하다. 죽이지 않으면 죽임을 당하는 제로섬 게임 같은 극한 상황은 있을 수 있고 실제로 카뮈는 그러한 시대를 살았다. 그럼에도 불구하고 '죽이는 자'와 '죽임을 당하는 자'가 최종적 국면에서 얼굴과 얼굴을 마주했을 때 거기에는 '죽이지 마'라는 호소가 있고 죽이는 것에 대한 억제하기 힘든 '망설임'이 발생한다. 그것이 폭력을 '한계 짓는' 것이다. 현대에서 혹여 폭력을 효과적으로 제어할 수 있는 가능성이 있다고 한다면 그것은 신앙의 완성도 아니고 계급사회의 폐절도 아닌 이 '망설임'을 사상의 준위로 끌어 올리는 '지성의 노력'이 아닐까 카뮈는 아마도 그렇게 물었던 것이다.

8

　'반항'을 이처럼 대면의 경험으로서 해석하면 왜 뫼르소는 죽일 수 있었는가. 어떻게 해서 그는 '망설임'을 극복할 수 있었는가와 같은 물음의 대답이 도출된다. 뫼르소는 죽이는 순간에 아랍인의 '얼굴'을 보지 않았다. '뜨거운 대기'와 '그림자'라는 두 가지 차단막 덕분에 상대방의 얼굴을 직시할 수 없게 된 뫼르소는 살인의 순간 앞을 볼 수 없었다.

다름 아닌 그때 나의 눈썹에 고였던 땀이 떨어져서 미적지근하고 두터운 베일로 눈썹을 덮었다. 내 눈은 이 눈물과 땀의 막으로 앞을 볼 수 없었다.

권총을 발사할 때 뫼르소는 상대를 보지 않았다. 이 한순간의 맹목盲目이 뫼르소에게 '망설임'을 뿌리치는 것을 허용한다. 혹여 뫼르소가 아랍인을 계속 응시했다면 그의 얼굴로부터 나오는 '죽이지 마'의 메시지를 청취했다고 하면 거기에 호응하는 '마음의 움직임'을 느꼈다고 하면 그는 방아쇠를 당길 수 없었을 것이다. '나'를 정면으로 응시하는 자를 '나'는 결코 죽일 수 없기 때문이다. '균형의 원리'에 기초한 '이방인의 모럴'에 충실하려고 해서 뫼르소는 자신도 모르게 스스로 눈을 감은 것이다.

카뮈는 숙청 문제에서 방아쇠에 손가락을 건 뫼르소의 상황에 가까운 입장을 경험했다. 정의는 카뮈 측에 있고 순리대로 따르자면 그는 상대방을 죽일 수 있다(순리는 '죽일 것'을 그에게 요구하고 있었다). 그럼에도 불구하고 카뮈는 '정의의 망설임'이라는 예상도 하지 못했던 아포리아에 묶이고 만다. 나중에 카뮈는 숙청을 둘러싼 모리악과의 논쟁에서 비非는 자신에게 있었다는 것을 솔직하게 인정하고 있다. 〈콩바〉에 실렸던 1946년부터 1948년까지의 사설을 수록한 『악튀엘 Ⅰ』의 서문에는 이렇게 적혀 있다.

　　여기의 글 중 한두 개에 관해서는 정직하게 말해서 나는 양심의 가책과 슬픔을 느끼지 않고는 오늘 다시 읽을 수가 없다.

자신이 쓴 것에 대해 이 정도로 확실하게 부정적으로 평가한 것은 다른 텍스트에 관해서는 볼 수 없다. 그 정도로 이 '전환'은 카뮈에게 결정적이었던 것이다. 이 '전언前言 철회'를 계기로 해서 카뮈의 그때까지의 작품에 복류하며 잠재하고 있었던 사상의 단편이 처음으로 결정화의 가능성을 발견하게 되었다.

9

『반항적 인간』이라는 야심적인 저작은 사상적으로는 많은 가능성을 품고 있지만 체계적인 정합성에는 미치지 못하고 있다. 거기에는 아직 여기저기에 뫼르소=스파르타쿠스=칼랴예프적인 '자신의 목숨을 거는 테러리스트'에 대한 억누르기 힘든 애착이 보이기 때문이다. '마음이 여린 테러리스트들'에 관해 쓰인 페이지에서 때로 카뮈는 테러리스트들을 거의 칭찬한다.

그들에게 살인은 자살과 똑같은 것이었다. 그것은 하나의 목숨으로 다른 목숨을 속죄하는 것이었다. 그리고 이 두 가지의 공물로부터 어떤 종류의 가치의 약속이 생기는 것이다.

스파르타쿠스에 관해서는 이렇게 썼다.

한 명의 노예가 한 명의 주인을 향해서 저항을 시도할 때 거기에는 한 명의 인간과 서로 마주하는 한 명의 인간이 있다. 잔혹한 대지 위에 질서의 천상 세계로부터 멀리 떨어져서. 그 결과 한 명의 인간이 죽임을 당하는 단지 그것뿐인 일이다. 노예의 반란도 농민의 무장봉기도 빈민의 전쟁도 지방인들의 반항도 균형의 원리라고 불러야 할 것을 전경화한다. 생명에 대해서는 생명vie contre vie이라는 것이다. 우리는 그 균형의 원리를 (……) 혁명적 정신의 가장 순수한 형태 안에서 늘 발견하게 될 것이다.

이 테러리스트들은 '어떠한 이상주의도 생명의 리스크에 의해서 속죄되지 않으면 공소空疏한 것이라는 이 위대한 관념'을 그 극한까지 추구한 것에 의해서 카뮈의 찬사를 받고 있다. 확실히 살인은 '절망적인 예외다'. 카뮈는 그렇게 썼다. "살인이 사물의 질서에 틈입할 때 거기에 미래는 없다. 살인은 이상이고 따라서 단순히 역사적인 태도를 취하는 사람들이 생각하고 있는 것처럼 살인을 공리적으로 이용하거나 체계화하는 것은 불가능하다." 그러나 그것은 살인이 불가능하다는 의미는 아니다.

살인은 한 번만 접할 수 있고 그것을 접한 후는 죽지 않으면 안 되는 한계이다. 어쩔 수 없이 살인을 저지른 반항자가 그 살인행위와 자신을 화해시키기 위해서는 단지 하나의 방법밖에 없다. 그것은 자기 자신의 죽음을 받아들이고 그것을 희생물로 바쳐야 하는 것이다.

'정오正午의 사상'이라고 제목이 붙은 『반항적 인간』의 마지막 장에서도 아직 카뮈는 '균형의 원리'의 의의에 관해서 장황하게 논의를 계속하고 있다. 카뮈는 도대체 무엇을 말하고 싶은 걸까. 자결을 각오한 반항자는 살인을 저지를 수 있다는 것인가. 아니면 '살인의 자유는 반항의 원리들과 공존할 수 없다'는 것인가. 그러나 아마도 이 '어딘가 수납됨을 거부하는 것'이 끝없는 전언 철회에 의한 명제의 흔들림이야말로 '반항의 윤리학'의 본래적인 어법이다.

반항이 결과적으로 파괴에 귀착하는 것이라고 한다면 반항은 비논리적이라는 게 될 것이다. 그러나 반항의 심원한 논리는 파괴의 논리가 아니다. 그것은 창조의 논리이다. 반항의 운동이 정통적인 것이 되길 바란다고 하면 그것을 지지하는 모순의 어떠한 항도 포기해서는 안 된다. (거기에 포함되는) 예스와 (니힐리스트적 해석이 반항으로부터 분리해서 보이는) 노에 동시에 충실하지 않으면 안 되는 것이다.

곤란한 일이다. 반항이라는 것은 한편으로는 (스파르타쿠스와 칼랴예프가 그랬던 것처럼) 결연히 사람을 죽이는 것이고 다른 한편으로는 그것과 동시에 살인을 정당화하는 것의 불가능성에 묶이는 것이다. 죽이고 싶지만 죽일 수 없다, 혹은 죽이고 싶지 않지만 죽일 수 있다. 이 배반을 사는 것이 반항적 인간이다. '반항은 선이 무엇인지 알고 있으면서 생각에 반해서 악을 행하는' 것이다. "반항은 따라서 휴식을 찾을 수 없는" 것도 당연한 일이다.

이러한 기술에서 '반항'이라는 적극적인 함의를 가진 말을 우리가 똑같은 경험을 다른 측면에서 표현하기 위해서 선택한 '망설임'이라는 말로 바꾸어보면 지금의 문맥은 조금 알기 쉽게 된다. 일단 우리는 '반항의 윤리학' 같은 것이 서로 모순되는 것을 동시에 품는 것, 그것은 하나의 정합적인 표현에 달하는 것과 동시에 전언 철회의 말을 불러내지 않고는 있을 수 없는 특이한 사상적 구축물이라는 것을 확인하는 것으로 멈추기로 하자.

솔직하게 말해서 반항의 사상을 심화하고 전개하고 선포하는 방법으로서 『반항적 인간』과 같은 체재의 사상적 저술을 고른 것은 반드시 적절한 선택이라고는 할 수 없었다. 한 명의 사상가가 고유명 아래서 써 내려간 텍스트가 끝없는 전언 철회에 의해서 끝없는 순환 속을 방황하고 독자에게도 결코 '휴식'을 허용하지 않는 에크리튀르의 구조는 읽는 자를 허공에 매달리게 해서 거북한 기분으로 만든다. 아마도 카뮈 자신도 그 거북함을 견딜 수 없었을 것이다. 책의 마지막에는 '심야 대 정오' '유럽 대 지중해'라는 이항 대립으로 문제를 단순화하고 싶다는 유혹에 조금 굴복하고 말았다는 느낌이 든다.

그러나 카뮈의 작가적 재능은 체계적 사상으로서는 충분히 정식화될 수 없었던 '반항적 인간'의 모습을 소설을 통해서 훨씬 풍부한 입체감을 부여하고 우리 앞에 내놓는 것을 가능하게 했다. 그 일부분은 『페스트』의 등장인물인 타르에 의해서 체현되고 있다.

타르는 처음에 검찰관인 아버지가 사형의 논고를 구형하는 것에 입회해서 깊은 트라우마를 경험하고 집을 뛰쳐나가서 사회 정의의 실현을 위해서 다양한 혁명 운동에 참여하게 된다.

우리가 살고 있는 이 사회는 사형선고 위에 성립하고 있다. 그래서 이 사회와 싸우는 것을 통해서 나는 살인 그 자체와 싸우려고 생각했다. (……) 물론 우리도 때때로 사형을 선고했다. 살인 없는 사회를 만들기 위해서는 몇 명의 사형자가 나오는 것은 어쩔 수 없다고 나는 설명을 들었다. 확실히 그럴지도 모르겠다. 그러나 나는 결국 그런 종류의 진실에는 견딜 수가 없었던 것이다. 확실한 것은 망설이고 있다는 것이다.

이렇게 해서 타르는 "죽이는 것을 거절한 순간에 결정적으로 이 세계로부터 추방되고 만다". 이 세계에서 '안주의 장소'를 찾는 자는 어딘가에서 죽이는 것에 동의하고 있다. 그래서 죽이는 것을 거부하는 자에게는 '휴식'은 없다. 죽이는 것을 거절하고 죽이는 것을 정당화하는 것을 계속 거절한 타르가 마지막에 도착한 것은 페스트에 휩싸인 도시였다. 그래서 그는 사람은 페스트와 싸우는 한 자신도 또한 페스트에 감염되지 않을 수 없는 출구가 없는 상황에 직면한다. "페스트라는 사악한 것을 배제하려고 하는 싸움 그 자체가 그 싸움의 주체를 사악하고 더러운 것으로 바꾸어나간다"와 같은 이 배리적인 상황으로부터 타르는 하나의 윤리적인 깨달음에 이르게 된다.

'페스트'는 자신의 외부에 실재하는 사악한 어떤 것이 아니다. 그러한 실체화된 사악하고 강력한 존재를 자신의 '외부'에 만들어내서 그 강권적인 간섭에 의해서 자신들의 불행과 부자유의 이유를 설명하려고 하는 정신의 양상이야말로 '페스트'인 것이다. '나'의 '외부'에 있는 어떤 것에 모든 악을 응축시켜서 그것과 싸우는 주체로서 '나'를 구축하는 화법에 붙들리는 것이 '페스트'의 병증이다.

그 사실을 타르는 마지막에 자각한다. 이 윤리적인 각성을 통해서 타르는 '반항적 인간의 모럴'을 훌륭하게 부각시켜서 보여준다. '나'가 통제해야 할 최초이자 최대의 폭력은 다름 아닌 '나' 자신이 행사하고 있는 것이다.

모두 자신 안에 페스트를 키우고 있다. 누구 한 명, 이 세계의 누구 한 명 페스트에 감염되지 않은 자는 없다. 그래서 조그마한 방심으로 무심코 타인의 얼굴 앞에 숨을 토하거나 병을 옮기지 않도록 끊임없이 자신을 감시하지 않으면 안 되는 것이다. 자연스러운 것, 그것은 병원균이다.

'페스트'는 '나'가 '나'로서 존재하는 것을 자명한 것으로 하는 인간의 본성적인 에고이즘의 다른 이름이다. 자신이 존재하는 것의 정당성을 한순간이라도 의심하지 않는 인간, '자신의 외부에 있는 악과 싸우는' 화법에 의해서밖에 정의를 생각할 수 없는 인간, 그것이 '페스트 환자'이다. 우리는 존재하고 있는 것만으로 이미 악을 저지르고 있을 가능성이 있다. 우리가 살고 있는 것만으로 이미 타자에게 해를 끼칠 가능성이 있다. 이것이 타르의 윤리의 전제가 되는 관점이다. 이러한 윤리적 지견은 뢰르소에게도 '마음이 여린 테러리스트들'에게도 볼 수 없다. 여기에 타르의 모럴의 독자성이 있다. 타르는 이렇게 말한다. 우리가 할 수 있는 최선의 일은 가능한 모든 노력을 기울여서 자기 자신의 사악함을 억제하는 것, 자신이 앓고 있는 병을 이 이상 감염시키지 않는 것이다. 그러한 자그마한 저항조차도 결코 쉬운 일은 아니다. 그것을 시도할 수 있는 사람을 가리켜 카뮈는 '신사honnête homme'라고 이름 붙였다.

인간은 '다른 사람들과 똑같이' 사는 것만으로는 페스트에 가담하는 것에서 도망칠 수가 없다. 상대방과 '같은 조건'에 머무르는 한 페스트 환자라는 사실로부터 도망칠 수 없다. 인간이 '보다 인간적이' 되기 위해서는 스스로에게 행하는 윤리적 부하를 '타자보다 높게' 설정하지 않으면 안 된다. 스스로의 내부에서 '선택'을 감지하지 않으면 안 된다. 그런 사람을 가리켜 타르는 '신사'라는 아주 평범하고 일상적인 말에 위탁했다.

10

'반항적 인간'은 뫼르소=스파르타쿠스=칼랴예프적인 '마음이 여린 테러리스트들'에 의해서 구현화되지 못했다. '반항적 인간'의 또 하나의 얼굴은 타르가 말하는 '신사'의 모습이다. 우리는 타르와 뫼르소라는 카뮈가 조형한 인상 깊은 두 명의 등장인물을 동시에 응시함으로써 비로소 '반항적 인간'의 입체적 초상을 얻을 수 있다.

카뮈의 작가적 조형력을 가지고도 단지 한 명의 등장인물에는 그의 사상의 전체를 위탁할 수 없었다는 사실이 그 '반항'의 사상의 복잡함과 개방성을 웅장하게 잘 말해주고 있다. 카뮈가 『반항적 인간』에서 말하려고 한 것은 '중용'이고 '등가'이고 '긴장'이고 '부단한 갈등'이었다. 그러한 정신 상태는 아마도 한 명의 인간에 의해서는 다 표현해낼 수 없는 종류의 것이다. 그것은 양자 사이에 작동하는 매혹과 배척의 효과이고 그것을 그리기 위해서는 모습이 다른 두 사람의 인물이 필시 필요했던 것이다.

스스로의 죽음을 대가로 살인을 저지르는 뫼르소와 죽이는 것을 단념한 타르. 이 두 명의 인물은 모두 카뮈의 사상적 감각적인 분신이다. 그 두 인물의 위화違和와 긴장을 카뮈 자신은 그의 개인적인 체험으로서 살았다. 레지스탕스의 시대 상황을 카뮈는 뫼르소의 모럴에 익숙하게 살았다. 그러나 숙청을 할 때 '카뮈 안의 뫼르소'는 '카뮈 안의 타르'에 의해 이의신청을 받게 된다. 마르셀 에메로부터의 감형 탄원의 서명을 앞에 두고 잠들지 못한 하룻밤을 보낸 카뮈 안에는 '정의를 추구하는 뫼르소'와 '용서를 구하는 타르'가 끝없는 대화를 나누고 있었을 것이다. 『반항적 인간』은 이른바 그 양자를 사상적으로 결합하려고 한 시도였다. 그러나 주지하는 바와 같이 이 책은 소기의 성과를 거두지 못했을 뿐만 아니라 사르트르와의 논쟁에서 치명적 패배를 불러오게 되었다. 그리고 현재에 이르기까지 카뮈의 '망설임의 윤리학'의 사상적 깊이와 의미는 충분히 평가되었다고는 말하기 어렵다.

그러나 '분열을 산다'고 하는 사상가로서의 부負의 자질 덕분에 작가 카뮈는 에크리튀르의 풍요로움을 누릴 수 있었다.

후기

    이것은 꽤 기묘한 내력을 갖고 있는 책이다. 훌훌 책장을 넘겨보면 아시겠지만 여기에는 여러 매체에 발표한 이런저런 종류의 텍스트가 주제별로 배열되어 있다. 연구자가 학술지와 일반 잡지에 발표한 논문을 정리해서 한 권의 책으로 만드는 것은 드문 일은 아니지만 이 책이 그런 종류의 책들과 좀 다른 것은 수록된 대부분의 텍스트가 웹 사이트에 발표된 점에 있다.

    나는 대학의 교사이고 때때로 학술지에 논문을 발표하는데 읽어주는 사람은 별로 없다.

    대학에서 내고 있는 기요紀要 논문의 경우 '독자는 다섯 명'이라고 한다. 별쇄본을 50부 정도나 받는데 보낼 대상이 그다지 없기 때문에 태반은 그냥 방의 한구석에서 먼지를 뒤집어쓰고 있다.

일반 잡지로부터의 원고 청탁도 거의 없다. 이전에는 신문과 잡지로부터 드문드문 원고 청탁이 있었지만 1995년 정도를 마지막으로 그것도 딱 끊기고 말았다. 그러나 나는 연구자이고 여러 가지 생각이 드는 것도 있고 말하고 싶은 것도 있다. 학생들 상대로 교실에서 열변을 토하는 것만으로는 부족하다. 그래서 인터넷에 홈페이지를 개설해서 거기에 계속해서 원고를 써서 '세상을 향해 발신'하려고 마음먹었다.

넓은 세계다. 어디에 어떤 독자가 있는지 모른다. 혹은 내가 쓴 것을 읽고 '앗, 이거야말로 내가 읽고 싶었던 것이다'하고 깊게 공감해줄 사람이 있을지도 모른다. 그렇게 해서 1999년 봄에 홈페이지를 개설해서 거기에 거의 매일 생각하는 것을 쓰고 학술지에 기고한 논문도 닥치는 대로 올렸다. 처음에는 '아는 사람'만 읽는 것을 전제로 글을 썼는데 그러던 와중에 전혀 모르는 사람들로부터도 "재미있게 읽고 있습니다"는 메일을 받게 되었다. 이런 '독자로부터의 격려의 편지'가 작가의 창작 의욕을 격하게 자극한다는 것은 소녀만화의 「저자 후기」에는 반드시 쓰여 있는데 이것은 사실이다.

나는 완전히 '작가'가 된 기분이었고 다행히 나를 말리는 사람도 없고 해서 학술논문, 정치 에세이, 영화평론, 신간 프리뷰와 온갖 장르에 걸쳐서 생각나는 대로 쓰기에 쓰기를 거듭했다. 그렇게 1년 조금 지나자 쓴 텍스트가 2메가 바이트에 이르게 되었다. 이것은 굉장하다. 그림도 음성도 아무것도 없는 문자만으로 2메가이다. 스크롤 하는 것만으로도 한나절은 걸린다. 그리고 전문을 다 읽으려면 일주일은 걸린다. 어떻게 이렇게나 많이 쓴 거지.

이 정도 써놓으면 어딘가의 출판사 편집자가 길을 잘못 들어 헤매다가 우연히 내 글을 발견하고 "어라, 꽤 재미있습니다. 이 글 책으로 내지 않겠습니까?"와 같은 구미가 당기는 이야기가 있지 않을까 하고 자기중심적인(부끄럽기 때문에 입 밖으로는 내지 못하고) 생각에 혼자 취해 있었다. 그럼에도 "무엇이든지 강하게 염원하면 실현되는 거야, 우치다 군!"이라던 합기도 스승님의 말씀은 역시 진실이었다. 정말로 편집자로부터 메일이 와서 "단행본으로 내지 않겠습니까?"라는 꿈같은 제안이 왔다.

동궁사의 우라우치 사장이 직접 고른 텍스트는 논문 형식으로 쓴 것뿐만 아니라 주제를 정하고 쓴 에세이, 블로그 일기의 일부분 등 출처는 각양각색이다. 그렇다고는 하지만 똑같은 사람이 쓴 것이기 때문에 말하고 있는 것은 대개 비슷하다. 이번에 문체와 표기의 통일과 문장 다듬기와 보충 집필을 위해서 우라우치 사장이 편집해준 파일을 읽어보았는데 거의 '같은 이야기'를 이 수단 저 수단을 다 사용해서 집요할 정도까지 반복해서 주장하고 있다는 것을 잘 알 수 있었다. 처음의 수전 손택의 비판부터 마지막 카뮈론까지 말하고 있는 것은 한결같다. 그럼에도 그것이 무엇인가라는 질문을 받으면 역시 한마디로 말할 수 없다.

그럼에도 무리해서 말해보자면 그것은 "자신의 옳음을 웅장하게 주장할 수 있는 지성보다도 자신의 어리석음을 음미할 수 있는 지성을 나는 좋아한다"가 될 것이다(뭐야, 한마디로 할 수 있지 않은가?)

나는 이런 사고를 레비나스와 카뮈와 칼 포퍼와 오다지마 다카시로부터 배웠다. 이 장을 빌려 선현들에게 감사의 말씀 전하고자 한다.

이 책에 수록된 개개의 텍스트에 관해서 그 출처를 밝히고자 한다. 잡지명이 없는 것은 모두 홈페이지에 올린 글이다. 단모든 글들은 단행본 수록 때 가필 수정했고 이번 문고판 발행을 위해서도 개고했다.

안티페미니즘 선언

꽤 오래된(5, 6년 전) 초고이다. 마르크스주의와 페미니즘이 동일한 '불패의 논리 구조'를 갖고 있다는 것을 지적할 생각으로 썼다. 당연한 말이지만 페미니스트로부터 비난의 십자포화를 맞게 되었다. 자업자득, 어쩔 수 없다.

'남자다움'의 부적

『일본의 페미니즘』시리즈의 별권(이와나미출판사, 1995)에 관한 서평. 우에노 치즈코의 정치성에는 좀 질리고 말았다. 처음 실린 곳은 우리 대학 여성학 인스티튜트 간행의 『여성학평론』.

올바른 일본 아저씨의 길

하야시 미치요시의 책에 대한 서평. '올바른 일본 아저씨'의 사상의 체계화가 급무라는 결론은 전후민주주의를 짊어지고 온 하야시와 그의 친구들 '리버럴 인텔리' 세대에게 보내는 격려의 메시지이다.

성적 자유는 있을 수 있는가

《현대사상》잡지에 게재된 '성의 자기 결정'에 관한 논고의 카피를 동료인 이이다 유코선생님으로부터 받았기 때문에 감상문을 써서 홈페이지에 올린 것이다.

성 의식의 신화

미야다이 신지·우에노 치즈코에 의한 심포지엄 책의 서평.

성은 내가 가장 잘 모르고 약한 토픽이기 때문에 어쩐지 '진 개가 먼 데를 보고 짓는 형국'을 연상시키는 문장이 되고 말았다.

'여자가 말하는 것'의 트라우마

사상가의 지성의 깊이는 그 사람이 말하는 '이설理說의 정합성'에 의해서가 아니라 '말하는 방식'에 의해서 드러난다고 나는 경험적으로 믿고 있다. 쇼샤나 펠만의 텍스트는 언제나 나를 고양시켜주는데 그것은 그녀가 세상이 돌아가는 이치나 구조에 관해서 뭔가를 '알고 있기' 때문이 아니다. 쓰는 것을 통해서 그녀가 그것을 '알려고' 하기 때문이다.

성차별은 어떻게 해서 폐절되는가

'남녀공동참여사회'라는 개념에 나는 좀처럼 적응할 수가 없다. 지금 사회에는 여성이 '참여하고 있지 않다'는 것은 말그대로 사실일까? 장관이 되거나 대기업의 경영자가 되는 것을 '사회참여'의 달성 모델로 하는 입신출세주의를 나는 아이 때부터 싫어했고 지금도 싫다. 그것이 남자이든 여자이든 자신에게 굽실거리는 사람의 수와 연봉의 많고 적음을 중요시하는 사람하고는 나는 별로 친구가 되고 싶지 않다.

늙은 너구리는 전쟁에 관해서 말하지 않는다

이 글은 본문에서 말하고 있듯이 1999년에 대학에서 이루어진 '20세기 전쟁과 평화'라는 제목의 릴레이식 강의 때 내가 담당한 강의에서 말한 내용을 나중에 텍스트로 정리한 것이다. 그 강의가 있기 조금 전에는 유고 공습이 있었고 '수전 손택의 논리는 좀 이상한데……'와 같은 느낌이 들었기 때문에 그것을 제대로 언어화해두자고 생각해서 쓴 것이다.

미국이라는 병

앞 글에 이어서 손택의 전쟁론을 소재로 '미국적인 에토스'라는 것에 관해 써보았다.

자유주의사관에 관해서

약간 낡은 감이 있지만 일본군 위안부 문제를 둘러싸고 후지오카 노부카츠와 그 밖의 여러 사람들의 자학사관비판이 논단을 떠들썩하게 만들었다. 후지오카의 책『굴욕의 근현대사』를 읽고 꽤 심한 말이 쓰여 있어 놀랐다. 어떻게 이런 사람이 도쿄대학 교수이고 일종의 사상운동의 지도자가 되었는지 알 수가 없다. 일본도 참 넓은 나라이다.

자학사관과 전후책임론

자유주의사관파의 대극에는 포스트모던 윤리파 전후책임론 자가 있다. 사상적으로는 물론 여기에 나는 친근감을 느끼는데 그럼에도 어쩐지 나하고는 맞지 않는 점이 있다. 그것이 단지 '사상의 문체'의 차이인지 뿌리 깊은 차이인지 그것을 생각해보기 위해 썼다. 대학원의 2000년 6월 21일의 세미나에서의 나의 발언을 채록한 것인데 이 수업은 고베여학원대학의 동료인 소세키 연구자인 이이다 유코 선생도 '청강생'으로서 참여하셨기 때문에 나의 지적인 긴장감도 높아졌다. 그리고 이 텍스트에 등장하는 히라카와 카츠미 군은 나의 홈페이지에서 '카모카의 형님'과 같은 분―내가 그 사람을 향해서 쓰고 있는 이상화된 독자―이다.

응답 책임과 수험생

2000년 6월 28일의 일기로부터 발췌. 「자학사관과 전후책임론」과 똑같이 대학원 수업에서의 나의 발언을 채록한 것이다. 나는 일본인에게는 전쟁 책임, 전후책임이라는 것이 있어서 그것을 짊어지고 가야 하는 것이 매우 중요하다는 점에서 다카하시 테츠야의 견해에 이론은 없지만 그가 자신의 관점을 진행해나갈 때의 어법에 위화감을 느끼고 만다.

애국심에 관해서

국기 국가가 법제화되기 전의 일이기 때문에 꽤 전에 쓴 것이다. '어디에도 발을 담그지 않는 것' '망설이는 것'의 정치적 권리를 조금 더 제대로 이상화할 수 없을까를 강하게 의식하게 된 것은 이 무렵이다.

전쟁론의 구조

『고베여학원대학논문집』(2005년 3월)에 수록된 논문. 처음 두 편의 논문과 똑같은 주제인데 여기서의 주된 논점은 가토 노리히로와 다카하시 테츠야의 '역사 주체 논쟁'의 평가이다 대학의 '비교문화론' 강의노트를 사용해서 썼다. 처음에는 소세키와 다니자키의 프랑스 번역본과 원저를 비교해서 문체론을 진행할 생각이었는데 수강한 학생들이 프랑스어를 전혀 할 줄 모른다는 것을 알고 어쩔 수 없이 번역론, 국어론을 논하다가 국민국가론으로 이야기가 탈선해서 어느새 전쟁론이 되고 말았다.

유사법제에 관해서

2002년 5월 말에 《주니치신문》에 기고한 것. 《도쿄신문》에도 게재되었을 것이다. 이 무렵은 메일로 원고 청탁이 오면 '메일 받았습니다. 그리고 원고는 다음과 같습니다' 하고 그대로

송신하는 '자전거 조업'*을 하고 있었다. 청탁하는 쪽에서는 "기고 승낙 여부를 묻는" 메일을 보내면 곧바로 답장이 곧 원고이기 때문에 "자동판매기 같은 작자"라고 생각했을 것이다.

정의와 자애

『내셔널리즘과 위안부 문제』라고 하는, 이 또한 심포지엄 책의 서평. '타자'라는 술어의 사용 방식에 대해서 아무래도 납득이 안 가서 이 테마에 관해서는 그 후도 집요하게 계속 쓰고 있다.

당위와 권능의 어법

오카 마리의 이와나미 북레터에 대한 서평. 오카 마리는 앞서 다룬 책에서 우에노 치즈코를 맹렬하게 비판하고 있었다. 아랍, 여성, 문학과 '타자'의 세 가지 카드를 갖춘 오카의 반석의 포진은 아마도 현재 '무적'일 것이다. 그러나 '불패의 구조'는 쉽게 '부패의 구조'로 바뀐다. 오카의 어법을 이끄는 일종의 정형구에 나는 거북함을 느끼고 말았다. 그러나 어법에 대한 비판은 솔직히 말하자면 별로 공정하지 못하다. 쓰고 난 후 반

---

* '자전거 조업'은 조업을 그만두면 도산할 수밖에 없는 법인이 적자를 인지한 상태에서 조업을 계속 해나가는 상태를 의미한다.

성.

라캉파라는 증후

후지타 박사의 책 『인간이라는 증후 – 프로이트/라캉의 논리와 윤리』의 서평. 라캉에 관한 해설서는 나오면 무조건 구입한다. 언제가 '나도 알 수 있는 라캉론'을 만날 날을 대망하고 있다. 그런데 그날은 좀처럼 오지 않을 것 같다.

'알기 어렵게 쓰는 것'의 기쁨에 관해서

앨런 소칼과 장 브리크몽의 『지적 사기』의 서평. 편집자인 우라우치 씨는 내가 쓴 서평 중 험담을 쓴 것만 선택적으로 고른 것 같은데 이 글은 예외적으로 칭찬하는 내용이다.

현대사상의 세인트버나드견

《도서》 20003년 4월호에 기고한 에세이. "우치다에게 청탁을 하면 '나는 이와나미출판사에는 쓰지 않겠습니다' 하고 아주 쌀쌀맞게 거절당했다"는 소문이 아주 그럴싸하게 이와나미출판사 내부에서 유포되고 있었다고 한다. 어떤 젊은 편집자가 그 소문의 진위를 알아야 한다고 해서 용감하게도 전화를 해주었다. 물론 기꺼이 썼다.

'모순矛盾'을 못 쓰는 대학생

《학사회보》2003년 3월호에 기고한 에세이.《학사회보》는 내가 유일하게 정기구독하고 있는 농밀한 평론지이다. 어떤 식으로 '농밀'한가를 쓰면 지금보다 더 세상 사람들과 멀어져야 하기 때문에 쓰지 않겠다. 나는 어쩐지 한 자씩 쓸 때마다 세상 사람들과 멀어지는 것 같다.

사악함에 관해서

정신분석적인 '아버지'는 우리 사고와 경험의 양식을 결정적인 방식으로 지배하고 있다. '아버지'에 지배된 정신은 두 가지 열쇠를 사용해서 사고하도록 훈련받는다. 그것은 '진리'와 '투쟁'이다. 어떻게 해서 그렇게 되는가 하는 것은 긴 이야기이기 때문에 본문을 읽어보시기 바란다. 나는 '아버지'에 의한 지배로부터 슬슬 손을 씻고 싶다. 그것을 위해서는 오이디푸스를 역주행하지 않으면 안 되는데 '아버지'에게 지배받지 않도록 사고하기 위한 열쇠는 논리적으로 생각하면 '이야기'와 '환대'라는 것이 된다.

이야기에 관해서

「사악함에 관해서」 속편. '이야기'와 '지'와 '욕망'에 관한 좀더 상세한 고찰은 『영화는 죽었다』 중 「증식하는 이야기」편에 나온다. 이 책도 구입해서 읽어보세요.

월경·타자·언어

1996년의 릴레이식 강의 '이민과 트랜스보더transborder'의 코디네이터를 했을 때에 동료 교수들이 아주 스릴 넘치는 강의를 해주었다. 거기에 촉발되어서 나도 똑같은 테마로 한 편 썼다. 처음 실린 곳은 동명의 공동연구보고서(1996).

'아이고'주의란 무엇인가

미야자키 테츠야의 『정의의 관점』의 서평을 쓰다 보니까 '아이고'라는 의성어에 어쩐지 위탁하고 싶은 것이 있다는 것을 느끼고 '자, 이제부터는 아이고주의로 가자'가 되었다.

망설임의 윤리학

카뮈 연구회의 기관지 《카뮈 연구 4호》(2000)에 게재한 동명 논문에서.

알베르 카뮈의 사상적인 주제는 '아버지가 되지 않는 것'이 었다. 카뮈에 관해서는 시적 표현력은 풍부하지만 철학적 성찰은 빈곤하다는 문학사적 평가가 있는 것 같은데 나는 그렇게 생각하지 않는다. 카뮈는 20세기에서 가장 사정이 넓은 사상을 말한 한 명이라고 나는 믿고 있다.

이상 26편이다. 길이도 문체도 처음 게재된 미디어도 대상 독자도 다른 이런 텍스트를 우라우치 씨가 '전쟁론/전후책임론' '페미니즘/젠더론' '타자/이야기론'이라는 세 가지 큰 테마로 잘 정리해주었다. 그 솜씨에 새삼 감사의 마음을 전하고 싶다.

이 책에서 주로 비판의 표적이 된 것은 페미니스트와 포스트모더니스트이다. 그러나 그것은 그들이 나에게 최대의 적이라서가 아니라 가장 가까운 이웃이기 때문이다. 나는 내 안에 페미니즘에 깊게 공감하는 것을 느끼고 포스트모더니스트의 어법에서 나와 공통되는 점을 느낀다. 그들에게는 나로부터의 이의 신청을 들어줄 대화적 지성이 겸비되어 있다고 믿고 있기 때문에 '하지만 뭔가 아닌 것 같다'는 말을 일부러 발신하는 것이다. 이 책에서 내가 비판한 사람들은 내가 그 지성에 경의를 품고 있는 사람들이다(예외도 있지만). 그래서 부디 별로 화를 내지 않았으면 한다(아마도 읽지 않겠지만 혹여 읽었을 경우는 부디 그다지 화를 내지 않았으면 한다).

이것은 내가 개인명으로 출판한 최초의 단행본이다. 그래서 여기서 조금 길지만 단행본 출간 때의 '감사의 말'을 쓰고 싶다. 영어로 쓰인 책이라면 권두에 있는 Acknowledgement가 여기에 해당한다. 개인적인 메시지이기 때문에 신경 쓰지 말아주세요.

이러한 모험적 기획에 출판자 생명을 건 동궁사의 우치우라 씨. 우치우라 씨를 처음 나의 홈페이지로 안내해준 마츠다 사토시 씨. '영세永世 예술감독'으로서 2년간 홈페이지를 서포트해 준 후지이 씨, 멋진 책표지를 만들어준 야마모토 코지 화백. 경애하는 메일 친구 스즈키 선생님(떠지 감사합니다). 컴퓨터 스승 노자키 지로 군.

내 홈페이지의 열혈 독자인 '형님' 히라카와 카츠미 군, 마츠시타 마사오 군, 이시카와 시게키 군. 그리고 도쿄대학 형설우螢雪友 모임의 회원 제형. 늘 나를 지적으로 자극해주는 대학의 동료, 학생 졸업생 여러분(특히 많은 자극적인 아이디어를 제공해주신 이이다 유코 씨, 나바에 씨). 그리고 문고판 출간을 위해 전력을 다해주신 가도카와출판사의 야마모토 씨, 문고판의 책표지를 만들어주신 츠카사 오사무 씨. 해설을 써주신 다카하시 겐이치로 씨, 여러분 정말 고맙습니다.

2003년 7월 15일

우치다 타츠루

해설

이런 사람을 계속해서, 계속해서 기다렸다

 우선 나 자신에 관해서 좀 써보고자 한다.

 중학생이 되었을 무렵부터 나는 '극단'(이라고 할까 '과격')적인 것을 애호하게 되었다. 사실대로 말하자면 '애호'라는 말을 사용해도 좋은지 어떤지 모르겠다. 당시 학생이나 문화적인 일을 좋아하는 사람들 사이에서 '극단'적인 것이 유행하고 있어서 그 유행에 단지 편승했을 뿐이었기 때문이다. 예를 들면 모두가 전위 재즈가 좋다고 하기에 그들을 흉내 내서 들어 보았다. 굉장한 음악이었다. 어떻게 들으면, 그냥 노이즈로밖에 들리지 않았다. 곤란했던 것은 플레이어의 회전수를 잘못해서 틀었는지(당시 CD는 없었다) 애당초 그런 음악이었는지 곧바로는 판단할 수 없다는 것이었다. 현대 시도 읽었다. 이해할 수 있는

시는 글렀고 이해할 수 없는 시가 좋은 것이다. 현대 소설도 읽었다. 이해할 수 있는 소설은 그른 것이고, 이해할 수 없는 소설이 좋은 것이다. 현대 사상도 읽었다. 이해할 수 있는 사상은… 이하 동문

지금 생각해 보면 그 정도로 모르는 것만 읽거나 들었는데도 머리가 이상하게 되지 않았다(되었을지도). 하지만 90퍼센트를 몰라도 10퍼센트 정도는 알 것 같은 느낌이 들어서 그것만으로도 기쁘기도 했다.

그러고 나서 대학생 무렵에는 '과격파' 학생이 유행했다. 음악과 시와 소설이 아니라 인간 존재 그 자체가 '극단'(이라고 할까 '과격')이 되고 말았다. 물론 나도 '과격파'가 되었다. 그들의 슬로건은 간단하게 말하자면 '모든 것에 대해 NO!'였다. 일본 정부도 모든 정당도 좌익도 정치 그 자체도 대학도 일상에 만족하고 있는 모든 사람들도 전부 NO! 그 논리를 철저히 해나가다 보면 '그런 말을 하고 있는 자신도 NO!'가 되지 아닐까 생각할지도 모른다. 말 그대로이다! 마지막에는 "자신도 NO!"가 되어서 '과격파'는 소멸해 버린 것이다.

'과격파'가 없어져 버렸기 때문에 깨끗이 '극단'으로부터 손을 씻었는가 하면 그렇지도 않다. 일상적 학생 생활로 돌아가는 것 따위는 오기로라도 할 수 없어서 이렇게 된 이상 정반대를 목표로 해서 나는 학생을 그만두고 육체노동자가 되어 버

렸다. 그러고 나서 10년 책도 읽지 않고 몸만 쓰다 보니까 점점 안절부절못하게 되어서 또 정반대로 달렸다. 책상 앞에서 한 발자국도 움직이지 않고 소설가가 되기로 했다. 물론 목표는 '극단 소설가'. 누구도 쓴 적도 없고 읽은 적도 없는 소설을 쓰자고 생각한 것이다. 아니 그러고 보니, 똑같은 일만 반복한 인생이었군.

그런 일을 하면 "피곤하지 않습니까?"라는 말을 듣는다.

… 확실히 말해서 굉장히 피곤하다. '극단'이라는 것은 몸에도 정신에도 좋지 않다. 실은 내심으로는 쭉 그렇게 생각하고 있었다.

대체적으로 '극단'이라는 것은 모두 방침이 정해져 있다. 어떤 방침? 그러니까 '온갖 것에 대해 NO!'이다. 자신 이외의 존재는 전부 이것도 아니고 저것도 아니니까 당연히 그렇게 된다. 그래서 아무것도 생각하지 않아도 된다. 점점 바보가 되어 가는 것이다.

그러면 안 되잖아!!

그래서, 이렇게 생각하기로 했다.

언제나 방긋방긋 웃으면서 조용히 사람 이야기를 듣고 있을 수 있는 사람이 되고 싶다. 하지만 한번 의견을 물어 오면 알고 있는 범위의 정보를 기초로 해서 가능한 한 성실하게 대답하는 사람으로. 대답할 수 없는 것에 대해서는 확실히 대답할 수 없다고 말하고, 조언은 하지만 명령은 하지 않고, 말하고 싶은 것은 확실히 말하지만 자신의 의견을 고집하지 않고, 상대방의 외관이 아무리 기발하더라도 무서워하지 말고 이해하려고 하고, 상대방의 의견이 틀렸다고 생각하면 친한 상대에게도 그 취지를 전하고, 화내지 않고 으스대지 않고 공감하지 않고, 돈을 빌려달라는 말을 들으면 처음에는 잠자코 빌려주고 두 번째가 되면 "요전에 빌려준 돈을 갚아주지 않으면 너에게 빌려줄 수가 없어"라고 당당하게 말할 수 있는 그런 사람이 나는 되고 싶다(마치 미야자와 켄지 같다).

요컨대 나는 제대로 된 사람이 되고 싶었던 것이다. 그리고 유감스럽게도, 이 세상에는 제대로 된 사람이 거의 없다.

21세기의 시작과 함께 우치다 타츠루라는 '사상가'가 출현했다. 나는 우치다 씨의 등장으로부터 약간 뒤에 우치다 씨의 책을 읽고 진짜로 한 방 먹었다. 그리고 손에 넣을 수 있는 모든 우치다 씨의 책을 모아서 읽었다. 그 감상은 한마디로 하자면 "이런 사람을, 계속해서, 계속해서 기다리고 있었다"였다.

우치다 씨가 '사상가'라는 카테고리에 들어가는지 어떤지는 모른다. '사색가'라고 말하는 편이 정확할지도 모르겠다. 혹은 '사색 컨설턴트'? '사색 코디네이터'? '사색 치료사'?

우치다 씨는 모든 것을 생각한다. 세상에는 어떻게 되든 상관없는 것들만 생각하는 사람도 있는데 우치다 씨는 그런 사람들과는 다르다. 이런저런 의견으로 갈라져서 무엇이 정답인지 모르는, 하지만 그것을 생각하지 않으면 살아가는 데 꽤 불편한 다양한 과제에 대해서 정면에서 생각한다. 물론 그런 사람도 있다. 진지하게 중요한 과제에 관해서 생각하려고 하는 사람들. 그러나 그런 사람들의 태반은 단지 진지하기만 할 뿐, 우리에게 도움이 되지 않는다. 왜 그럴까? 그들이 실은 '극단'에 있는 사람들이기 때문이다.

수십 년 동안 '극단'의 전문가였던 나는 그 문제에 관해서는 단언할 수 있다. 세상 사람들은 거의 모두 '극단'이다. 그러면 어떤 식으로?

사상이나 언론의 전문가들은 사실을 말하자면 무엇이 옳은지 옳지 않은지를 생각하기보다는 "자신이 말하고 있는 것만이 옳다"는 것을 증명하는 것을 우선으로 생각하고 있다. 그리고 더 곤란한 일은 그 사실을 자각하지 못하고 있다. '자신이 말하는 것만이 옳다'는 것은 말을 바꾸면 '(그것 이외의)' 모든 것에 NO!라는 말이다. 세상을 떠들썩하게 해서 자멸했음에 틀림없을 '극단'파(라고 할까 '과격파')는 집요하게 살아남은 것이다.

그러면 전문가가 아닌 장삼이사들은 어떠한가?

이 사람들 또한 곤란한 사람들이다. 즉 그 사람들은 '옳은 것을 말하고 싶은' 사람들이다. 그 이유는 '옳지 않은 것을 말하면 이상한 눈으로 자신들을 쳐다본다고' 생각하기 때문이다. 그래서 어딘가에 '옳은 것'은 없나 하고 언제나 찾고 있다. 그리고 그들은 제대로 찾아낸다. '자신이 말하고 있는 것만 옳다고' 주장하는 사상과 언론의 전문가(및 그들을 기용하고 있는 언론)를. 즉 장삼이사들은 자각하지 못하는 '극단'의 사람들의, 자각하지 못하는 동조자가 되고 만다.

이렇게 해서 우리가 살고 있는 곳은 자각하지 못하는 '극단'의 의견이 함부로 설치고 날뛰는 공포의 세계라는 것을 자각하게 된다.

우치다 씨는 그런 세계에 (구세주처럼) 나타난 비非'극단'의 사람이다.

비'극단'이라고 말하면 뜨뜻미지근한 느낌이 들지만 그렇지 않다. 비'극단'만큼 도달하기 어려운 장소는 없다.

살아간다는 것은 보통일이 아니다. 하지만 나는 살고 있는 한은 납득하고 살아가고 싶다. 그것을 위해서는 이것저것 하지 않으면 안 되는 것이 있다. 그 첫 번째는 생각하는 것이다. 무엇을? 모든 것을 어떤 식으로? '극단'으로부터 상당히 떨어져서.

우치다 씨는 그 생각하기 위한 방법을 가르쳐준다. 그 알맹이에 관해서는 여러분이 직접 이 책을 통해서 확인해 주세요.

만약 당신이 젊은 사람이라고 한다면, 그렇게 젊을 때에, 우

치다 씨의 책을 만날 수 있었던 당신을 나는 정말로 부럽다고
생각한다.

마지막으로 하나.

만약 이 책이, 지금보다 더 훨씬 전에 존재했고, 그리고 그것
을 읽었다면, 나의 인생은 아마도 지금과는 꽤 다른 삶이 되었
을 것이다. 결혼 횟수를 적어도 두 번 정도는 줄일 수 있었을
게 틀림없다(연애도 결혼도 '극단'으로는 좀처럼 잘 될 수가 없습니
다. 정말로).

다카하시 겐이치로

옮긴이의 말

우치다 선생님의 책을 읽어 본 분들은 다들 느꼈겠지만 선생님은 '남들이 결코 사용하지 않을 어휘 꾸러미'와 '남들이 구사하지 않을 것 같은 논리' 그리고 '남들이 문제로 여기지 않을 것 같은 것에 문제라는 생명력을 부여하여' 글을 쓰시는 분이라 그런 실로 독창적인 글쓰기에 옮긴이로서 어떻게 화답해야 할지 무척 망설여진다. 아니 좀 더 정확하게 말하자면 나의 생각을 과연 '말'로 제대로 옮길 수 있을 것인가에 대한 두려움이 망설임보다 선행하는 감정이 아닐까 싶다.

그러나 이런 머뭇거림의 기로에서 내가 글을 이어나갈 수 있는 원동력은 말이 될 수 없는 것의 '말이 될 수 없음'을 지키는 방법은 정성을 다해서 말하는 것밖에 방법이 없다는 '영원한 배리'에 대한 통절한 자각이라고 생각한다.

『망설임의 윤리학』이 책을 번역하고 음미와 재음미의 과정을 거치고 나아가 교정하면서 줄기차게 머리에 떠오른 물음 중 하나는 '사상이 사상이 될 수 있는 조건은 무엇일까'였다. 물론 나 같은 천학비재에게 이런 '큰 물음'에 대해 스스로 납득하고 동시에 사람들을 설득시킬 수 있는 대답을 구하기란 쉽지 않은 일이었다.

그럼에도 '철학은 난문難問에 대해 즉답을 하는 것이 아니라 쉴 새 없이 밑줄을 긋는 일'이라는 철학자 레비나스의 말을 버팀목으로 삼아 내가 반복해서 밑줄을 그으면서 도달하게 된 대답이 하나 있다. 그것은 사상이 사상일 수 있음을 담보하는 것은 어떠한 문제에도 즉각적으로 답을 할 수 있는 '처방전'을 갖고 있지 않은 것에 있다.

사상이 사상이 될 수 있는 결정적으로 중요한 조건은 다음과 같다.

그것은 세상에서 일어나는 다양한 문제를 특수한 인간에 의해서 특수한 상황하에서만 발생한다고 하는 섣부른 판단과 진단을 내리지 않는 것에 있다고 나는 생각한다. '진단'이라는 이름의 처방은 개별적인 수행 과제에는 어느 정도 효용이 있을지 모르겠지만 습관을 넘어서고 언어를 넘어서고 역사를 넘어서고 사고의 틀 그 자체를 넘어서는 영역에서는 전혀 맥을 추지 못한다.

나는 〈△△××훈육법〉〈++한 사람들의 ππ가지 습관〉같은 책들이 오랫동안 살아남아 독자들에게 계속 읽힐 것이라고 결코 생각하지 않는다. 엄밀한 의미에서 처방은 문제를 '발견'하거나 '해결'하는 것이 아니라 단지 '정리'하는 것에 지나지 않기 때문이다.

사상思想이 사상이 되기 위해서는 일견 아무리 특수하고 개별적인 사상事象으로 보이더라도 거기서부터 인간 전체의 문제로 연결되는 '보편성'을 끄집어낼 수 있는지 그렇지 않은지에 달려 있고, 거기에서야말로 '사고思考'라는 것의 전 중량全重量이 걸려 있다.

마르크스의 사상이 그렇고 비트겐슈타인의 사상이 그렇고 해럴드 가핑클의 사상이 그러하고 우치다 타츠루의 사상이 또한 그러하다.

이런 사상의 힘을 자양분으로 삼고 있는 저자의 문체는 어느 정도의 내공을 가지고 있는지 나로서는 도무지 가늠이 불가능한, 아득한 합기도 수련의 시간의 축적 속에서 연마되고 단련되어 왔던 것이다. 그리고 그 말은 언제나 '옳은 것'보다도 '사는 힘과 지혜를 길러주는' 것을 목표로 발화된다.

'집단'으로서 사는 힘과 지혜를 높이는 방법을 '윤리倫理'라고 부른다고 하면 저자의 논리에는 그것의 버팀목이 되는 확고한 '윤리'가 있다. 이 '윤리'가 '윤리' 본연의 자세를 유지하기 위해서는 '다양성'과 '질서' 서로 길항하는 두 가지 힘이 필요하다. '확산하는 힘(원심력)'과 '통합하는 힘'(구심력)이라고 바꾸어 말해도 좋을 것이다. 어느 정도 규모가 있는 집단이 존속하기 위해서는 이 두 가지 상반되는 힘이 균등하게 작동하지 않으면 안 된다. '다양화하여 퍼져나가는 힘'과 '수렴하려고 하는 통합하는 힘', 이 두 가지 힘이 길항하고 있을 때에 집단은 건전한 상태에 있을 수 있다.

그런데 '집단의 건전함'은 '정치적 옳음'을 잣대로 해서는 잴 수 없다. 현실에 해당 집단 성원들이 생기가 넘치고 지성도 감성도 나아가 영성도 활발하게 기능하고 있는 상태가 실현된다고 하면 '건전하다'고 진단할 수 있겠지만 "이렇게 하면 건전해진다"는 것을 미리 밑그림을 그려서 제시할 수 없다. 집단이 건전하게 기능한다는 것은 어디까지나 '다양성'과 '질서'가 어떻게 균형을 유지할 수 있을 것인가의 문제이기 때문에 애당초 매뉴얼 같은 것이 있을 수 없는 것이다.

그런 의미에서 본다면 저자가 말하는 '윤리'는 본질적으로 '기능적'이고 '생성적'인 것이다. 더불어 말하자면 '윤리'는 '망설이는 것'이다. "이렇게 하면 무조건 옳다"는 것은 그 누구도 말할 수 없기 때문에. 선택의 옳고 그름은 결과를 볼 때까지는 알 수 없다. 그래서 뭔가를 선택할 때 '망설이는 것'은 어찌 보면 당연한 일이다. 망설이고 주저하고 자신의 직감의 감도를 최대화해서 몇 가지 선택지 중 자신의 '생물'로서의 '사는 힘과 지혜'가 가장 활성화되는 것을 느껴보는 것이다.

그래서 '윤리적 선택'을 앞에 두었을 때 우리는 깊게 호흡을 하고 어깨 힘을 빼고 마음을 평정한 상태로 유지하고 얼마 안 되는 입력의 변화에 기민하게 반응할 수 있도록 자신의 심신 을 정돈한다. 그것은 '옳은 것'을 목소리 높여 주장하는 자세와 는 완전히 이질적인 것이다. 물론 이런 상태는 일견 '결단하지 못하고 주저하고 있는' 것으로 보일지도 모른다.

그런데 이런 상태는 저울이 근소한 무게의 변화로 즉각적으 로 반응할 수 있도록 아슬아슬하게 균형을 취하고 있는 것이 다. 저자가 '망설이다'는 동사에 위탁하고 있는 것은 이런 자세 를 의미할 것이다.

우치다 타츠루라는 작가에게 일본뿐만 아니라 한국에서도 이 만큼의 독자가 열광하는 것도 그의 말에는 그것을 뒷받침 하는 '신체'가 있고 그의 논리에는 그것을 지탱하는 '윤리'가 있고 그의 이론에는 그것에 걸맞은 실감이 있을 것이다라는 독자들의 생각에 작가가 제대로 응해주기 때문일 것이다.

물론 말보다 신체를 논리보다 윤리를 이론보다도 실감을 추 구하는 정도라고 하면 그다지 어려운 일이 아니다. 그러나 저 자는 신체를 파고들어서 언어에 도달하고 윤리의 심도를 높여서 논리와 만나고 실감을 파고 들어가서 '이론'을 조형해 내는 사람이다. 그래서 그 절제를 동반한 말과 논리와 이론에 독자들은 '축복'을 받는 것이다.

신체에 깃드는 실감은 어떠한 완벽한 논리를 구사해도 결코 다 길어낼 수가 없다. 그래서 그 길어낼 수 없는 실감을 목표로 하는 논리가 소중한 것이다.

"나는 아직 다 하지 못한 말이 있다"고 언제나 깊게 자각한 상태에서 그럼에도 자신의 '말'로 다 길어낼 수 없는 것을 계속 목표로 하는 것. 그것이 '축복'의 본령일지도 모르겠다.

인터넷 서점의 자기계발서 부분 베스트셀러 목록을 채우는 숱한 책들은 머지않아 모두 레테의 강 저편으로 사라져 까마득히 잊혀지겠지만 우치다 타츠루 선생의 이 책『망설임의 윤리학』은 꺾을 수 없는 푸르름으로 살아남으리라 나는 확신한다.

박동섭

옮긴이 | 박동섭

독립연구자 및 자율형통역자다. '일상'과 '보통', '당연' 그리고 '물론'을 비판적으로 응시하고 조준하고 해독하는 사람들의 사회학(에스노메소돌로지) 연구자의 입장에서 '트위스트 교육학', '일상의 자명성·복잡성·일리성의 해부학', '침대에서 읽는 비고츠키', '어른학' 강좌 시리즈를 이동하면서 수행하고 있다. '지적 괴물'인 우치다 타츠루의 임상철학과 '무사적 글쓰기의 대가' 김영민의 『일리의 철학』에 깊은 영향을 받아 인간, 사회, 심리, 교육 그리고 배움에 대한 새로운 밑그림 그리기를 시도하고 있다. 지은 책으로『해럴드 가핑클』, 『레프 비고츠키』,『비고츠키 불협화음의 미학』이 있고, 옮긴 책으로『단단한 삶』,『수학하는 신체』,『아이들이 있는 곳에서부터』,『보이스 오브 마인드』,『14세 아이를 가진 부모들에게』,『스승은 있다』,『기업적인 사회 테라피적인 사회』,『심리학은 아이들 편인가』 등이 있다.

망설임의 윤리학

초판 1쇄 발행 2020년 5월 10일

지은이 우치다 타츠루
옮긴이 박동섭

펴낸곳 서커스출판상회
주소 경기도 파주시 광인사길 68 202-1호(문발동)
전화번호 031-946-1666
전자우편 rigolo@hanmail.net
출판등록 2015년 1월 2일(제2015-000002호)

ISBN 979-11-87295-44-0 03150

이 도서의 국립중앙도서관 출판예정도서목록(CIP)은 서지정보유통지원시스템 홈페이지(http://seoji.nl.go.kr)와 국가자료공동목록시스템(http://www.nl.go.kr/kolisnet)에서 이용하실 수 있습니다.(CIP제어번호: CIP2020007131)